EUROPAVERLAG

D1665027

GABRIELE KASPAR

VERHANDELN – HART, ABER FAIR

GEHEIMNISSE ERFOLGREICHER GESPRÄCHSFÜHRUNG

EUROPAVERLAG

Für meinen Sohn Andrea

© 2016 Europa Verlag GmbH & Co. KG, Berlin · München · Zürich · Wien
Umschlaggestaltung: Hauptmann & Kompanie Werbeagentur, Zürich,
unter Verwendung von Fotos von © Günter Bolzern
Bildnachweis: S. 40 ©View Stock/Getty Images; S. 51 ©Peanuts
Worldwide LLC/Distr. Universal Uclick/Distr. Bulls;
S. 215 Gisela Rüger, München;
S. 251 © P. Eoche/Getty Images
Satz: BuchHaus Robert Gigler, München
Druck und Bindung: cpi Clausen & Bosse, Leck
ISBN 978-3-95890-016-5
Alle Rechte vorbehalten.
www.europa-verlag.com

INHALT

HINWEISE ZU DIESEM BUCH

Dieses Buch kommt aus der Praxis und ist für die Praxis. So werden in erster Linie die Vorbereitung für eine Verhandlung, ihre Durchführung und Interaktion thematisiert. Psychologische Aspekte, Methoden, Konzepte, Erfahrungsberichte von Teilnehmern und viele persönliche Gedanken prägen diese Seiten. Inhalte bezüglich juristischer und/oder legaler Umsetzung sind ausgeklammert.

Der Einfachheit halber habe ich die männliche Ansprechweise gewählt. Ich bitte Sie, sich als Frau beim Lesen dieses Buches trotzdem willkommen, angesprochen und integriert zu fühlen.

Vor 30 Jahren begann ich, »bewusst« zu verhandeln. Zuvor hatte ich meine Erfahrungen mehr in der Praxis gesammelt, und dies tue ich natürlich noch immer. Das Material für dieses Buch entstand aus den vielen Ausbildungen, Workshops, Coachings und Kursen, die ich besucht habe, Mails, die ich erhalten habe, Handouts, die man mir zukommen ließ, Büchern, die ich konsumiert habe, und aus dem Stöbern im Internet und dem Austausch mit Kollegen und vielen meiner Klienten. Und so ist es mir zum Teil unmöglich, nach so vielen Jahren des Nachforschens, Suchens und Untersuchens zu diesem Thema alles wieder zuschreiben, zuordnen oder einordnen zu können.

Deshalb bitte ich all jene um Verzeihung, die ich nicht erwähnt oder aufgeführt habe. Auch wenn das meiste Material wissenschaftlich belegt ist, beschränke ich mich auf eine Literaturliste ohne Präzisierung von Hinweisen und danke Ihnen für Ihr Verständnis.

EINLEITUNG

Macht Ihnen verhandeln Spaß? Wie oft verhandeln Sie? Wie erfolgreich verhandeln Sie? Bei meinen Workshops stelle ich diese Fragen gleich zu Beginn.

Leider verneinen die meisten meiner Teilnehmer die erste Frage. Wie wollen Sie aber erfolgreich verhandeln, wenn Sie das, was Sie tun, nicht gerne tun? Was steckt dahinter? Ganz einfach, den meisten fehlen die Kenntnisse, die bewusste Praxis und die entsprechenden Werkzeuge. Wer will schon einen Nagel ohne Hammer einschlagen?

Wenn ich die Frage stelle, ob sie häufig verhandeln, wird diese meist ebenfalls verneint. Dabei verhandeln sie oft mehrmals am Tag – genau wie wir alle. Das hat damit zu tun, dass wir viele Situationen nicht als Verhandlungen erkennen und wahrnehmen bzw. nicht in Bewusstheit verhandeln.

Auf allen gesellschaftlichen, politischen, geschäftlichen und privaten Ebenen wird heute bedeutend mehr verhandelt, als das noch vor Jahren der Fall war. Dazu hat unter anderem nicht unwesentlich das Marketing beigetragen, das uns öffentlich auffordert, überall weniger zu bezahlen; das reicht sogar bis dahin, uns »blöd« zu nennen, wenn wir Preise nicht vergleichen, wie uns das Beispiel von Media Markt zeigt. Doch auch große sozialpolitische Veränderungen, wie die Flüchtlingsströme, mit denen wir konfrontiert sind, verlangen von uns harte Verhandlungen. Alles, was verglichen werden kann, fordert uns bewusst dazu auf, zu verhandeln. Was mit dem Bewusstsein und dem Wollen jedoch nicht gleichzeitig mitgeliefert wird, ist die Fähigkeit, auch gut zu verhandeln und Verhandlungsgeschick zu entwickeln.

Häufig verhandeln wir unbewusst oder wir lassen die Möglichkeiten des Verhandelns an uns vorbeiziehen. Sei es, dass ein Mitarbeiter für den Folgetag spontan Urlaub einreichen möchte, sei es, dass Sie in einem Geschäft anstandslos Bananen kaufen, die nicht mehr schön aussehen, oder mit Ihren Kindern streiten, wie lange sie »am Computer spielen« dürfen. Die Themen sind endlos, und das Übungsfeld ist deshalb immens.

Wie gut trainiert sind Sie, in Verhandlungen das zu erreichen, was Sie sich als Ziel gesetzt haben? Welche Kompetenzen tragen Sie in Ihrem Verhandlungsrucksack? Oder getrauen Sie sich gar nicht, zu verhandeln und Grenzen zu testen? Verhandeln Sie vielleicht gar nicht, weil Sie dies als unnötiges Feilschen verstehen, das in eine andere Kultur gehört? Oder ist verhandeln sogar unter Ihrem Niveau? Glauben Sie mir, wir haben mindestens so viele Ausreden, nicht zu verhandeln, wie es Gründe gibt, es zu tun. Oftmals glauben wir sogar, gut zu verhandeln, weil Verhandeln zu unserem professionellen Alltag gehört – aber verhandeln wir auch wirklich gut?

Wie oft haben Sie schon daran gedacht, dass Sie eigentlich mehr hätten herausholen können? Wie oft fühlten Sie sich »über den Tisch gezogen« oder dem Verhandlungspartner gegenüber machtlos und unterlegen? Damit ist nun Schluss!

Deshalb haben Sie sich dieses Buch gekauft. Um die Domäne Verhandeln zu optimieren und im besten Falle auch Spaß daran zu bekommen. Das kann Ihnen nämlich passieren, wenn Sie immer besser werden.

Wo begegnen wir im Alltag Verhandlungssituationen?
> im Verkaufsgespräch (beruflich und privat)
> im Einkauf (beruflich und privat) mit Kunden und
  Lieferanten
> im Gehaltsgespräch mit dem Vorgesetzten bzw.
  Mitarbeitern
> in Lohnverhandlungen
> in der Politik, Gewerkschafts- und Verbandsarbeit
> in der Unternehmensführung
> bei Unternehmensfusionen
> bei Reorganisationsprozessen
> in der Mitarbeiterführung
> im Projektmanagement
> in Arbeitsgruppen mit Kollegen
> bei Kundenreklamationen
> bei Rechtsstreitigkeiten
> in der Familie (Geld, Erziehung, Aufgabenteilung)

Verhandelt wird also überall dort, wo Übereinkünfte, Abmachungen und Vereinbarungen notwendig sind bzw. getroffen werden sollen/müssen.

Als ich noch jung in den Kunst- und Antiquitätenhandel eingestiegen war, hatte ich keine Ahnung vom Verhandeln. Dies, obwohl meine Haupttätigkeit über neun Jahre lang darin bestand, Kunst und Antiquitäten einzukaufen und wieder zu verkaufen. Damals hatte mir ein Freund ein Buch mit einer persönlichen Widmung geschenkt: *Das Harvard-Konzept*. Nicht, dass mich danach Verhandeln mehr interessiert hätte oder ich etwas verändert hätte, nein, ich habe es nicht einmal gelesen. Es stand damals jahrelang in meinem Bücherregal – mit Widmung! Viele Jahre später, nachdem ich diesen Beruf aufgegeben hatte, und nach diversen Ausbildungen in Kommunikation, Coaching, Psychologie, NLP (Neurolinguistisches Programmieren) u.v.m., begann ich, an einer Fachhochschule zu dozieren. Dazu gehörte auch das Thema Verhandlungstechnik. So begann ich vor 18 Jahren, mich dem Thema zuzuwenden, mich intensiv damit auseinanderzusetzen, unterschiedlich zu vernetzen und unglaubliche Freude daran zu entwickeln.

Heute kann ich mit Stolz behaupten, mit weit über 3 000 Menschen dieses Wissen geteilt, erweitert und immer wieder in praktischen Übungen verfeinert zu haben. Immer noch nehme ich an allen möglichen Veranstaltungen teil, um mich auf den neuesten Stand zu bringen, mich auszutauschen, dazuzulernen, aber auch zeitkritisch zu hinterfragen, ob die jeweiligen Techniken noch up to date sind und angemessen eingesetzt werden können.

So habe ich vieles von »Gurus« gelernt, darunter auch, ihre Meinung und Anschauungen zu hinterfragen. Ich habe vielen bekannten Verhandlern über die Schulter geschaut und ihnen sehr gut zugehört. Ich habe aufgepasst, welche Strategien und Taktiken allen Verhandlern als gleich wichtig und wertvoll erscheinen, wann und wo sie diese einsetzen – vor allem dann, wenn es schwierig wird. Seit vielen Jahren begleite ich Verhandlungsvorbereitungen, höre auch dort interessiert und neugierig erfahrenen Verhandlern zu, mit welchen Herausforderungen sie trotz jahrelanger Erfahrung immer noch zu kämpfen haben.

Eine gute Nachricht habe ich dabei für Sie: Auch die besten Verhandler lernen nie aus, denn jede Verhandlung ist anders. Und was mich immer wieder erstaunt: Je länger sie als Verhandler im Business sind, desto offener erlebe ich sie für Feedback, desto eher können sie auch über Misserfolge berichten, denn Scham oder Ärger über gemachte Fehler wäre hier fatal. Es geht ausschließlich darum, zu lernen, zu analysieren, sich zu verbessern, in sich hineinzuschauen und immer mehr den gekonnten Feinschliff umzusetzen.

Kennen Sie das Sprichwort »Zwischen Wissen und Können liegen Ozeane«?

Die beobachtbaren Themen, mit denen Menschen in Verhandlungen immer wieder zu kämpfen haben, sind folgende:
> Sie wollen sofort mit fortgeschrittenen Techniken arbeiten, ohne die Basis zu beherrschen.
> Sie schätzen in unterschiedlichen Bewusstheitsgraden die eigene Macht in Verhandlungen zu gering ein.
> Sie sind sich nicht bewusst, wie die eigenen Unterlegenheitsgefühle den Erfolg einer Verhandlung steuern.
> Sie wissen nicht, wie sie sich mit Überlegenheit Feinde schaffen.
> Und vor allem: Sie sind häufig miserabel vorbereitet.
> Sie sind dem eigenen Stress und den emotionalen Volatilitäten ausgeliefert, anstatt sich mit diesen zu beschäftigen.

Eine weitere gute Nachricht dabei ist: Es geht allen gleich! Und es gibt Hoffnung. Denn alle, auch Sie, können lernen, sich zu professionalisieren und kompetent und sicher in die nächste Verhandlung einzusteigen.

Warum ist erfolgreiches Verhandeln heute notwendiger denn je?
> Die zunehmende Demokratisierung von Staat und Gesellschaft in den 1970er-Jahren erhöhte gleichzeitig auch den Partizipationsanspruch der Bürgerinnen und Bürger.
> Ein besseres Bildungsniveau hat mit dafür gesorgt, dass die Menschen bewusster und autonomer geworden sind.
> Politische Parteien sind allein meist nicht länger mehrheits-/ entscheidungsfähig und daher auf Verhandlungen mit ihren jeweiligen Koalitionspartnern angewiesen.
> Gesellschaftspolitische Verbände und Interessengruppen

fordern zunehmend mehr Mitbestimmung und Beteiligung bei Sachentscheidungen.

> Die Informationsflut und die damit verbundene Breite an Wissen hat vor den Toren der Betriebe und Organisationen nicht haltgemacht.
> Menschen erkennen heute besser eigene Bedürfnisse und nehmen das Recht, diese zu befriedigen, auch in Anspruch.
> Entscheidungen werden häufig in Gremien diskutiert, und die Verantwortungen für diese sind nicht immer klar.
> Flachere Hierarchien brauchen mehr Absprachen.

Um dieser Realität gerecht zu werden, finden Sie in diesem Buch theoretische Modelle, die anhand praktischer Beispiele erläutert werden. Das Buch dient Ihnen dazu, sich im Alltag auch in schwierigen Situationen zu behaupten und trotzdem eine Beziehung nicht aufs Spiel zu setzen.

Hochkomplexe Verhandlungen bedingen intensive Vorbereitung und vertiefte Kenntnisse inhaltlicher und fachlicher Natur. Die Beispiele, die ich gewählt habe, sind einfach, und zwar nicht, weil ich Ihre intellektuellen Fähigkeiten unterschätze, sondern weil sie für alle Leser leicht und schnell nachvollziehbar sein sollen.

Sie lernen aber auch methodische Kompetenzen und erhalten viele psychologische Tipps, die Sie dabei unterstützen, sich von eingefahrenen Denk- und Verhaltensmustern zu befreien und sich neue anzueignen, um einfacher eine Übereinkunft mit Ihren Verhandlungspartnern zu erreichen.

So wünsche ich Ihnen Spannung und Freude daran, dieses Thema zu erforschen, und freue mich darauf, Sie vielleicht in einem meiner Workshops persönlich kennenzulernen.

Zusammenfassung

> Verhandlung ist omnipräsent im Alltag, doch jede ist anders, weshalb Verhandeln als Vorgang bewusster wahrgenommen werden muss.
> Mit jeder Verhandlung kann man dazulernen.
> Erfolge und Fehler müssen bewusst reflektiert werden.
> Professionalisierung der Verhandlung als Mittel für den vermehrten Erfolg sollte unbedingt in Angriff genommen werden.
> Erfolgreiches Verhandeln ist notwendiger denn je!

»HART, ABER FAIR«

Eine Verhandlung findet immer dann statt, wenn sich zwei (bilaterale Verhandlung) oder mehrere (polylaterale Verhandlung) Parteien begegnen und versuchen, ihre jeweiligen Interessen oder Bedürfnisse und Ziele durch eine Einigung herbeizuführen.

Obwohl der Begriff der Verhandlung sehr weit gefasst ist, bezeichnet er in der Praxis alles vom friedlichen Interessenausgleich am Verhandlungstisch bis hin zum Gerichtssaal und zur Eskalation zwischen Konfliktparteien.

Hier möchte ich eine Grenze ziehen. In diesem Buch geht es weitgehend um Ihr Verhandlungsgeschick, um Taktik, Strategie, Methoden und Modelle sowie psychologische Aspekte. (Zum Konfliktmanagement können Sie separat Unterlagen beziehen und auch Kurse buchen.)

Wann immer wir versuchen, einen anderen Menschen durch Austausch von Meinungen und Dingen mit einem materiellen oder immateriellen Wert zu beeinflussen, verhandeln wir.

Jeder Wunsch, den wir uns erfüllen möchten, und jedes Bedürfnis, dessen Befriedigung wir anstreben, ziehen potenzielle Verhandlungssituationen nach sich. Für diesen Prozess werden oft auch andere Ausdrücke verwendet: Handeln, Feilschen, Schachern, Vermitteln oder (Tausch-)Geschäftemachen. Die meisten Menschen sind mehr oder weniger ständig in Verhandlungen.

Ein paar Beispiele sollen dies zeigen: Menschen treffen sich, um einen Vertrag abzuschließen, um etwas zu kaufen und/oder zu verkaufen, um Meinungsverschiedenheiten zu klären, gemeinsame Entscheidungen zu treffen, Arbeitspläne zu vereinbaren, Ferien zu planen. Schon eine Entscheidung dazu, wo man sich zum Essen treffen will, greift auf einen Verhandlungsprozess zurück.

Die meisten Menschen unseres Kulturkreises sind der Meinung, dass die Dinge ihren fixen Preis haben und dass es unangebracht wäre, durch Verhandeln einen Preisnachlass herauszuschlagen. Trotzdem kaufen und verkaufen drei Viertel der Weltbevölkerung Waren ohne Fixpreis.

Der Wert der Ware wird durch Verhandlungen zwischen Käufer und Verkäufer bestimmt. Dabei ist der Preis nicht die einzige Verhandlungsvariable. Auch andere Überlegungen spielen eine Rolle: Zinssatz, Lieferdatum, Größe, Qualität, Menge, Garantie und Serviceleistungen. Es lohnt sich, über jeden nicht völlig zufriedenstellenden Aspekt einer Transaktion zu verhandeln! Viele Menschen vergeben die Chance auf ein vorteilhaftes Geschäft, weil sie nicht erkennen, dass sie verhandeln könnten. Vertun auch Sie solche Chancen?

Man unterscheidet drei Verhandlungstypen:
> *Die Roten:* roter Verhandlungsstil → unfair, manipulativ und vergewaltigend
> *Die Blauen:* blauer Verhandlungsstil → fair, konstruktiv, offen
> *Die Grünen:* grüner Verhandlungsstil → nachgebend, einlenkend und harmoniebedürftig

BEISPIEL:
Der italienische freischaffende Autodesigner Zagato arbeitete für mehrere Autofirmen, unter anderem für den japanischen Autohersteller Nissan. Daraufhin wurde er von Fiat

unter Druck gesetzt: Falls er weiterhin für japanische Unternehmen arbeite, würde ihm Fiat keine Aufträge mehr erteilen
→ Roter Verhandlungsstil.

Zusammenfassung

> Verhandeln ist immer angebracht.
> Es geht um die friedliche Herbeiführung einer den eigenen Intentionen entsprechenden Einigung, nicht um Konfliktbewältigung.
> In der Sache hart, im Umgang fair.

DAS HARVARD-KONZEPT

Das Harvard-Konzept wird auch die Bibel des Verhandelns genannt. Selbst wenn dieses Standardwerk mittlerweile von vielen als »Weichei-Technik« tituliert wird, sollten wir es uns genauer ansehen, ohne Anspruch darauf, hier alles originalgetreu wiedergeben zu können.

Dennoch lege ich jedem Leser und jeder Leserin dieses Buch ans Herz, denn egal an welcher Konferenz ich zum Thema »Verhandeln« teilnehme, egal mit welchem »Guru« ich spreche, alle kennen dieses Konzept, wenden es explizit oder implizit an, haben es verinnerlicht oder kennen und ignorieren es.

Das Harvard-Konzept basiert auf einer Reihe von Voraussetzungen, die beachtet werden müssen, wenn man effizient und erfolgreich verhandeln will. Man kann auch von Prinzipien sprechen, darum auch der Begriff »principled negotiation«, der mit »sachgerechtes Verhandeln« oder »offenes Verhandeln« übersetzt werden kann.

Das Harvard-Konzept stellt den Anspruch, dass möglichst alle Beteiligten einer Verhandlung als Gewinner vom Platz gehen – was nicht gleichbedeutend damit ist, dass sie in jedem Falle ihre gesetzten Ziele vollständig erreichen. Daraus geht der Begriff Win-win hervor.

Um diesem Anspruch gerecht zu werden, trennt das Harvard-Konzept die Sachfragen und die menschliche Seite einer Verhandlung. Zur Bewertung der Sachlage werden nur objektive Kriterien herangezogen. Auf dieser Grundlage wird es möglich, dann gemeinsam Optionen und Alternativen zu entwickeln, die jedem Verhandlungspartner mehrere Wahlmöglichkeiten lassen.

Die wichtigsten Grundsätze, um Win-win-Erfolge zu erreichen, sind folgende:

> Verhandlungspartner sind gemeinsame Problemlöser
> Vernünftig, effizient und gütlich erreichte Ergebnisse
> Weich zu den Menschen und hart in der Sache
> Mensch und Problem getrennt behandeln
> Konzentration auf Interessen, nicht auf Positionen
> Viele Möglichkeiten für gegenseitigen Nutzen suchen
> Wahlmöglichkeiten aufzeigen – dann entscheiden
> Bestehen auf objektiven Kriterien
> Sachliche Argumente
> Druck nicht nachgeben

Win-win als Begriff, von den Autoren von Ury, Fisher und Patton definiert, ist zwar in aller Munde, aber wenn man mit »alten Verhandlungshasen« spricht, wird er häufig mit einem Lächeln quittiert. Interessanterweise streben dennoch die meisten meiner Teilnehmer und Klienten dieses Prinzip an. Betrachten wir jedoch die Situationen im praktischen Geschehen, läuft vieles anders.

Gehen wir die oben erwähnten Punkte durch, so sollten Sie sich zur ersten Zeile – Verhandlungspartner sind gemeinsame Problemlöser – Gedanken machen. Horchen Sie kurz in sich hinein und stellen Sie sich Ihre letzte nicht ganz einfache Verhandlung vor. War die Person, die Ihnen gegenübersaß, tatsächlich Ihr Partner? Oder hatte Ihr innerer Verhandler ganz andere

Worte parat? Jene, die Sie nie laut aussprechen würden? Betrachteten Sie den Gesprächspartner eher als Feind, den man besiegen muss, oder sogar als Freund? Freundschaften sollte man ja bekanntlich nicht aufs Spiel setzen ...

Überlegen Sie sich aber im Gegenzug, wie das gewählte Wording (Verhandlungspartner, Feind, Freund etc.) Ihr Verhalten gegenüber dem Verhandlungspartner beeinflusst. Und ist es das, was Sie wollen? Jede Art des Denkens lenkt das eigene Verhalten, und glauben Sie ja nicht, dass Sie dieses über längere Zeit verdecken können.

Beim Feindbild oder Bild des Gegners stehen zu bleiben wird sich in Ihrem Verhandlungsstil entsprechend manifestieren, ebenso beim Bild des Freundes.

Die Theorie sagt hier: »Weich zum Menschen – hart in der Sache«. Lassen Sie uns gemeinsam unterschiedliche Varianten durchdenken und das entsprechende Verhalten kurz definieren.

Hart zum Menschen – hart in der Sache

> Das Ziel ist der Sieg.
> Probleme der Gegenpartei interessieren Sie weder sachlich noch menschlich.
> Sie trauen niemandem über den Weg.
> Es wird gedroht.
> Sie verhandeln verdeckt.
> Sie nehmen einen Standpunkt ein (Position).
> Nachgeben wird für eine Übereinkunft gefordert.
> Die richtige Antwort ist Ihre eigene.
> Der Verhandlungspartner ist Ihnen egal.
> Es gibt keine Empathie.
> Negative Konsequenzen für andere interessieren Sie nicht.
> Sie erzeugen Druck.

Die harte Verhandlungsmethode

Bei dieser Methode geht es um die Frage, wer sich in einer Verhandlung durchsetzt und wer unterliegt. Die »Sieger« sehen in ihrem Verhandlungspartner einen »Gegner«, der mit allen Mitteln niedergerungen werden muss, und empfinden nach »Siegen« Triumphgefühle. Dennoch merken sie irgendwann später, dass gewonnene Schlachten noch lange nicht bedeuten, dass »Siege« auch umgesetzt und – vor allem – von allen Beteiligten auch mitgetragen werden. Was und wem nützt dann auf Dauer der schönste Sieg?

Beispiel:
Sie sind Abteilungsleiter in einem Unternehmen mit flachen Hierarchien und einem Geschäftsführer, der gerne Verantwortung abgibt. Von Ihrem Chef haben Sie die Aufgabe erhalten, zusammen mit einem anderen Abteilungsleiter eine Person aus den eigenen Reihen für den dritten frei gewordenen Abteilungsleiterposten in der Firma auszuwählen. Sie wollen sich klar durchsetzen, da Sie gerne die Kontrolle haben. So lassen Sie Ihren Kollegen kaum zu Wort kommen, schneiden ihm das Wort ab, halten alles für »sonnenklar«, werden eher laut und werten die Kompetenzen und Fähigkeiten des anderen Kandidaten ab. Sie nehmen eine klare Position ein und lassen keinen Zweifel an Ihren Statements aufkommen. Damit überfahren Sie Ihren Kollegen.

Frage: Welche Konsequenzen wird dieser kurzfristige Sieg bezüglich einer langfristigen guten Zusammenarbeit aufweisen? Gut möglich, dass sich der Kollege zum Beispiel künftig eher negativ zu Ihren Vorschlägen entscheidet. Nicht der Inhalte wegen, sondern aufgrund der lädierten Beziehung (hart zum Menschen).

Weich zum Menschen – weich in der Sache

> Das Wichtigste ist ein Ergebnis.
> Hauptsache, die Beziehung stimmt.
> Auf der Sachebene verhandeln Sie zugunsten der Gegenpartei.
> Vertrauen ist Ehrensache.
> Sie geben bereitwillig nach.
> Verhandlungslinien werden offengelegt.
> Suche nach Akzeptanz und Übereinkunft.
> Die Harmonie soll nicht gestört werden.
> Menschen sind wichtiger als Ergebnisse.
> Druck wird nachgegeben.
> Einverständnis wird als Kompromiss gewertet.

Die weiche Verhandlungsmethode
Vertreter dieser Methode sind meist die »netten« Verhandlungspartner. Sie sehen in ihrem Gegenüber ausschließlich den Freund, mit dem man die Beziehung verbessern möchte. Das führt dazu, dass bei diesem Stil die eigene Position vorschnell um des lieben Friedens willen aufgegeben wird; Konzessionen werden gemacht, um die Harmonie nicht zu zerstören. Das Verhandlungsziel wird nicht erreicht, und die Beziehung ist eigentlich doch nicht so harmonisch geblieben, wie man sie sich gewünscht hätte. Letztendlich fühlen sich diese Vertreter als Verlierer. Bei Nichterfolg können auch interne Nachteile bezüglich Beförderung, Kompetenz und Glaubhaftigkeit entstehen. Ein Gefühl der Niederlage schleicht sich ein. Man empfindet sich zudem als Versager. Was hängen bleibt, ist Groll, Enttäuschung, Resignation und Rückzug aus der (Mit-)Verantwortung.

Beispiel:
Dieselbe Situation: Sie wissen, dass Ihnen ein harmonisches Arbeitsklima wichtig ist, und Sie mögen Ihren Kollegen auch ganz gern. Als der Kollege nun zielstrebig, voller Zuversicht und Überzeugung seinen Kandidaten präsentiert und keinen Zweifel an dessen Fähigkeiten und Kompetenz übrig lässt, geben Sie rasch nach. Sie nicken unbewusst häufig und zeigen damit Ihr Einverständnis; Worte wie »okay« und »ja« lieben Sie. Außerdem wollen Sie dem Leiden ein Ende bereiten und den Prozess mit Zugeständnissen abkürzen. Um aber das Gesicht nicht zu verlieren, handeln Sie aus, dass **Ihr** Kandidat beim nächsten Mal an der Reihe ist. Ein fauler Kompromiss.

Frage: Wird es ein anderes Mal mit demselben Verhandlungspartner geben? Wenn ja, wie ernst werden Sie in künftigen Verhandlungen genommen? Wie gut kann oder will sich Ihr Verhandlungspartner an solche Vereinbarungen erinnern?

Win-win: Weich zum Menschen – hart in der Sache

> Sie behandeln Ihren Verhandlungspartner mit Respekt und Wertschätzung.
> Es ist Ihnen wichtig, dass alle Beteiligten ihre Ziele bestmöglich erreichen.
> Sie sind in der Lage, die Person von der Sache zu trennen und diese beiden Faktoren auch entsprechend zu behandeln.
> Sie vertreten keine Position, sondern interessieren sich für die Sachverhalte und die Interessen hinter der Position. Durch viele Fragen behalten Sie Ihr Ziel trotzdem im Auge.
> Sie erweitern Ihre Suche nach möglichen Alternativen und Optionen und geben sich nicht mit der erstbesten Lösung zufrieden. Der gegenseitige Nutzen steht dabei im Vordergrund.

> Vorschläge dazu dürfen konstruktiv kritisch bewertet werden.
> Sie sind in der Lage, den Kuchen zu vergrößern, anstatt den kleinsten gemeinsamen Nenner zu finden, und treffen erst dann Ihre Entscheidungen.
> Sie nehmen sich die Zeit, objektive neutrale Kriterien zu finden, die zur gemeinsamen Zielerreichung definiert werden. Diese sollen von beiden Seiten akzeptiert und als fair deklariert werden.
> Sie versuchen, stets sachlich zu bleiben und Ihre Emotionen unter Kontrolle zu behalten. Sie führen in einer emotional geladenen Situation immer wieder auf die Sache zurück.

Die Bedeutung der Win-win-Einstellung für den Verhandlungserfolg

Ob Verhandlungen scheitern oder erfolgreich geführt werden, hängt von zahlreichen Aspekten ab. Entscheidend dabei ist, mit welcher Einstellung die Verhandlungspartner in das Gespräch gehen. Will ich feilschen wie auf dem Basar? Geht es mir hauptsächlich darum, Harmonie herzustellen bzw. zu bewahren? Sehe ich mich vor jedem Gespräch als Verlierer? Oder gibt es für mich nur ein Ziel: gewinnen um jeden Preis?

Tipp: Die Einstellung, mit der man als Verhandlungspartner auftritt, entscheidet über den Weg, den die Verhandlung nimmt, und damit über den Erfolg bzw. Misserfolg. Versuchen Sie, eine optimistische und offene Grundhaltung einzunehmen. Und bedenken Sie: Freundlichkeit hat nichts mit Schwäche zu tun!

Beispiel:
Dieselbe Situation: Die beiden treffen sich. Die Herausforderung der heiklen Angelegenheit wird offen angesprochen, was beiden ein besseres Gefühl für die verdeckte Ebene der

Ausgangslage gibt. Außerdem steht das Ziel, den besten Kandidaten zu finden, im Vordergrund. Beide stellen gegenseitig ihre Kandidaten vor, hören einander aktiv zu und stellen das gegenseitige Verständnis sicher. Bei Unklarheiten werden Fragen gestellt. Außerdem werden Interessen kommuniziert, die hinter den Entscheidungen stehen. Danach diskutieren die beiden einen Anforderungskatalog mit objektiven Kriterien, der beinhaltet, was eine Person mitbringen muss, um zum Abteilungsleiter befördert zu werden. Dieser dient als Entscheidungsgrundlage. Danach wird im Interesse des Unternehmens entschieden.

Im besten Fall verhalten Sie sich tatsächlich so: Sie begegnen Ihrem Gegenüber mit Wertschätzung, indem Sie ihn aussprechen lassen, seine Voten würdigen, immer nach der besten Lösung für beide Seiten oder einer übergeordneten Sache suchen, trotzdem die eigenen Ziele verfolgen und bereit sind, auch Kompromisse zu schließen.

Was aber, wenn die Gegenseite etwas ganz anderes will? Häufig höre ich, dass dieses Konzept nur dann funktioniert, wenn beide Seiten dieses Konzept anwenden. Falsch! Denn die Praxis zeigt, dass bereits eine wesentlich konstruktivere Verhandlung etabliert werden kann, auch wenn nur eine der beiden Parteien diese Methode anwendet.

Das Harvard-Konzept in Kürze

Prinzip 1

Unterscheiden Sie zwischen dem *Verhandlungsgegenstand* einerseits und der *Beziehung* zwischen den Verhandlungspartnern andererseits.

Trennen Sie den Inhalt von der Beziehung, das heißt, Menschen und Sachfragen müssen getrennt voneinander behandelt werden. Die Vermischung von Sach- mit Beziehungsproblemen schadet der Beziehung und lähmt den Fortschritt in der Sache. Eine störungsfreie Beziehung ist aber Voraussetzung für eine effiziente Bearbeitung von Sachproblemen.

Empfehlung:
> Beziehungsprobleme erkennen und von den Sachproblemen getrennt behandeln.
> Beziehung zum Verhandlungspartner auf wechselseitiges Vertrauen, wechselseitige Akzeptanz und funktionierende Kommunikation überprüfen.
> Eventuelle Beziehungsprobleme bereinigen, bevor man mit der Bearbeitung der Sachprobleme beginnt

Prinzip 2

Konzentrieren Sie sich nicht auf Positionen, sondern auf die dahinterliegenden Interessen und Absichten.

Hinter jeder Position verbirgt sich ein Interesse (Motiv, Beweggrund) – das legitime Anliegen jedes Verhandlungspartners. Positionen markieren zwar Stärke, offenbaren aber auch Schwäche, weil sie der Befürchtung entspringen, mit einem schlechten Resultat aus der Verhandlung zu gehen. Somit deutet ein hartes Durchsetzen eigener Ziele auf eine Schwäche hin. Konzentrieren

Sie sich darum auf Interessen und Vorstellungen und nicht auf Standpunkte und Positionen.

Empfehlung
> Die eigenen Interessen offen darlegen, ohne Position zu beziehen.
> Positionen der Gegenseite bezüglich der dahinterliegenden Interessen hinterfragen.
> Vorstellungen entwickeln, die den Interessen beider Parteien gerecht werden.

Prinzip 3
Entwickeln Sie zuerst möglichst viele Optionen und Alternativen, bewerten und entscheiden Sie später!

Eine überlegene Problemlösung, die den Interessen aller beteiligten Parteien optimal gerecht wird, bedarf der kreativen Ideenentwicklung aller beteiligten Personen. Dies wird oft behindert durch
1. vorschnelles Urteilen und Bewerten,
2. die Suche nach der »richtigen« Lösung,
3. die Annahme, »der Kuchen« sei begrenzt,
4. die Vorstellung, dass die anderen ihre Probleme gefälligst selbst lösen sollen.

Entwickeln Sie darum Wahlmöglichkeiten (Alternativen und Optionen), die beiden Parteien Vorteile bringen können.

Empfehlung
> Sich nicht mit der erstbesten Lösung zufriedengeben, sondern nach weiteren Möglichkeiten, Modellen und Varianten suchen (genug Zeit einplanen).

> Nach Lösungsmöglichkeiten bzw. Optionen suchen, die speziell auch den Interessen der Gegenpartei gerecht werden → »kreativ sein«.
> Stellungnahme im Sinn von Zustimmung oder Ablehnung so lange aufschieben, bis das Kreativitätspotenzial aller beteiligten Personen ausgeschöpft ist.
> Nach Alternativen zur bestmöglichen Verhandlungsübereinkunft suchen.
> Nur dann einer Verhandlungslösung zustimmen, wenn diese besser als die beste der möglichen Alternativen und Optionen ist.
> Prüfen, ob die andere Seite zu einer vorgeschlagenen Verhandlungslösung keine bessere Alternative hat.

Prinzip 4
Lösen Sie Interessenkonflikte durch das Einbeziehen objektiver Kriterien.

Konflikte entstehen aus gegenläufigen, einander widersprechenden Interessen der Verhandlungspartner. Erfolgt die Beilegung eines Interessenkonfliktes nach dem Gesetz des Stärkeren, gibt es »Sieger« und »Verlierer«, was sich unweigerlich auch negativ auf die Beziehung auswirken wird. Entwickeln Sie darum objektive Kriterien, um Interessengegensätze auszugleichen.

Was ist denn mit »Objektivität« gemeint?
Laut Duden, frei von Vorurteilen, nüchtern, parteilos, sachlich, unbeeinflusst, unparteiisch, unvoreingenommen, vorurteilsfrei, vorurteilslos, wertfrei und wertneutral zu sein. Hierin liegen die größten Konfliktpotenziale für beide Parteien.

Empfehlung
Nach allgemeingültigen Normen, Werten, Rechtsgrundsätzen, Bewertungen etc. suchen, die als objektive Entscheidungskriterien verwendet werden können, weil sie

> von subjektiven Interessen jeder einzelnen Verhandlungspartei unabhängig sind
> und für alle beteiligten Verhandlungspartner gültig und damit verbindlich sein können.

Diesen Grundsätzen folgend, werden Sie sicherlich Ihre Erfolge in Verhandlungen erhöhen. Wenn's denn so einfach wäre …

Zusammenfassung

> Sieg oder Harmonie um jeden Preis? Oder vielleicht eher Win-win?
> Entscheidend ist, wie ich als Verhandlungsteilnehmer auftrete.
> Den Verhandlungsgegenstand und die Beziehung getrennt behandeln.
> Nicht um Positionen feilschen, sondern um die dahinterliegenden Interessen.
> Mit Kreativität mehrere Lösungsmöglichkeiten ausloten, Alternativen suchen und erst entscheiden, wenn die bestmögliche Alternative gefunden worden ist.
> Interessenkonflikte werden durch das Einbeziehen objektiver Kriterien gelöst.

UNTERSCHIEDLICHE VERHANDLUNGSKOMPETENZEN

Das 4-Säulen-Prinzip

Basis:
> Optimales Zustands-
  management
> Gründliche Vorbereitung

Die vier Säulen:
> Methodische Kompetenz
> Körpersprachliche
  Kompetenz
> Mentale Stärke
> Rhetorisches Geschick

Diese Grafik soll Ihnen einen Überblick über die unterschiedlichen Kompetenzdomänen einer Verhandlung geben.

Gerade das Fundament dieses Modells wird häufig stiefmütterlich behandelt – mit großen Konsequenzen von Rückschlägen und nicht erreichten Zielen.

Optimales Zustandsmanagement

An dieser Stelle möchte ich auf das **optimale Zustandsmanagement** hinweisen. Für alle anderen Aspekte der jeweiligen Säulen finden Sie die entsprechenden Kapitel.

> **Beispiel:**
> Ich hatte vor drei Jahren einen Unfall, der in erster Linie mein Gesicht beeinträchtigte. Daraus resultierten beschädigte Zähne, eine Nase, die ich richten lassen musste, usw. Als Erstes konsultierte ich meinen Zahnarzt, einen langjährigen Freund, zu dem ich großes Vertrauen hatte. Er hatte gute Kontakte zu anderen Ärzten, Kapazitäten auf unterschiedlichsten Gebieten, und so holte ich seinen Rat bezüglich eines guten Chirurgen ein, um meine Nase richten zu lassen. Seine Antwort erstaunte mich zwar nicht, machte mir aber wieder sehr bewusst, um was es in einer heiklen Situation geht. Er antwortete mir nämlich: »Eigentlich ist es egal, zu wem du gehst, denn es kommt immer darauf an, wie der Arzt an diesem Tag drauf ist.« Keine wirklich beruhigende Antwort …

… aber eine wichtige! Wie gut sind Sie denn jeweils drauf? In welcher Verantwortung nehmen Sie Einfluss auf Ihren persönlichen Zustand? Nehmen Sie überhaupt Einfluss darauf? Was beeinflusst unseren Zustand?

Hier einige Fragen diesbezüglich:
> Haben Sie genügend geschlafen?
> Welche »Substanzen« haben Sie am Abend vorher zu sich genommen?
> Bis wann in der Nacht haben Sie eine Diskussion mit Ihrem Partner geführt?
> Wie sicher fühlen Sie sich im Thema? (siehe *Vorbereitung*)
> Haben Sie in jeder Hinsicht den Rückhalt Ihres Vorgesetzten?
> Stehen Sie intern unter Erfolgsdruck?
> Haben Sie irgendwo Schmerzen?
> Wie gesund sind Sie?
> Haben Sie Hunger/Durst?
> Sind Sie von Raumtemperatur, Lichtverhältnissen, Gerüchen rasch irritiert?
> Wie viel Kaffee verträgt Ihr System?
> Wie viel Wasser braucht Ihr System?
> Wie viel anderen Ärger/Sorgen haben Sie gerade am Hals?
> Sind Sie gestresst, weil Sie anschließend einen weiteren Termin haben oder jemand auf Sie wartet?
> Hängt das Damoklesschwert über Ihnen, weil eine wichtige Entscheidung ansteht?

Beispiel:
Wenn ich in meinen Workshops darauf hinweise, dass ich mit jungen Verhandlern immer den Montagmorgen vorschlage, stelle ich Folgendes fest: Schweigen – Schmunzeln – und dann die Frage: »Das würden Sie wirklich tun?« »Aber ja.« Ein Aspekt zum Thema Zeitgeist. Viele junge Menschen haben heute einen anderen Lebensrhythmus, der aber auch entsprechende Folgen mit sich bringt. Ich kenne mittlerweile viele Mitarbeiter, die am Montagmorgen noch nicht fit sind, weil das Wochenende einfach zu erlebnisreich war!

Sich Gedanken zu Ihrem eigenen Zustand zu machen kann Sie vor vielen Überraschungen retten, denn Sie werden bereits stabiler, indem Sie ihn anerkennen. Überlegen Sie sich genau und werden Sie sich dessen bewusst, wie sehr wir von äußeren Gegebenheiten beeinflusst werden. Häufig sind Gefühle wie Sorgen, Ängste und Ärger etwas so Selbstverständliches, dass wir sie gar nicht mehr wahrnehmen. Sie steuern aber dennoch unser Verhalten mit. Und haben Sie den Mut, eine Verhandlung unter Umständen zu verschieben. Viele von Ihnen stehen dermaßen unter Zeit- und Termindruck, dass Sie diesen Vorschlag ablehnen werden. Die erste Verhandlung ist also nicht die Verhandlung mit dem Partner, sondern die mit Ihnen selbst und dann gegebenenfalls das Verschieben des Termins.

Zusammenfassung

> Das 4-Säulen-Prinzip:
>   – Methodische Kompetenzen anwenden.
>   – Körpersprachliche Achtsamkeit anwenden.
>   – Mentale Stärke entwickeln.
>   – Mit rhetorischem Geschick steuern.
> Neben intellektuellen Kompetenzen und guter Vorbereitung auf den eigenen Zustand achten, in dem Sie in die Verhandlung gehen.

DIE METAEBENE

Wechseln Sie die Perspektive vom Platz des Geschehens auf die Zuschauerränge.

Vom Spielfeld auf die Tribüne

Die Metaebene der Kommunikation ist vergleichbar mit einer Art Feldherrenhügel. Die Schlacht wird unterbrochen, und die beiden Kontrahenten steigen gemeinsam auf einen Hügel, um sich zusammen reflektierend anzuschauen, wie es dazu kommen konnte, dass dieser Scherbenhaufen oder diese verfahrene Situation angerichtet wurde.

Zum Thema »Verhandeln« hinkt dieser Vergleich etwas, denn ich kenne nur wenige Verhandler, die bereit sind, gemeinsam auf den Feldherrenhügel zu steigen. Aber weshalb sollen Sie diese Methode nicht selbst wiederholt anwenden? Schließlich werden nur Verhandler, die immer wieder in der Lage sind, ihre Position aufzugeben und diesen Perspektivwechsel zu vollziehen, einen Vorsprung haben und somit erfolgreicher in einer Verhandlung sein. Die Metaebene kann auch zugunsten der anderen Partei eingenommen werden.

Stellen Sie sich anhand des folgenden Bildes konkret eine solche Situation vor: Wer sieht mehr vom Spiel? Die Zuschauer oder die Spieler?

Nicht nur im Fußball, überall im Sport sieht man sich später beispielsweise Videos der eigenen Leistung kritisch an, sei es im Tennis oder in anderen Sportarten. Aber eben erst im Nachhinein und nicht gleichzeitig.

Diese Metapher hilft Ihnen, einen Vergleich zu ziehen und somit aus dritter Perspektive wertvolle Schlüsse abzuleiten. Was können wir also von diesem Bild lernen?

Fragen und Gedanken, die Bewusstheit schärfen

> *Wohin geht die Aufmerksamkeit der Spieler?*
Auf den Ball. Der Rest des Geschehens entzieht sich ihrem Blickfeld. Fast genauso verhandeln wir auch. Unsere Aufmerksamkeit richtet sich ständig auf den Verhandlungsgegenstand – wir setzen uns eben nicht immer wieder ganz bewusst in die Zuschauerränge, um eine andere Perspektive auf den Spielverlauf zu bekommen und den Überblick zu

behalten. Wir sind dermaßen zielorientiert, aber vor allem auch emotional engagiert, irritiert und beladen, dass der Fokus kaum vom Geschehen abgewendet werden kann. Wir haben Angst, etwas zu verpassen.

> *Nicht jeder, der im Ballbesitz ist, gewinnt auch!*
Ein momentaner Pluspunkt lässt uns innerlich jubeln, aber auch unvorsichtig werden. Die Gewissheit des Sieges reduziert unsere Aufmerksamkeit, kann die Sensibilität dem Verhandlungspartner gegenüber verringern und unbewusst eine überhebliche Sprache oder Körpersprache hervorbringen. Weitere Punkte werden weniger hart umkämpft. Sich im Ballbesitz zu wähnen kann Sie nicht nur unvorsichtig werden lassen, sondern auch arrogant. Beobachten Sie auch von der Tribüne aus, bleiben Sie achtsam und respektvoll dem Verhandlungspartner gegenüber.

> *Ob ein Tor auch immer zugesprochen wird, ist von (Fehl-) Interpretationen und Schiedsrichtern abhängig.*
Wie genau wissen Sie, wer die letzte Entscheidung fällt?
Wer noch befragt werden muss?
Nach welchen Kriterien werden Sympathien und Antipathien verteilt? Wer noch ins Spiel gebracht werden wird? Ob der Neue oder der Junge nicht gleich zum Tor ansetzt? Es gibt auch immer wieder Vorgesetzte, die sich (unter Umständen ins bereits gut laufende Spiel) einmischen und von außen entscheiden, zum Beispiel weil der Deal am Sonntag vor der Verhandlung bereits auf dem Golfplatz unter den Partnern abgewickelt wurde.

> *Erkenne ich, was hinter meinem Rücken läuft?*
Welche Schritte bereitet die Gegenseite vor? Kenne ich die Strategie der Gegenpartei oder reagiere ich nur auf momen-

tane Taktiken? Schenke ich meinem Bauchgefühl Gehör, wenn ein komisches Gefühl auftaucht, beachte ich meine Intuition und drehe ich mich um, um zu überprüfen, was mein Gefühl mir sagt? Oder nehme ich komische Gefühle als Störfaktoren wahr? Würde ich als Zuschauer mehr vom Spiel sehen? Welche Art von Stress hindert mich daran, in den Zuschauerrängen zu sitzen?

> *Bin ich bereit, mich auswechseln zu lassen?*
Wenn Sie von Ihrem Ego gesteuert sind, wird es schwierig für Sie sein, die Größe zu besitzen, andere aus der eigenen Partei zum Zuge kommen zu lassen. Wenn Sie der Illusion unterliegen, dass nur Sie Herr der Situation sind und der Einzige, der von diesem Spiel eine Ahnung hat, ebenso. Manchmal ist es eben unglaublich wichtig, in einer Verhandlung, die nicht vom Fleck kommt und sich im Kreis dreht, sich dieser Mechanismen bewusst zu werden. Da kann es klüger sein, den Kollegen einzusetzen, der die höchste soziale Akzeptanz bei der Gegenseite genießt. Und stellen Sie sich immer vor, dass es darum geht, ein Ziel zu erreichen, und nicht, persönliche Lorbeeren einzuheimsen. Dazu müssen wir selbstkritisch momentane Erfolgstaktiken hinterfragen. Dieser Schritt zurück bzw. auf Distanz zum Geschehen zu gehen, das macht es einfacher, sich diesen Fragen zu stellen.

> *Ich sehe nichts, ich höre nichts, ich will den Ball im Kasten!*
Durch ein zu hohes Engagement, unsere Ziele zu erreichen, achten wir weniger auf Verletzungen, weniger darauf, persönlichen Raum nicht zu überschreiten oder Gewalt und unfaires Verhalten anzuwenden, und sind uns der Konsequenzen unserer Art des Verhandelns nicht bewusst. Selbst Ronaldo hatte lange Mühe, sich seines Teams zu bedienen.

Auf die Metaebene zu wechseln (die Tribüne), auch mit dem Verhandlungspartner, heißt im übertragenen Sinn, Distanz zum Geschehen einzunehmen. Sie sprechen nicht mehr in der Sache, es werden auch keine Vorwürfe oder Ähnliches mehr ausgetauscht. Die Verhandlungspartner machen einzig und allein die Art und Weise, wie sie zuvor miteinander umgegangen sind, zum Gegenstand ihrer Betrachtung. Sie halten in ihrer Diskussion inne und reden darüber, was sie wie gemeint haben bzw. was sie wie aufgefasst haben und was das in ihnen ausgelöst hat. Kommunikationstechnisch setzen beide Seiten überwiegend auf offene Fragen, Feedback-Techniken und Ich-Botschaften.

Beispiele:

> »Ich möchte gerne einmal kurz, bevor wir weiterverhandeln, über zwei Punkte sprechen: Was bringt eigentlich unsere Verhandlung voran und wodurch fühlen wir uns gestört?«

> »Ich war vorhin irritiert, als Sie sagten … Was meinten Sie genau damit?«

> »Ich fühle mich seit zehn Minuten sehr unter Druck gesetzt und kann so schlecht weiterverhandeln, weil ich befürchte, dass es jetzt nur noch darum geht, möglichst zu einer Entscheidung zu kommen. Wie haben Sie das erlebt? Halten Sie das für sinnvoll? Ich fühle mich dabei nicht wohl.«

> »Deine Äußerung über mein Vorgehen hat mich vorhin so geärgert, dass ich dir danach nicht mehr aufmerksam zuhören konnte. Ich fühlte mich wie gelähmt. Dadurch ist unser Gespräch irgendwie aus dem Ruder gelaufen. Ich beschäftige mich immer noch damit und suche nach einem Ausweg. Ich brauche eine Pause.«

> »Es ärgert mich, in welchem Ton Sie mit mir sprechen. Ich bin daran interessiert, mit Ihnen zusammen die beste Lösung zu finden.«

> »Ist es möglich, dass wir mit Anstand miteinander umgehen, damit die Sachlage nicht erschwert wird?«

Zusammenfassung
> Streben Sie einen Perspektivwechsel an!
> Immer wieder erkennen, wann das Spielfeld zu verlassen ist, den Platz auf der Tribüne einnehmen und von dort aus das Ganze überschauen.

AUSFLUG
IN DIE KOMMUNIKATION

In der Kommunikation ist das, was nicht gesagt wird, lauter als das, was gesagt wird. Das Ungesagte beeinflusst auf vielen Ebenen weit mehr, als uns bewusst ist.

Lange Zeit war ich in der Kommunikation unterwegs. Zur Basiskompetenz angewandter Kommunikation gehören die fünf Axiome von Watzlawick:

1. Man kann nicht nicht kommunizieren.
2. Jede Kommunikation hat eine Inhalts- und eine Beziehungsebene.
3. Kommunikation ist immer Ursache und Wirkung.
4. Menschliche Kommunikation bedient sich analoger und digitaler Modalitäten.
5. Kommunikation ist symmetrisch oder komplementär.

Immer wieder an die Wurzeln dieser Grundkenntnisse zu gehen bestimmt längerfristig den Erfolg Ihrer Verhandlungen. Erst wenn wir diese fünf Grundsätze vollständig verinnerlicht haben – das heißt, wenn wir sie umsetzen, nicht nur kennen –, werden wir auf einer anderen Ebene wesentlich qualitativer als bisher kommunizieren. Weshalb? Weil wir durch die größere Bewusstheit dessen, »was wirkt«, dasjenige authentischer hervorbringen, was uns wichtig ist.

Erziehung, Kultur, Moral und Anstand verhindern häufig Authentizität und Offenheit. Ein berühmt-berüchtigter Berliner Anwalt aus adeligen Kreisen prägte einmal die Aussage: »Höflichkeit ist eine Form der Unaufrichtigkeit.« (Was nicht heißt, dass Sie nicht mehr höflich sein sollen. Aber da ist schon was dran.)

Das viel gepriesene Pokerface lässt in erster Linie bei Verhandlungen grüßen. (Heute spielt man übrigens auf Pokerturnieren häufig mit Brille, Schal und Kappe.) Auf körpersprachlicher Ebene verraten wir meist mehr von uns, als uns lieb sein kann. Auch wenn Sie keinen Kommunikationsprofi vor sich haben, werden Sie gelesen. Und sei dies nur durch das Wahrnehmen eines guten oder schlechten Gefühls, das Sie beim anderen hinterlassen. Auch dann, wenn dieser Ihre Signale gar nicht bewusst wahrnimmt und einordnen kann. Im Übrigen beobachte ich in erster Linie die Atmung, und diese können wir beim besten Willen nur in ganz kurzen Zeiträumen steuern. Außerdem entspricht es nicht mehr dem Zeitgeist von Transparenz, sich willentlich gänzlich zu verstecken. Verstecken, Zudecken und bewusstes Manipulieren verhindern zudem authentisches Verhalten. Irgendwo, irgendwann verraten Sie sich. Meist mit der Körpersprache, die nicht kongruent mit Ihrem Wort einhergeht, und dies macht den Verhandlungspartner misstrauisch. Wenn Menschen misstrauisch werden, beginnen sie, ihre Wahrnehmung zu intensivieren. Sie hören besser zu und beobachten dann noch genauer.

Trotzdem sollten Sie natürlich achtsam mit eigenen Signalen umgehen, die Sie aussenden, und diejenigen des Verhandlungspartners möglichst gut deuten (Vorsicht) oder thematisieren können. Das braucht einiges an Mut. Können Sie sich vorstellen, beispielsweise zu sagen: »Ich sehe, Sie runzeln Ihre Stirn, haben Sie noch Fragen?« Aber genau das ist das Geheimnis! Sie signalisieren nicht nur Ihre gute Wahrnehmung, sondern auch Ihre Präsenz.

Jedes Hochziehen der Augenbrauen, Rümpfen der Nase, Abwinken, Zusammensacken, Verringern oder Verhindern von Augenkontakt, Zusammenpressen der Lippen, »Züngeln«, Augenrollen etc. zeigt deutlich etwas über Ihre Meinung, über Ihren emotionalen Zustand und über Ihre momentane Einschätzung der eigenen Macht.

Der Anteil der Körpersprache an der Kommunikation beträgt 55 %!

Aber auch die **Stimme** mit einem Anteil von 38 % dürfen Sie keinesfalls unterschätzen. Dies wird immer noch etwas stiefmütterlich ins Bewusstsein gebracht, denn über Körpersprache wissen die meisten Leser bereits einiges.

Lautes Ausschnaufen und Seufzen, Räuspern, Lachen und Husten (paraverbaler Ausdruck) gehören genauso dazu wie Pausen und der Einsatz von Tempo, Lautstärke und Klang Ihrer Stimme. Ihr Sprechrhythmus kann Ihren Verhandlungspartner in Hypnose versetzen, genauso wie ihn ermahnen, präsent zu sein.

Stimme macht Stimmung, heißt es. Atmosphäre ist nicht einfach gegeben, sie wird erschaffen. Es liegt an Ihnen, ob Sie in einem wohlwollenden Ton Ihre Anliegen durchbringen wollen (auch wenn Sie diese hart verhandeln) oder in einem eisigen. Alles hat Wirkung! Welche Wirkung wollen Sie erzielen und wann übernehmen Sie die Verantwortung dafür? Verhandlungspartner werden genauso ungern erzogen wie wir selbst. Und die unbewusste Erinnerung, zum Beispiel an einen vorwurfsvollen Ton, ist immer vorhanden. Die wenigsten Menschen können leider abstrahieren, woher solche Unwohlgefühle kommen und mit wem sie tatsächlich, auf unbewusster Ebene, verbunden werden.

Obwohl der nonverbale Anteil mit 55 % der Botschaft am größten ist und wir uns auch dem stimmlichen Verhalten zugewandt haben, wird unbewusst dem **Inhalt**, dem kleinsten Anteil mit 7 % der Kommunikation, die größte Bedeutung beigemessen. Wie häufig beobachte ich das Erstaunen von Teilnehmenden, wenn es darum geht, ihre Worte abzuwägen. Dauernd sprechen wir, geben Laute von uns, drängen Worte aneinander – aber mit welcher Wirkung? Unbedachter verbaler Worterguss, gepaart mit Ungeduld in der Stimme und dem Mit-dem-Finger-auf-andere-Zeigen, kann unmöglich zu einer konstruktiven und kooperativen Verhandlung beitragen. Alles hat Wirkung!

Wie Sie das alles in den Griff bekommen? Betrachten Sie das Ganze optimistisch. Sie alle können lernen und Sie haben viel öfter die Gelegenheit, Neues auszuprobieren, als Sie glauben. Sie müssen nicht auf wichtige Verhandlungsmomente warten, sondern können vieles, gleich sofort anwenden. Dann gelingt es Ihnen auch in kniffligen Situationen.

Es geht nur darum, sich Verhaltensaspekte ganz bewusst zu machen. Sind Sie gerade auf dem Weg in die Kantine oder zum Bus, ins nächste Meeting oder zu einer Vernissage? Gehen Sie auf die Zuschauertribüne und beobachten Sie sich selbst, wie Sie mit anderen interagieren. Und, haben Sie Spaß daran, sich zu entdecken.

In einem Buch habe ich ein wunderschönes Beispiel gelesen: Was ergibt 5   3 = ?

Sie haben sicher verschiedene Antworten darauf. Auf der Metaebene betrachtet, können Sie gut feststellen, dass wir uns meistens mit dem *Was* (5, 3) beschäftigen und uns kaum die Frage stellen, weshalb welches Resultat zustande kommt. Was aber bestimmt denn das Resultat? Nicht nur das Was, sondern das *Wie*. Ein Grund mehr, sich intensiv mit Metakommunikation, der Sicht von der Tribüne aus, zu beschäftigen.

Kommunikationsmuster

Wir können immer wählen, welche Wendung wir einer Verhandlung geben wollen. Dabei können Sie diverse Wege einschlagen, aber bitte immer unter dem Abwägen der Frage: »Öffnet oder verschließt sich mit der Art und Weise meines Ausdrucks mein Verhandlungspartner?« Animiere ich zu kooperativem Verhalten oder trage ich dazu bei, ein Klima des Kampfes und des Widerstands zu produzieren?

Verschließt den Verhandlungspartner	Öffnet den Verhandlungspartner
Bewerten: Loben vor anderen, kritisieren, vergleichen. Beispiel: »Ihnen kann ich nicht vertrauen!«	Beschreiben: Über beobachtetes Verhalten informieren, den anderen ersuchen, seine Beobachtungen mitzuteilen. Beispiel: »Welcher Teil meiner Aussage lässt Sie lächeln?«
Kontrollieren: Verhalten und Einstellungen des anderen zu ändern versuchen, dazu Drohungen und Zwang einsetzen. Beispiel: »Wenn Sie keines dieser Zugeständnisse machen, erhalten Sie keinen Auftrag!«	Lösungsorientiert: Eine gemeinsame kooperative Lösung wünschen und zur gemeinsamen Suche dazu einladen. Beispiel: »Ich schlage vor, nachdem wir alle Inhalte und Herausforderungen gesammelt haben, widmen wir uns nun den Lösungen der einzelnen Themen.«
Taktieren: Den anderen manipulieren, die eigenen Ziele nicht preisgeben. Beispiel: »Wo liegt denn Ihre Schmerzgrenze?«	Spontan: Offen und täuschungsfrei die eigenen Motive und Absichten mitteilen. Beispiel: »Es ist mir heute wichtig, zuerst alle noch ungeklärten Fragen zu klären.«
Neutralisieren: Den anderen als Objekt betrachten, ihn als Mittel für die eigenen Ziele einspannen. Beispiel: »Wir verhandeln hier mit jedem.«	Einfühlend: Die Persönlichkeit des anderen verstehen und respektieren, seine Forderungen als Ziel in sich begreifen. Beispiel: »Ich kann verstehen, dass Sie momentan unter Druck stehen und Ihnen deshalb kleine Schritte wichtig sind.«

Verschließt den Verhandlungspartner	Öffnet den Verhandlungspartner
Dominieren: Macht, Position, Wissen ausspielen, um dadurch die eigenen Vorstellungen durchzusetzen. Beispiel: »Sie lesen wohl keine Fachzeitschriften, sonst wüssten Sie, dass ...«	Partnerschaftlich: Auf gleichberechtigter Basis zu gemeinsamem Planen und Handeln bereit sein. Beispiel: »Lassen Sie uns erst mal alle Fakten zusammentragen.«
Verschließen: Die Antwort schon kennen, Neuem gegenüber wenig aufgeschlossen sein. Beispiel: »Ich weiß schon, wie Ihre Antwort lauten wird.«	Öffnend: Bereit sein, zu experimentieren, sich vorschneller Urteile enthalten. Beispiel: »Die neuen Produkte gefallen mir, dennoch möchte ich mit einer geringeren Bestellung einsteigen, um den Erfolg bei Kunden zu testen.«
Bagatellisieren: Bedenken kleinreden, herunterspielen. Beispiel: »Das kann doch nicht sooo wichtig sein, dass ...«	Ernst nehmend: Einfühlen, zuhören, spezifisch nachfragen. Beispiel: »Ich höre, dass Sie unsere neue Einkaufsstrategie nicht als fair betrachten. Welchen Teil erachten Sie denn als unfair?«

Im Kapitel »Rhetorik« (siehe Seite 247ff.) erfahren Sie noch mehr dazu.

Feedback während der Verhandlung

Nachdem wir uns mit der Kunst der passenden Formulierung befasst haben, wenden wir uns nun einer weiteren Facette der Kommunikation zu: dem Feedback. Feedback bedeutet so viel wie Rückmeldung oder Rückkopplung zwischen Menschen.

Das Feedback ist eine Rückmeldung, die eine Person darüber informiert, wie ihr Verhalten oder ihre Leistung von jemand anderem subjektiv wahrgenommen, verstanden und erlebt wurde (emotionaler Anteil). Ein Feedback ist die Konfrontation mit einer von vielen möglichen Reaktionen, die eine Person mit ihrem Verhalten bei anderen auslöst. Der Feedback-Empfänger ist also mit einer individuellen Reaktion konfrontiert.

Das Feedback bietet eine Lernchance für beide Seiten. Feedback-Gebende können ihre Wahrnehmungsfähigkeit schärfen, ihren Ausdruck präzisieren und ihre zwischenmenschlichen Kompetenzen erweitern. Feedback-Empfänger erhalten die Möglichkeit, die Fremdwahrnehmung mit ihrer Selbstwahrnehmung zu vergleichen, ihre Schlüsse daraus zu ziehen und eventuelle Korrekturen vorzunehmen. Ein professionelles Feedback kann das Gesprächsklima wesentlich fördern.

Damit Feedback eine positive Wirkung haben kann, gilt es, dass folgende Regeln von beiden Seiten beachtet werden:

Feedback-Regeln

Wie geben Sie richtig Feedback?

Regel (was und wie)	Begründung (warum)
Schaffen Sie quasi die Gelegenheit – führen Sie Ihren Verhandlungspartner auf die Metaebene, kündigen Sie diese Phase in der Verhandlung klar an.	Der Rahmen ist für jede Gesprächsführung bedeutungsvoll. Es kann für Menschen peinlich oder verletzend sein, vor Dritten oder als Überraschung eingeplantes Feedback zu erhalten.
Stellen Sie Blickkontakt her und wenden Sie sich der Person auch physisch zu.	Was Sie sagen, soll als persönliche Rückmeldung an die Person empfunden werden.
Feedback muss sich auf ein begrenztes, konkretes Verhalten oder eine Leistung und nicht auf die ganze Persönlichkeit beziehen.	Die Persönlichkeit kann weder vom Feedback-Geber als Ganzes beschrieben noch vom Empfänger geändert werden.
Feedback konkret, genau und differenziert formulieren (Beispiele angeben).	Ungenaues Feedback führt zu Missverständnissen und Irritationen.
Trennen Sie klar und bewusst zwischen Wahrnehmung, Gefühl und Vermutung.	Der Gesprächspartner geht sonst von falschen Voraussetzungen aus.
Den Gesprächspartner nicht analysieren oder psychologisieren.	Kann als Bedrohung empfunden werden. Außerdem birgt es die Gefahr von Fehlinterpretationen, was zu Konflikten führen kann.
Ich-Botschaften formulieren. Gefühle und Wünsche deklarieren.	Du-Botschaften wirken als Urteil. Man-Botschaften als Normen mit Anspruch auf Verbindlichkeit. Außerdem beinhaltet die Ich-Botschaft einen hohen Selbstoffenbarungsteil und unterstreicht die Subjektivität Ihrer Wahrnehmung. Beispiel: »Sie haben mich beleidigt.« vs. »Ich fühle mich angegriffen.«
Feedback muss umkehrbar formuliert sein. Was ich dem Partner sage, sollte dieser dem Ton nach auch mir sagen dürfen.	Umkehrbarkeit von sprachlichen Äußerungen ist ein Merkmal von gleichberechtigten Beziehungen.
Feedback möglichst unmittelbar geben.	Sonst ist der Bezug zwischen Verhalten und Rückmeldung schwierig und kann missinterpretiert werden.

Regel (was und wie)	Begründung (warum)
Der Person immer persönlich Feedback geben.	Wenn Sie Herrn Y ein Feedback über Frau X geben, kann Frau X nicht davon profitieren (fair sein).

Selektiv authentisch sein! Ich sage nicht alles, aber das, was ich mitteile, ist echt, bewusst ausgewählt und verbindlich.

Mindestregeln eines Feedbacks
> Konkrete, neutrale Beschreibung der Sache, des Verhaltens aus meiner persönlichen Sicht.
> Reaktionen/Empfindungen beim Feedback-Geber.
> Konstruktives Gesprächsangebot, zum Beispiel Wunsch nach gemeinsamer Lösung.

Beispiele:
»Mir fällt auf, dass Sie mich während der Darlegung meiner Argumente schon zweimal unterbrochen haben.«
»Dadurch konnte ich Ihnen meine Begründungen nie vollständig darlegen. Das wäre mir aber im Interesse der Sache sehr wichtig.«
»Können wir uns auf eine Regel einigen, die uns beiden ermöglicht, zu Ende zu reden und dennoch auf eine Gegenargumentation nicht zu verzichten?«

1. Empfangen von Feedback

Regel (was und wie)	Begründung (warum)
Keine Rechtfertigungen, Verteidigungen, Erklärungen.	Behindert das Aufnehmen des Inhalts und wirkt unprofessionell.
Bewertungen, Interpretationen vermeiden.	Auf sachlicher Ebene entgegennehmen.
Fassen Sie die genannten Punkte zusammen, fragen Sie nach Ergänzungen. Eventuell Notizen machen.	Sicherstellen, ob das Gesagte auch richtig verstanden wurde. Das hilft, hinzuhören und Fragen zu stellen.
Rückfragen stellen bei Unklarheiten.	Missverständnisse können ausgeräumt werden.
Aufmerksam zuhören und wirken lassen.	Braucht eine gewisse Zeit, bis es sich setzen kann.
Sich bedanken.	Anerkennung für die geleistete Auseinandersetzung und den Mut.

Anerkennendes Feedback fördert positive Verhaltensweisen und das Selbstwertgefühl. Kritisches Feedback bietet die Chance, Verhaltensweisen zu überdenken und allenfalls zu korrigieren. Der Feedback-Empfänger entscheidet für sich im Stillen, was er annehmen oder ablehnen will.

> *»Ich bin aber nicht auf der Welt, um so zu sein, wie ihr mich haben wollt.«*
>
> Fritz Perls

»Saubere Ich-Botschaften«

»Mir hat heute gefallen, dass ...«
»Für mich wäre wichtig gewesen, wenn ...«
»Ich begann mich zu interessieren, als ...«
»Für mich war besonders wichtig, dass ...«

»Ich fühlte mich nicht verstanden, weil ...«
»Ich war überrascht, als ich bemerkte ...«
»Ich war enttäuscht, als ...«
»Ich war froh über ...«
»Gewünscht hätte ich mir ...«
»Gefallen hat mir besonders ...«
»Ich wurde aufmerksam, als ...«

Beispiele von »Ich-« und »Du-Botschaften«

Du-Botschaft	Ich-Botschaft
»Sie hören mir überhaupt nicht zu.«	»Ich fühle mich von Ihnen im Moment unverstanden.«
»Warum sagen Sie mir das jetzt erst?«	»Wenn ich das so spät erfahre, kann ich sehr schwer darauf reagieren.«
»Wissen Sie eigentlich, wie lange wir jetzt schon verhandeln?«	»Ich habe den Eindruck, dass wir im Moment nicht weiterkommen, und schlage daher vor ...«
»Sie sind aber ganz schön dreist mit Ihren Forderungen!«	»Ich fühle mich durch Ihre Forderungen unter Druck gesetzt. Bitte lassen Sie uns eine Pause machen.«
»Du bist – wie immer – sehr unzuverlässig.«	»Ich bin enttäuscht, weil du dich nicht an unsere Vereinbarung gebunden fühlst.«
»Also, so kann man nicht verhandeln.«	»Ich habe Schwierigkeiten, Ihnen zu folgen, wenn Sie über keine anderen Alternativen nachdenken möchten.«

Wirkung eines »guten« Feedbacks
> wirklichkeitsgerechte Verarbeitung
> Klima der Offenheit
> Verbundenheit, Vertrauen

Vielleicht fragen Sie sich unter diesen Aspekten, wo da die Härte bleibt? Das Buch heißt doch »Hart, aber fair«. Unter *fair* verstehe ich in erster Linie, dass Umgangsformen eingehalten werden, dass der Verhandlungspartner nicht verletzt wird, dass er nicht »über den Tisch gezogen« wird, denn hart verhandeln heißt nicht, den Anstand zu verlieren. Es geht vielmehr darum, in der Sache Härte zu zeigen und dennoch in der Lage zu sein, eine möglichst gute Beziehung zu Ihrem Verhandlungspartner zu etablieren. Aber wie soll das gelingen, wenn Respekt und Wertschätzung verloren gehen? Und das passiert schnell. Mit dem Einhalten dieser Regeln haben Sie bereits einen wichtigen Teil von Respekt und Wertschätzung berücksichtigt. Übrigens werden häufig Werte, auf die mittlerweile alle einen Anspruch geltend machen, selbst am wenigsten angewendet.

So wenden wir uns dem nächsten logischen Schritt zu, um auch darin mögliche Fallen zu erkennen und diese zu vermeiden, wenn Ihnen ein angenehmes Verhandlungsklima wichtig ist.

Zusammenfassung
> Der Anteil der Körpersprache beeinflusst zu 55% die Kommunikation.
> Der Einsatz unserer Stimme beträgt 38% und sollte nicht unterschätzt werden.
> Stimme macht Stimmung!
> Überdenken Sie Formulierungen.
> Feedback während der Verhandlung ist eine Lernchance für alle.
> Halten Sie Regeln ein.
> Feedbacks fördern positive Verhaltensweisen.

HINHÖREN – WEGHÖREN

Zum Thema »Aktives Hinhören« haben wohl die meisten unter Ihnen schon Kurse besucht oder davon gelesen oder gehört. Leider ist dies noch lange keine Garantie dafür, dass wir das, was wir wissen, gehört oder gelesen haben, auch stringent umsetzen.

Argumente sammeln und das Gespräch positiv beeinflussen

In der Kommunikation gibt es folgende Aussage: **»Das, was nicht gesagt wird, ist lauter als das, was gesagt wird.«**

Dieses Ungesagte herauszuhören und infrage zu stellen unterscheidet einen normalen Verhandler von einem exzellenten, argumentatorisch versierten Verhandler. Denn woher erhalten Sie sonst Ihre wichtigsten Informationen bezüglich Unsicherheiten, Ansprüchen, Bewertungen, Bedürfnissen, Motivation und verdeckten Interessen, die nicht ausgesprochen werden? Ein hoher Anspruch an Ihre Metafähigkeiten, denn immer noch steht ein Inhalt im Vordergrund, den es zu verhandeln gilt. Wer jedoch die richtigen Argumente sammeln will, um diese wieder ins Gespräch einzuschleusen, sollte äußerst bedacht sein: »Hören Sie sich selbst oder dem anderen zu?«

Meist hören wir nur zu, um Antworten vorzubereiten, um Bestätigung zu erhalten oder um Widersprüchen zu begegnen, um Worte gedanklich aufzubereiten. Aber wir hören nicht zu, um zu verstehen! Hinhören ist unabdingbar, auch um Missverständnisse zu verhindern, die Sie letztlich viel Zeit kosten werden, wenn Sie diese wieder bereinigen möchten. Durch Missverständnisse können Konflikte entstehen, und die Verhandlung kann deshalb sogar abgebrochen werden.

Die meisten meiner Teilnehmer sagen von sich selbst, dass sie schwache Zuhörer sind. Oft bewahrheitet sich dies tatsächlich, aber andersherum genauso bei denjenigen, die sich als gute Zuhörer einschätzen. Es ist erheblich, dass Sie sich nochmals vor Augen halten, um was es geht. Denn Zu- oder Hinhören ist die höchste Wertschätzung, die Sie Ihrem Gesprächspartner entgegenbringen können. Und dies zahlt sich für Sie und das Verhandlungsergebnis aus!

Beispiel:

Kunde: »Ihre Lieferungen erfolgen in der Zwischenzeit termingerecht; dafür haben sich qualitative Mängel im letzten Jahr stark gehäuft. Es gab von unserer Seite mehrmals Hinweise bezüglich beschädigter Teile. Diese wurden zwar ersetzt, geändert hat sich dadurch aber nichts. Wir verloren dadurch einen wichtigen langjährigen Kunden, der zur Konkurrenz wechselte. Das Resultat war eine Umsatzeinbuße von 13 %. Wenn wir also eine weitere Zusammenarbeit mit Ihnen in Betracht ziehen wollen, müssen Sie die Qualität Ihrer Produkte massiv verbessern.«

Schlecht: Lieferant: »Sie wollen also einen besseren Preis von uns herausholen und machen deshalb unsere Produkte schlecht!«
(Hier hört sich der Lieferant selbst zu. Er kommt mit

der vorgefassten Meinung ins Gespräch, dass den Kunden sowieso nur der Preis interessiert.)

Gut: »Ich höre, dass Sie mit der Qualität unserer Produkte im letzten Jahr nicht immer zufrieden waren. Ihnen sind dadurch sogar Schwierigkeiten entstanden. Dass sich aber unsere Lieferzuverlässigkeit gesteigert hat; habe ich das richtig verstanden?«

(Es braucht Mut, auch unangenehme Botschaften entgegenzunehmen. Wenn Sie diese dann proaktiv nochmals rekreieren, lässt Sie das jedoch souverän erscheinen. Die Achtung dafür bleibt nicht aus! Der Kunde fühlt sich ernst genommen, und es erhöht die Bereitschaft, im Dialog zu bleiben.)

Methode des aktiven Hinhörens: 3-Schritte-Modell

Gerade beim dritten Schritt (Gefühle) fühlen sich viele Verhandler sehr unsicher oder glauben, diesen weglassen zu müssen. Aber stellen Sie sich vor, unser gutes Beispiel würde um diese Komponente erweitert.

Lieferant: »Ich höre, dass Sie mit der Qualität unserer Produkte im letzten Jahr nicht immer zufrieden waren und Sie einige Reklamationen anbringen mussten. Ihnen sind dadurch sogar Schwierigkeiten entstanden. Unsere Lieferzuverlässigkeit hat sich jedoch gesteigert; habe ich das richtig verstanden?«

»Außerdem höre ich, dass Sie sich nicht immer ernst genommen gefühlt haben, in der Art und Weise, wie wir mit Ihren Reklamationen umgegangen sind. Stimmt das?«

Diese wertschätzende Art des Zuhörens hat gar nichts mit »Weichei-Taktik« zu tun! Sie soll viel mehr zum Überlegen anregen, was Sie selbst in einer solchen Situation schätzen würden und ob die eine oder andere Art öffnend oder verschließend wirkt.

Die wenigsten von uns haben diese Art des Hinhörens in der Vergangenheit je gelernt. Das ist schade – und desto mehr geht es darum, diese jetzt einzusetzen.

Zeichen von aktivem Hinhören

Aktiv hinhören, voll dabei sein	»Aha, ich verstehe dass, … ja … mhm …«
Nachfragen	»Können Sie mir mehr darüber sagen …?« Es hilft Ihnen und Ihrem Gesprächspartner, die Zusammenhänge zu verstehen. Wählen Sie offene Fragen, die nicht mit einem simplen Ja oder Nein zu beantworten sind.
Umschreiben, zusammenfassen	»Sie stört also, dass ich …« Ein Wiederholen des Gehörten hilft, spezifisch zu werden und nicht aneinander vorbeizureden.
Ernst nehmen, Verständnis zeigen	»Es beschäftigt Sie also sehr, dass …?«
»Ich« statt »man« oder »Sie«	»Ich erkenne, dass ich bei Ihnen Ärger ausgelöst habe. Mir ist aber eine Spezifizierung sehr wichtig, damit …« Indem ich von meinen Eindrücken, Empfindungen und Wünschen spreche, lasse ich meinem Gesprächspartner die Freiheit, auch andere Vorstellungen zu haben.
Konkret bleiben	»Sie sprachen das letzte Mal davon, einen Vorvertrag mitzubringen.«

Unterschiedliche Formen des Zuhörens

Wer in einer Verhandlung viele Fragen stellt, erhält auch Antworten. Und was möchte jeder Mensch am liebsten, wenn er selbst spricht? – Richtig, er erwartet, dass man ihm zuhört. Und nicht nur das: Er erwartet auch noch, dass man ihn richtig versteht. Daher ist das Zuhören mindestens genauso wichtig wie das Fragen. Im Folgenden werden Ihnen vier Formen des Zuhörens vorgestellt:

1. Passives Zuhören
2. Aufnehmendes Zuhören
3. Umschreibendes Zuhören (paraphrasieren/rekreieren)
4. Aktives empathisches Zuhören

1. Passives Zuhören
Sie sitzen Ihrem Gesprächspartner gegenüber und lassen ihn in Ruhe reden, ohne ihn zu unterbrechen (auch nicht durch irgendeine Gestik). Ihr Gesprächspartner wird eine ganze Weile lang reden, bis er wieder den Kontakt mit Ihnen sucht. Es kann Ihnen passieren, dass sich Ihr Gegenüber bei zu langem Schweigen allein gelassen fühlt. Also Vorsicht! Übertreiben Sie es bitte nicht! Setzen Sie diese Form des Zuhörens am besten nur dann ein, wenn Ihr Gesprächspartner sehr aufgebracht ist und emotional agiert. Lassen Sie sich nicht aus der Ruhe bringen. Genießen Sie den Monolog. Es kann auch passieren, dass einfach Geräusche auf Ihr Ohr prallen und Sie Ihren eigenen Gedanken nachgehen.

2. Aufnehmendes Zuhören
Im Prinzip unterscheidet sich diese Form von der ersten dadurch, dass Sie Ihre Aufmerksamkeit nun hör- und sichtbar zeigen. Sie sitzen diesmal Ihrem Partner schräg gegenüber und geben hin und wieder einen kurzen Kommentar zum Gehörten durch ein

hörbares Mhm, ein sichtbares Kopfnicken oder ein sanftes Ja (Ja bedeutet in diesem Fall kein Zugeständnis) und durch eine insgesamt zugewandte Körpersprache ab. Bei dieser Form des Zuhörens fühlt sich Ihr Gesprächspartner schon wohler, weil er nun deutlicher spürt, dass er ein Gegenüber hat, das sich bemüht, sich auf seine Position zu konzentrieren und zuzuhören. Er weiß aber noch nicht, ob Sie ihn damit auch tatsächlich verstanden haben, denn ein Ja oder ein Mhm allein macht dies noch nicht deutlich genug. Sie hören zu und nehmen die offerierten Informationen auf, denn diese wiederum liefern Ihnen die entscheidenden Argumente, um Ihr Gegenüber besser abholen zu können.

3. Umschreibendes Zuhören (paraphrasieren/rekreieren)

Im Gegensatz zum wörtlichen Wiederholen geben Sie die Sache mit eigenen (umschreibenden) Worten wieder. Sie erreichen dadurch, dass Ihr Gesprächspartner sich in seinem Sachanliegen verstanden fühlt. Das Paraphrasieren ist die einfachste Möglichkeit, um Missverständnisse auf der Sachebene zu vermeiden. Obwohl das umschreibende Zuhören nicht explizit eine Frage darstellt, endet der Beitrag fast immer mit leicht gehobener Stimme am Ende (ähnlich einer Frage). Diese Stimmerhebung signalisiert dem Partner, dass Sie sich vergewissern möchten, ob Sie ihn richtig verstanden haben (vgl. Kontrollfrage).

Beispiele:
> »Ihnen ist wichtig …?«
> »Verstehe ich dich richtig, dass du …?«
> »Sie meinen …?«
> »Ich darf noch einmal zusammenfassen, wie ich Ihren Vorschlag verstanden habe?«
> »Ich würde gerne noch einmal Ihre Position mit meinen Worten wiedergeben und Sie bitten, mich gegebenenfalls

zu korrigieren, damit wir sicherstellen, dass wir beide von der gleichen Sache sprechen.«

> »Gerne sage ich dir, was ich bis jetzt verstanden habe ...«
> »Ich fasse Ihren Beitrag so auf, dass es Ihnen besonders wichtig ist, dass ...«
> »In dem Falle legen Sie besonderen Wert auf ...«

4. Aktives empathisches Zuhören

Beim aktiven empathischen Zuhören machen Sie alles wie vorher besprochen, jedoch spiegeln Sie zusätzlich (vorsichtig), welche Gefühlslage Sie bei Ihrem Verhandlungspartner wahrnehmen. Während das umschreibende Zuhören ausschließlich das aufgreift, was der andere gesagt hat, konzentriert sich das aktive Zuhören darauf, wie etwas gesagt wurde. Gefühle, Hoffnungen, Befürchtungen, Misstrauen, Wünsche werden – besonders in der Geschäftswelt – nicht immer offen mitgeteilt, und dennoch sind sie oft entscheidend für den Erfolg bzw. Misserfolg einer Verhandlung. Gefühle und Emotionen schwingen im Gespräch immer zwischen den Zeilen mit und sind wichtige Hinweise auf das innere Erleben Ihres Gesprächspartners. Deshalb ist das aktive empathische Zuhören eine besondere Kunst des Zuhörens. Beim aktiven empathischen Zuhören nehmen Sie Ihren Partner ganzheitlicher wahr. Menschen, denen nicht nur auf der sachlichen Ebene zugehört wird, sondern die sich auch emotional verstanden fühlen, werden Ihnen wesentlich kooperativer begegnen. Weshalb? Weil sie sich ganzheitlich wahrgenommen fühlen – das Grundbedürfnis eines jeden Menschen.

Folgende Überlegungen können Ihnen helfen, Ihren Gesprächspartner emotional besser wahrzunehmen:

> Was empfindet mein Gesprächspartner, wenn er das auf diese Weise ausdrückt?

> Was ist ihm im Moment so wichtig, dass er so laut und hastig spricht?
> Welches noch nicht genannte Interesse könnte hier deutlich werden?
> Wie ist ihm jetzt zumute, nachdem ich meine Position klar dargelegt habe?
> Was hält er tatsächlich von meinem Vorschlag? Sein »Ja« war mit einem Kopfschütteln verbunden. Das kommt mir widersprüchlich vor.
> Fühlt sich mein Gesprächspartner wohl oder nicht?

In welcher Form und mit welcher Intensität Sie das aktive Hinhören nun unmittelbar einsetzen, hängt von der Verhandlungssituation (privat/geschäftlich) und dem Status des Partners (Chef/Mitarbeiter, Kollege/Kunde) ab. Beachten Sie bitte auch, dass nicht jeder gewohnt ist, auf seine Gefühle oder Emotionen angesprochen zu werden. Daher ist eine akzeptierende und wertschätzende Grundhaltung Ihrem Partner gegenüber unabdingbare Voraussetzung. Dies ist besonders wichtig bei sogenannten negativen Gefühlen wie Ärger, Wut, Misstrauen und Angst. Sie können diese jedoch vorsichtig ansprechen, indem Sie Ihre subjektive Wahrnehmung vorwegnehmen und im Konjunktiv sprechen.

Beispiel:
»Könnte es sein, dass ich Sie mit der veränderten Zielsetzung verunsichert oder verärgert habe?«

Ich gehe bei diesen Vorschlägen davon aus, dass 80 % der Gesprächspartner mehr oder minder angenehm sind und Sie diese Methode deshalb noch besser unterstützen kann, ein geschätzter Verhandlungspartner zu sein.

Beispiele:

> »Vielleicht liege ich nicht richtig, dennoch habe ich den Eindruck, dass Sie mein Vorschlag irritiert hat.«
> »Ihnen scheint mein Vorschlag zum Verfahren nicht besonders zu gefallen. Mich würden Ihre Bedenken sehr interessieren.«
> »Ich erlebe Sie unruhig, fühlen Sie sich unter Druck? Das würde ich nämlich gerne vermeiden.«
> »Es scheint so, als fänden Sie meine Idee ziemlich unverschämt?«
> »Wenn Sie sich bedrängt fühlen sollten, teilen Sie mir das bitte mit; denn ich möchte gerne eine Lösung, die wir beide voll und ganz akzeptieren können.«
> »Ich bin froh, dass Sie mein Argument aufgenommen haben, und wie ich sehe, freuen Sie sich auch darüber.«
> »Sie wirken im Moment sehr nachdenklich. Brauchen Sie noch zusätzliche Informationen von mir?«
> »Irgendetwas scheint Sie vorhin irritiert zu haben. Ich frage mich die ganze Zeit, was das sein könnte …«

»Feintuning der Ohren« als taktisches Instrument

Immer, wenn ich mit meinem Mann unterwegs war und wir uns für etwas interessierten, das vielleicht nicht so günstig gewesen war, ließ mein Mann mich verhandeln. Wenn dann mein Verhandlungspartner die Worte »… geben wir eigentlich keine Rabatte«, »… sollten Vertragsänderungen vorgenommen werden«, »… machen wir in der Regel keine Ausnahme« oder »… hätten wir schon entschieden« verwenden, dann schlage ich zu. Weshalb gerade dann?

Die meisten Verhandler legen größten Wert auf die Vorbereitung ihrer Argumente, auch wenn diese ihr Gegenüber überhaupt nicht interessieren oder ihrem Verhandlungspartner keinen Nutzen bieten. Sie stellen Nutzen und Vorteile in den Raum, ohne vorher das Bedürfnis ihres Gegenübers eruiert zu haben.

Deshalb sollten Sie sich darin üben, viel besser hinzuhören, denn Ihr Gegenüber liefert Ihnen die nötigen Argumente größtenteils portofrei ins Haus. Aber dafür *müssen* Sie lernen, besser hinzuhören.

Ich lasse niemanden entkommen, der die Worte *eigentlich, könnte, sollte, würde, vielleicht* usw. gebraucht. Der Konjunktiv und Füllwörter sind immer versteckte Möglichkeiten, wenn Sie gut hinhören, die wahrgenommen werden wollen und Ihnen oft unbewusst angeboten werden, um nochmals nachzuhaken. Wenn ich Verhandlungen beisitze, könnte ich jedes Mal innerhalb weniger Minuten mindestens drei Punkte aufzählen, bei denen solche Angebote ungenutzt vorübergeglitten sind.

Beispiel:

Sven Gruber hat hart daran gearbeitet, eine sehr spezifische IT-Lösung für seinen Kunden zu entwickeln. Schon zum dritten Mal wird der Auftrag nun wieder neu spezifiziert, ohne dass der Kunde einen Aufpreis bezahlen will, obwohl der Auftrag in seiner ursprünglichen Form längst erfüllt ist.

Zu groß war der Aufwand für Sven. Diesmal will er sich nicht mehr so leicht überreden lassen und ist fest entschlossen, in der Sache hart zu bleiben.

Als Marcel Kleinert wieder sagt: »Aber diese kleine Änderung ist bestimmt in Ihrem bereits hohen Preis inbegriffen. Eigentlich bezahlen wir für Änderungen im Auftrag normalerweise nicht mehr …«, sieht Sven seine Chance.

Anstatt seinen Mehraufwand zu rechtfertigen und zu verteidigen, sagt er zu Marcel Kleinert: »Ich habe Ihnen bereits ab dem ersten Gespräch gut zugehört und verstanden, dass Sie unsere Preise als angemessen betrachten. Sie sagten mir dabei auch, dass Sie unter keinen Umständen einen Vertrag mit einem schlechten Gefühl unterschreiben würden. Bitte korrigieren Sie mich, wenn ich da etwas falsch verstanden habe. Und ich höre heute, dass Sie normalerweise für Änderungen nichts bezahlen. Das kann sein, dass Sie Änderungen bei anderen Anbietern nicht honorieren, bei uns ist dies aber vertraglich geregelt.«

Einem Verhandlungspartner seine eigenen Worte durch Paraphrasieren zu spiegeln ist meiner Meinung nach eine der besten Methoden, um Akzeptanz für eine – in diesem Fall – Nachforderung abzublocken. Außerdem machen Sie damit klar, dass Sie Ihren Verhandlungspartner ernst nehmen und ernst genommen werden wollen.

Im oben erwähnten Beispiel ließ sich Sven in der Vergangenheit gerne »an den Haken« nehmen, begann zu feilschen, zu argumentieren und sich zu rechtfertigen. Probieren auch Sie's mal anders!

Mentale Aspekte des Zuhörens

Wenn wir uns auf die emotionale Ebene hinter den Worten in der Verhandlung konzentrieren, so gilt Folgendes:

Menschen können sich zwar schlecht daran erinnern, was die andere Person inhaltlich genau sagte, sie wissen aber immer, *wie* es gesagt wurde. Und dieses Wie ist äußerst nachhaltig und steuert letztlich unsere Wahrnehmung und unsere eigenen Emotionen. Auch dann, wenn wir demselben Verhandlungspartner wiederbegegnen.

Also begegnen wir ihm eigentlich gar nicht neu, sondern einzig unserer Vorstellung des Wie, das heißt, wie wir ihn in der letzten Verhandlung, also in der Vergangenheit, wahrgenommen haben. Dieses Gefühl nehmen wir wieder mit und reagieren entsprechend vergangenheitsorientiert auf die Person. In diesem Moment sind wir nicht in der Gegenwart und damit nicht präsent.

Dieses Wie ist aber immer auch eine Interpretationsfrage, und es würde jedem Verhandler nur guttun, es zu hinterfragen – und dies aus unterschiedlich abweichenden Perspektiven. Eine wunderbare Übung, um sich von Zwängen der Vergangenheit zu befreien, denn dieses Sich-auf-die-Wahrheit-der-Vergangenheit-Beziehen verhindert, erneute zuzuhören und sich neu auf den Verhandlungspartner einzulassen, nämlich im Hier und Jetzt. Schade.

Nicht-Wissen-Übung

Je länger ich meine Arbeit mache, desto mehr kann ich auch situativ in Verhandlungen entspannen. Wie das geht? Mit »Nicht-Wissen«. Denn mit welcher absoluten Sicherheit kann ich sagen, dass das, was ich das letzte Mal gehört und gesehen habe, auch genau *so* gemeint war? Nicht zu wissen ist eine Mutprobe in einer Gesellschaft, in der alles über Kontrolle und Sicherheit prozessiert wird. Wenn Sie also die totale Kontrolle haben wollen, dann sollten Sie alle Aussagen auf ein Tonband aufnehmen, um alles beweisen zu können. Dieses Nicht-Wissen entstresst und lädt Sie zum erneuten Aufnehmen des Dialogs ein.

... und sich selbst zuhören

Wenn Verhandler aus einem schwierigen Gespräch kommen, was hören Sie sie dann sagen oder was sagen Sie zu sich selbst innerlich (und hören sich dabei auch noch zu)?

Variante 1
> Sie beklagen sich.
> Sie bewerten und urteilen.
> Sie verurteilen, manchmal fluchen sie.
> Sie sind mental in der Zukunft, was alles noch passieren wird.

> Sie fühlen sich als Opfer der Situation, der Macht, der Position des anderen.
> Sie fühlen sich »über den Tisch gezogen« und übervorteilt.
> Sie fühlen sich als Gewinner, als Held, als toller Hirsch.
> Sie haben den anderen gezeigt, »wo der Hammer hängt«.
> Sie beschimpfen die andere Partei.

Das ist Alltag. Natürlich freuen Sie sich auch über ein gutes Verhandlungsergebnis.

In den weit geringeren Fällen hören oder denken Sie dann Folgendes:

Variante 2
> »Es war schwierig, aber interessant.«
> »Respekt für die tollen Argumente und die Kompetenz meines Verhandlungspartners.«
> »Der konnte mich richtig gut überzeugen.«
> »Von dem kann ich etwas lernen.«
> »Künftig werde ich mir das von XY abgucken und ausprobieren, ob das auch bei mir klappt.«
> usw.

Auch das kann Alltag sein.
Weshalb hören wir im Wesentlichen gar nicht zu, sondern beurteilen, bewerten, interpretieren lieber (nicht immer, aber häufig negativ)?

Variante 3
Wir halten dadurch ein Selbstbild aufrecht, das uns vorgaukelt – oder besser noch: das wir unreflektiert integriert haben –, dass wir *immer* erfolgreich, kompetent, überlegen und souverän rüberkommen müssen.

Wird diese Vorstellung und Erwartung, die wir an uns selbst richten, attackiert, beginnen wir, das äußere Bild zu korrigieren, und zwar so lange, bis wir wieder gut dastehen. Und – wir lassen andere uns zuhören. Somit können wir uns wieder besser fühlen. Eigentlich könnte man auch sagen: eine gute Strategie, um negative in positive Emotionen zu verwandeln.

> Die Frage ist, wie lange?
> Wie steht es mit meiner inneren Wahrheit mir selbst gegenüber?
> Und wie hilfreich ist ein solches Verhalten?

Zusammenfassung

> »Das, was nicht gesagt wird, ist lauter als das, was gesagt wird.«
> Das Ungesagte heraushören.
> Hinhören wollen, um zu verstehen.
> Nicht-Wissen ist ein Entspannungsfaktor.
> Wenden Sie das 3-Schritte-Modell (Beziehung, Inhalt, Gefühle) an.
> »Feintuning der Ohren« erlaubt Ihnen, taktisch intelligenter zu verhandeln.
> Warum bewerten, beurteilen oder interpretieren, anstatt zuzuhören?
> Formen des Zuhörens: Sie hören sich selbst in verschiedenen Formen zu.

WIDERSTAND VERSUS KOOPERATION

Gesprächsstile

»Keine Gnade mehr mit denen, die *nicht* erforscht haben
und doch *reden*.«

Bertolt Brecht

Immer wieder befasse ich mich in Verhandlungsprozessen damit, wie ich meinen Verhandlungspartner zu einer Kooperation
einladen kann oder was geschehen müsste, um Widerstand zu
erzeugen. Die meisten Verhandler befassen sich nur mit der ersten Variante, produzieren jedoch die zweite. Man nennt dies
auch »kognitive Dissonanz« – einfach übersetzt: »gescheit denken, dumm handeln«.

Hart in der Sache zu sein heißt nicht, dass Sie damit Widerstand erzeugen. Und schon gar nicht, dass Sie deshalb unfreund-
lich werden müssen. Im Gegenteil: Harte Verhandler erhalten
häufig Respekt für diesen Verhandlungsstil. Für Unfreundlichkeit und Unfairness ernten sie hingegen Widerstand und Antipathie.

 **WIDERSTAND**  **KOOPERATION**

Widerstand

Jedes Mal, wenn Sie einen sturen, barrikadierenden, elend be-harrenden und verbohrten Verhandlungspartner vor sich haben, stellen Sie sich die Fragen: »Wie habe ich das geschafft?«, »Was ist mein Anteil?«, »Womit habe ich diesen Widerstand produziert?« (siehe »Machtverhältnisse«, Seite XX). Stellen Sie sich diese Fragen auch dann, wenn sie für Sie unbequem sind!

Beispiel:

Sie erhalten folgende Aussage: »Ich bin nicht bereit, 1,2 Millionen Euro für diesen IT-Spezialisten und sein Team hinzublättern, die bestenfalls in einem Museum eine gute Figur machen würden.« Eine Aussage, aus der sich eine gewisse Emotionalität ableiten lässt.

Wie kommt es dazu? Sie hatten Ihrem Vorgesetzten klargemacht, dass er sich endlich entscheiden sollte, um die Probleme der IT zu lösen. Seit Langem ein Streitpunkt. Dafür haben Sie diverse Angebote eingeholt. Als *der* interne IT-Spezialist kennen Sie die Anforderungen bestens und haben deshalb bereits eine Vorselektion getroffen. Das Resultat haben Sie Ihrem Chef auf den Tisch geknallt mit der Bemerkung: »Es eilt!«

Welche Aktionen provozierten nun diesen Widerstand?
> Welcher Vorgesetzte möchte nicht Teil des Entscheidungs-prozesses sein?

> In welcher Tonalität wurde »Es eilt!« vorgetragen?
> Welche Mimik begleitete diese Aussage?
> Hätte man noch zwei andere Angebote dazulegen können?
> Wäre es angebracht gewesen, erst dann eine fundierte Empfehlung abzugeben?

Worte purzeln manchmal fast fremdgesteuert aus dem Mund, vor allem dann, wenn etwas bereits eine Geschichte hat oder von Stress gefärbt ist; zurücknehmen kann man diese dann nicht mehr. Ein achtsamer Umgang, vor allem mit einem wichtigen Anliegen, muss geprüft und sowohl sprachlich, körpersprachlich als auch stimmlich gut überlegt sein. Überprüfen Sie immer wieder: Erzeugt mein Verhalten Widerstand oder Kooperation? Es geht hier um das Wie, weniger um das Was. Außer Sie präsentierten ein unverschämtes Angebot.

Da erinnere ich mich besonders an einen Klienten eines Großkonzerns. Er verhandelte auf internationaler Ebene Großprojekte im Bereich Logistik. Sein Vorgesetzter hatte ihm nahegelegt, ein Coaching in Anspruch zu nehmen, da er bei einigen seiner Verhandlungspartner Widerstand und damit Konflikte ausgelöst hatte. Ich bemerkte noch während unseres ersten Gesprächs, wie seine Motivation zu sinken begann, und fragte, wie es ihm mit all den Informationen gerade gehe, die er umsetzen sollte. Wütend meinte er: »Muss ich jetzt jedes Wort auf die Goldwaage legen?«

Ich antwortete: »Ja, genau deshalb sind Sie da.« Er entschied sich zu bleiben. Wir haben heute noch einen guten Kontakt.

Wie blockiere ich ein Gespräch?

Verallgemeinern, Killerphrasen	»Sie sind immer …«/»Sie haben nie …«/»Überhaupt, wissen Sie nicht …«/»Das ist doch sinnlos …«
Vorwürfe machen	»Warum sind Sie denn immer so …« Vorwürfe sind klare negative Beziehungsbotschaften; der Gesprächspartner fühlt sich angegriffen.
Verspotten	»Ach, Sie mit Ihrem …!«
Bagatellisieren, herunterspielen	»Das ist halt so …!« »Jeder Mensch hat Probleme …« Die Gefahr, ein Problem als geringfügig abzutun, entsteht auch beim Trösten oder Beruhigen.
Rechtfertigen	»Das habe ich nur getan, weil …« »Sie hat Ihnen das gesagt, damit …« Rechtfertigungen und Ausreden sind ein Zeichen der Schwäche und machen mich verletzbar. Ich verliere nichts, wenn ich Fehler einfach zugebe.
Sofort Lösungen anbieten	»Wir müssen halt rasch …« Der Gesprächspartner kann sich durch sofortige Lösungsvorschläge entmündigt fühlen.
Provokationen	»Untersuchen Sie erst nochmals Ihre internen Prozesse, bevor Sie mit uns verhandeln!« Provokationen werden meist sehr persönlich genommen, sind eine Abwertung und rufen nach einer Gegenposition.
Ratschläge erteilen	»Sie sollten sich darum kümmern, dass sich Ihre Verhandler besser auf unsere Verhandlung vorbereiten, dann würden wir effizienter zum Ziel kommen.« Ratschläge sind auch Schläge, heißt es.
Behauptungen	»Nespresso ist der beste Kaffee!« Weshalb wissen Sie das?

Das eine ist, Ihre Ohren »fein zu tunen«, das andere ist, Ihre Worte und die Art und Weise, wie Sie Ihre Aussagen rüberbringen, zu überprüfen. Es ist einfach, wenn Sie sich immer wieder die Frage stellen: »Erzeuge ich Widerstand oder Kooperation? Und wie komme ich zu Kooperation?«

Viele Verhandler bereiten ihre Argumente akribisch vor und halten beharrlich an ihnen fest. Das kann viele Gründe haben:

> Es fehlen ihnen erweiterte Sichtweisen.
> Sie sind unsicher.
> Der Verhandlungspartner mit seinen eigenen Anliegen interessiert sie nicht.
> Die Zeit ist zu knapp bemessen.
> Sie stehen unter Druck.
> usw.

Die Frage ist jedoch, wie können Sie Ihre eigenen Argumente mit denen Ihres Verhandlungspartners derart verknüpfen, dass Sie die beste Lösung für beide Seiten finden? Damit gestalten Sie eine von Kooperationsbereitschaft geprägte Atmosphäre. Wer zuerst Kooperation signalisiert, ist noch lange kein weicher Verhandler. Und bestimmt wird sich Ihr Verhandlungspartner ernst und wertgeschätzt fühlen, wenn Sie ihn nicht gleich mit Ihren eigenen Argumenten und Überzeugungen »zutexten«, was zu Widerstand führt.

Anpassungsfähigkeit ist wichtig! Verhandeln ist ein Prozess, der Flexibilität und Aufmerksamkeit verlangt. Wenn Sie sich also nur auf ein – Ihr – Ziel fixieren, steigen Sie in eine Position ein. Sie ignorieren dann auch die Zeichen, die Sie als Reaktion auf Ihr eigenes Verhalten erhalten, und verpassen dadurch die Gelegenheit, Ihren Verhandlungspartner besser kennenzulernen. Hören Sie allen Möglichkeiten und Optionen zu, die Ihnen auf dem Tablett angeboten werden.

Diese Positionen, wie sie im Harvard-Konzept auch genannt sind, werden häufig nur allzu rasch eingenommen. Wie kommt das? Über die vielen Jahre habe ich beobachtet, wie schwierig es für Teilnehmende ist, genau hinzuhören. Da reicht es schon, dass ein Gesprächspartner mit lauter Stimme sagt:

»So was geht bei uns gar nicht. Wo würden wir denn hinkommen, wenn wir jedes Mal eine Ausnahme machten?« Wie reagieren Sie? Gehen Sie gleich in die Gegenwehr, in die Rechtfertigung, verteidigen Sie Ihre Ansprüche?

Sie haben nun die Wahl, wie Sie mit einer solchen Aussage umgehen. Hören Sie die Art und Weise des Gesagten oder hören Sie die Inhalte? »Wo man hinkommen würde? Ja, wo würden wir denn hinkommen?«, könnten Sie fragen, oder: »*Jedes Mal* eine Ausnahme machen würde auch ich nicht. In diesem Fall jedoch ...«

Dazu lade ich Sie ein, sich im nächsten Kapitel die folgenden Unterscheidungen anzusehen. Diese unterstützen Sie dabei, weniger emotional zu handeln und überlegter zu reagieren, um einen kooperativen Verhandlungsstil zu fördern.

Zusammenfassung

> Gesprächsstile erzeugen unterschiedliche Reaktionen.
> Ein Gesprächsstil kann die Gegenseite blockieren.
> Erzeugt mein Verhalten Widerstand oder Kooperation?
> Signalisierung von Kooperationsbereitschaft hat nichts mit »weichem« Verhandeln zu tun.

POSITION – INTERESSE – VORSTELLUNG

Wenn wir nicht in der Lage sind, das Spielfeld immer wieder zu verlassen, um auf der Tribüne Platz zu nehmen, gewinnen wir zu wenig Distanz, um Aussagen, potenzielle Angriffe, Interessen, Erwartungen, Annahmen etc. zu unterscheiden. Was aber, wenn wir's tun?

Dann würden Sie wahrscheinlich wesentlich weniger emotional verhandeln, überlegtere Entscheidungen fällen und vor allem vorsichtiger auf Ihren Verhandlungspartner eingehen.

Die Gefahr ist groß, dass wir alles, was wir hören, gerade wenn ein Anliegen sehr klar ausgedrückt wird, als eine Position wahrnehmen. Was passiert aber, wenn Sie Statements als Position hören? Sie reagieren nicht auf das, was Sie auf der Sachebene wahrnehmen, sondern auf dessen Interpretation, also wie Sie etwas wahrnehmen. Und Sie beginnen rasch, die Person mit der Sache zu vermischen.

Definition

Daher wird es für Sie sehr hilfreich sein, sich diese Unterscheidungen in Position – Interesse – Vorstellung näher anzusehen und in der Verhandlungssituation mit etwas Distanz differenzierter hinzuhören, wahrzunehmen und schließlich zu reagieren.

Lassen Sie uns also die folgenden drei Punkte unterscheiden und herausfinden, wo die Differenzen zu finden sind:

Interesse

Was einen Verhandlungspartner letztendlich bewegt, ist sein allgemeines und/oder spezifisches Interesse. Unter *Interesse* verstehen wir das, was für ihn *wichtig oder notwendig* ist, was er sich *wünscht* oder was er *zu vermeiden trachtet*. Das bedeutet nicht, dass dafür auch die entsprechenden Hintergründe mitgeliefert werden. Ihre Aufgabe ist es dann, diese zu erfragen, Ihren Verhandlungspartner dadurch besser kennenzulernen und ihm damit auch Ihr Interesse an seinen Anliegen und Vorschlägen zu demonstrieren. Dies fördert Kooperationsbereitschaft und Vertrauen!

Beispiel:
»Ich möchte in unserem Team möglichst viele junge, talentierte Hochschulabsolventen beschäftigen.«

Vorstellung

Das Interesse eines Verhandlungspartners drückt sich in einer bestimmten Vorstellung aus (auch verdeckte Erwartungen), meist über *Verfahrensweisen oder Umstände,* von denen er annimmt, dass sie für die *Verwirklichung seines Interesses zweckdienlich* sind. Das ursprüngliche Interesse, möglichst viele junge, talentierte Hochschulabsolventen im Team zu haben, hat die Form einer bestimmten Meinung oder Sichtweise (Vorstellung, Fantasie) angenommen. Wenn wir ein Verhandlungsergebnis erzielen wollen, das auch für die Gegenseite attraktiv ist, müssen wir sowohl ihre Interessen als auch ihre Vorstellungen berücksichtigen. Dies setzt wiederum voraus, dass wir beides kennen und differenzieren können.

Beispiel:

»Es ist besser, junge Talente aus den eigenen Reihen zu fördern, als Unternehmensfremde einzuarbeiten.«

Position

In einer Verhandlung zeigen sich Interessen und Vorstellungen einer Partei häufig dadurch, dass eine *Position*, ein Standpunkt, eingenommen wird. Eine Position ist eine Erklärung einer Verhandlungspartei, was diese unter welchen Bedingungen tun oder unterlassen wird. Jede Position drückt somit *eine bereits getroffene Entscheidung* aus. Wann immer die Gegenpartei eine Position bezieht, müssen wir uns klarmachen, welche Interessen und Vorstellungen oder Erwartungen an uns dahinterliegen, um diese dann direkt ansprechen zu können.

Beispiel:

»Für den jungen Patrick Schnellmann, den ich einmal bei einer größeren Präsentation erlebt habe, der aber noch eine unbekannte Größe im Unternehmen ist, bin ich bereit, maximal 70 000 Euro Jahresgehalt zu bezahlen.«

Vielleicht hilft Ihnen dieses Bild, sich im wahrsten Sinne des Wortes einen Standpunkt vorzustellen. Vor allem, wenn Sie daran denken, dass eine bereits getroffene Entscheidung bedeutet, dass der Punkt, auf dem man steht, unter keinen Umständen verlassen wird.

Darunter versteht man auch, hart und unfair zu verhandeln, aber hart im Sinne von ausschließlich der Sache dienend, und dem Menschen wird ebenfalls hart, abwertend und kompromisslos begegnet.

Sollte der Standpunkt zeitweilig verlassen werden (Zuckerbrot-und-Peitsche-Taktik), gilt die Überlegung, was Sie damit bei Ihrem Gesprächspartner verursachen bzw. hinterlassen haben. Vertrauen und eine Kooperation immer wieder neu zu etablieren kostet Sie unglaublich viel Energie, Zeit und Aufwand. Außerdem löst das Spiel von Zuckerbrot und Peitsche Irritation und Misstrauen aus und Stress auf beiden Seiten. Zudem laufen Sie Gefahr, bei diesem Hin und Her Ihr Gesicht zu verlieren.

»Wenn du wie ein Hammer agierst, tauchen nur noch Nägel vor dir auf.«

Gary Nosner

Dies sind drei Unterscheidungsmerkmale. Um die Angelegenheit etwas simpler zu gestalten, können Sie sich die Sache auch einfacher merken. Stellen Sie sich folgende drei Fragen:

Geht es um das	**WAS?**	Interesse
Geht es um das	**WIE?**	Vorstellung
Geht es um das	**SO?**	Position

Viele Verhandler – auch wenn es ihnen schwerfällt, das zuzugeben – werfen nach einer bereits getroffenen Entscheidung der anderen Partei unverzüglich das Handtuch. Aber bitte nicht so schnell!

Es gibt Hoffnung! Denn eine Position kann durch geschicktes Nachfragen nach den dahinterliegenden Interessen und Vorstellungen wieder aufgelöst werden (siehe dazu Auflösen von Positionen durch geschickte Fragetechnik, Seite 83).

Die psychologische Sicht

Bei der theoretischen Auseinandersetzung mit diesen drei Themen löse ich immer wieder zu Beginn eine gewisse Irritation bei meinen Teilnehmern aus. Wofür müssen wir all das wissen? Vielleicht ist es tatsächlich nicht immens wichtig, diese Themen zu kennen. Aus psychologischer Sicht ist es aber ratsam, sich während einer Verhandlung, vor allem, wenn Sie sich angegriffen fühlen, auf die Tribüne zu setzen, um kurz zu reflektieren, ob das dezidierte Statement Ihres Gesprächspartners tatsächlich ein Angriff oder eine Position war. Oft werden Interessen in einer Tonalität vorgebracht, die brüskieren kann. Nur deshalb muss es noch lange keine Position sein. Doch Sie reagieren mehr auf die Tonalität als auf den Inhalt.

Ich habe bereits erwähnt, dass das Einnehmen einer Position durch einen Verhandler auf der anderen Seite einen Widerstand hervorruft. Nehmen Sie an, die Gegenpartei hat gar keine Position eingenommen (sondern ein Interesse formuliert), aber Sie haben das Argument als Position aufgefasst und mental entsprechend eingeordnet – wie reagieren Sie dann? Freudig, angenehm überrascht, hilflos, wütend?

Alles hat Konsequenzen. So wie Sie eine Aussage auffassen, so reagieren Sie darauf. Eine Position löst meist eine emotionale, negative Reaktion oder einen Rückzug aus. Spätestens nach dem zweiten Statement nehmen Sie selbst eine Position ein, und damit rasseln Sie ungehindert in eine Pattsituation. Keine gute Ausgangslage, um ein günstiges Verhandlungsresultat zu erreichen. Wollen Sie das? Sicher nicht. Mit dem Auf-die-Tribüne-

Gehen dissoziieren Sie sich in erster Linie emotional von der Art des Gesagten, da Sie

*vom **Bauch** = **Gefühl** in den **Kopf** = **Ratio***

wechseln. Das heißt, Sie gewinnen emotional Abstand, können besser analysieren und denken und treffen damit weisere Entscheidungen. Das lohnt sich doch!

Zusammenfassung
> Diese drei Aspekte müssen in einer Verhandlung unterschieden werden:
> – Das Interesse manifestiert das Notwendige, Wichtige, Wünschenswerte, aber auch das zu Vermeidende (Was).
> – Eine Vorstellung ist der Wunsch, die Fantasie, das Anliegen, das hinter dem Interesse steht (Wie).
> – Eine Position einzunehmen heißt, dass bereits eine Entscheidung getroffen wurde, und dies erzeugt Widerstand – Position = Standpunkt (So).
> Herausforderungen mit Abstand (Tribüne) parieren, um sich emotional zu dissoziieren.

FRAGETECHNIK

Wie knacke ich eine Position?

Sie haben gelesen, wie herausfordernd es für die meisten Verhandler ist, wenn auf der anderen Seite eine Position bezogen wird. Wie schwierig wirkliches, gutes Hinhören ist, um dann noch Möglichkeiten zu erforschen, wie diese Position aufgelöst werden kann. Und wie rasch unbewusst eine Pattsituation zustande kommt, weil auf eine Position eine Gegenposition bezogen oder einfach viel zu früh aufgegeben wird. Aus Sicht der menschlichen Evolution reagiert das Reptilienhirn mit Angriff oder Flucht. Verhandlungstechnisch gesprochen: Ist der Angriff hart/unfair, resultiert daraus Flucht. Ist er weich in der Sache, resultiert daraus Aufgeben.

Das Harvard-Konzept hatte im Englischen früher den Namen »Getting to Yes«. Yes, dahin wollen wir. Ein Ja erhalten, selbstverständlich.

Seit vielen Jahren beschäftigt mich die Frage, was uns daran hindert, uns mit mindestens so viel Energie mit dem Nein zu befassen. Nein ist eins der ersten Worte, die Kinder ohne zu üben lernen; es ist die erste Abgrenzung.

Viele Verhandelnde, gerade in unserem Kulturkreis, gehen niemals an die Grenze des Neins. Immer wieder stelle ich weiches Verhandeln in der Sache fest. Man gibt rasch auf, lässt sich emotional an den Haken nehmen, ballt die Faust in der Tasche (und glaubt noch, niemand merkt's), offeriert schlechte Kompromisse schon zu Beginn oder nimmt eine Gegenposition ein. Zugegeben eine pessimistische Sicht der Dinge – eben die Sicht aus der Erfahrung in der Praxis.

Ob dies nun in den Wurzeln unserer Erziehung liegt, nicht zu widersprechen und »nein« sagen zu dürfen oder nicht, ist hier müßig zu beantworten. Denn all diese Glaubenssätze und Überzeugungen, die wir als »Mit-Gift« erhalten haben, helfen uns wenig, besser zu verhandeln. Aber wir sollten sie hinterfragen und kritisch überprüfen. Nicht nur Erziehung, sondern auch kulturelle und gesellschaftliche Normen hindern uns daran, Grenzen zu testen oder sie zu überschreiten.

Lassen Sie uns aber mal unserer Angst vor dem Nein ins Auge sehen.

Ich behaupte sogar, das erste Nein in einer Verhandlung wird schon kaum infrage gestellt, es wird ernst genommen und für bare Münze genommen.

Also, lernen Sie, Spaß dabei zu haben, Ihr wirkliches, letztes, endgültiges Nein abzuholen. Anstatt andere dafür verantwortlich zu machen, dass sie stur sind, sollten Sie Ihre Flexibilität trainieren.

Sie brauchen dazu ein Werkzeug, um die festgefahrene Situation wieder in Fluss zu bringen. Dazu benötigen Sie echtes Interesse an der Gegenseite und nebst einer empathischen Haltung vor allem eine gute Fragetechnik.

Beispiel:
In einer Verhandlung verhärten sich die Fronten. Ihr Verhandlungspartner A sucht den Abschluss mit folgenden Worten:

A: »Nachdem man es nicht einmal für nötig gehalten hat, mich zu informieren, werde ich zurücktreten.« (eine klare Position)

B: ist damit nicht einverstanden.

Im Seminar spiele ich diese Situation durch und erhalte folgende Antworten (A = Sender der Botschaft, B = Empfänger mit entsprechender Reaktion):

B: »Das tut uns leid, wollen Sie sich das nicht noch mal überlegen?« (Schuldgefühle)

A: »Nein, aber schön, dass es Ihnen leidtut, mir auch!«

B: »Möchten Sie nicht noch einmal eine Nacht über Ihren Entscheid schlafen?«
(verdeckte Botschaft: A hat sich geirrt)

A: »Nein!«

B: »Weshalb wollen Sie denn zurücktreten?« (unvorbereitet)

A: »Das sollten gerade *Sie* wissen!«

B: »Da haben Sie sicher etwas falsch verstanden!« (Schuldzuweisung an A)

A: »Dann wissen wir ja, *wer* hier etwas falsch verstanden hat!«

B: »Also so können Sie das nicht machen. Sie haben auch nicht immer richtig kommuniziert. Ihretwegen hatten wir auch schon Schwierigkeiten!« (Beschuldigen)

A: »Dann hätten wir das ja geklärt.«

B: »Geben Sie sich einen Ruck!« (Befehl, sich anders zu entscheiden)

A: »Das habe ich bereits!«

B: »Das werden Sie sich bestimmt noch mal überlegen!«
(Drohung)
A: »Nein, bestimmt nicht!« (verhärtet seine Position)

B: »Sind Sie sich ganz sicher?« (falsche Frage)
A: »Ja.«

Wie Sie unschwer erkennen können, geht hier gar nichts mehr. Und das Gespräch befindet sich auch nicht auf Augenhöhe.

Wie weiter? Sie müssen das Rad nicht neu erfinden. Wenden Sie an, was Sie schon in der Schule gelernt haben. Fragetechnik, aber gekonnt!

Alle haben irgendwann einmal von unterschiedlichen Fragetechniken gehört. Nur, sind Ihnen diese auch in einer Verhandlung, die immer auch Stress beinhaltet, bewusst? Wie rasch können Sie Wissen in Können umsetzen? Lernen Sie, wie Sie eine Position knacken, ein Nein in ein Ja verwandeln und dabei Spaß haben können, den gemeinsamen Handlungsspielraum zu vergrößern.

Fragearten

»**Wer fragt, der führt!**« war einer der Leitsprüche in den 1970er-Jahren. Von dieser absoluten Formulierung ist man inzwischen abgekommen. Aber immer noch gilt: Wer fragt, der gibt einem Gespräch immer auch eine bestimmte Richtung, lenkt die Aufmerksamkeit auf einen bestimmten Punkt. Und insofern lenkt der Fragende das Gespräch, die Diskussion und die Verhandlung, gibt damit auch Orientierung und stellt den Kompass.

Neben der gängigen Differenzierung von offenen und geschlossenen Fragen lassen sich Fragen auch nach anderen Kriterien unterscheiden. Zum Beispiel Alternativfragen oder taktische Fragen.

Offene Fragen

Offene Fragen beginnen meist mit einem W, also mit Wer? Wie? Warum? Wann? Bis wann? Was? Wo? Wovon? Worüber? Sie öffnen den Raum für ausführliche Antworten und Informationen. Der Befragte bzw. der Verhandlungspartner wird dabei jedoch inhaltliche, persönliche Schwerpunkte selbst setzen. Deshalb sollten Sie achtsam sein, nicht zu viele Fragen nacheinander zu stellen, denn ein kompetenter Gesprächspartner wird diese nur selektiv beantworten. Auch ein Tipp an Sie: Beantworten Sie bei einer solchen Vielfragetechnik nur diejenigen Fragen, die Ihnen als wichtig, interessant und relevant erscheinen. Geben Sie bei mehreren aufeinanderfolgenden Fragen nicht auf jede eine Antwort.

Vorteile offener Fragen:
> Sie erhalten viele wichtige Hinweise, mit denen Sie Ihre Argumentation stützen können.
> Auf verdeckter Ebene können Sie Denkprozesse und Entscheidungsmerkmale der anderen Verhandlungspartei erkennen.
> Sie fördern einen partnerschaftlichen Dialog.
> Sie erhalten wertvolle Hinweise auf dahinterliegende Motive und Wertvorstellungen. Diese können erkannt und damit in den gemeinsamen Lösungsprozess integriert werden.
> Offene Fragen zeigen Interesse und Wertschätzung.
> Sie fördern neue Gedanken.
> Sie laden die Gegenseite zur aktiven Teilnahme am Lösungsdialog ein.
> Sie bieten Raum für die Darlegung eigener Argumente.

Offene Fragen kontrollieren den Prozess!

W-Fragen
> Wer?
> Wie?
> Warum?
> Was?
> Wo?
> Wann?/Bis wann?
> Wozu?

Die einzigen W-Fragen, die Sie in einem Problemlösungsprozess, der eine Verhandlung ist, vermeiden sollten, sind:
Warum? – Weshalb? – Wieso?

Der Einfachheit halber werde ich mich im Weiteren auf die Warum-Frage beschränken.

Warum? Weil Sie sich in einer Verhandlung letztlich immer in einem Problemlösungsprozess befinden. Der Charakter eines Problems lässt sich auch auf einer Zeitachse definieren.

Wenn Sie diese Zeitachse betrachten, fragen Sie sich, wo auf der Achse, in welcher Richtung, das *Problem entstanden* ist und in welche Richtung Sie gemeinsam gehen wollen, um das *Problem zu lösen.*

Vergangenheit   Gegenwart   Zukunft

Bleiben wir beim Beispiel von vorhin.

»Nachdem man es nicht einmal für nötig gehalten hat, mich zu informieren, werde ich zurücktreten.«

Ob Sie Ihren Gesprächspartner nun fragen:
> »Warum haben Sie sich entschieden, zurückzutreten?«
> »Weshalb wollen Sie sich das nicht nochmals überlegen?«
> »Wieso haben Sie nicht früher etwas gesagt?«,

diese Fragen laden Ihren Gesprächspartner ein, Ihnen Geschichten zu erzählen, sich zu rechtfertigen oder Schuldzuweisungen auszusprechen, und der Befragte fühlt sich unter Umständen unwohl und nicht mehr mit Ihnen auf Augenhöhe. Nach mehreren derartigen Fragen stellt sich eine destruktive Atmosphäre ein, und Widerstand macht sich breit. Außerdem geht der Prozess nicht in Richtung Lösung, sondern vertieft das Problem.

Probleme entstehen in der Vergangenheit – Lösungen in der Zukunft!

Steuern Sie zur gleichen Aussage (Position) mit allen anderen W-Fragen das Gespräch, werden Sie etwas ganz anderes erleben.
> »Was können wir tun, damit Sie sich das Ganze nochmals überlegen?«
> »Was können wir aus dieser Situation lernen, um es das nächste Mal besser zu machen?«
> »Welche Konsequenzen hat dieser Entschluss für uns beide?«
> »Womit kann ich Sie umstimmen?«
> »Mit wem möchten Sie das nächste Mal sprechen?«
> »Was können wir gemeinsam erreichen, falls Sie Ihren Entscheid rückgängig machen?«

Diese Antworten drängen in die Zukunft.

Ihr Nutzen:
1. Sie entlasten sich mit diesen Fragen von der Aufgabe, immer selbst die beste Lösung präsentieren zu müssen. Ein wichtiger Faktor.

> Diese Fragetechnik zeigt, dass Sie Ihren Verhandlungspartner als kompetenten Problemlöser wahr- und ernst nehmen. Dies schafft Vertrauen auf Augenhöhe.
> Außerdem erhalten Sie viele zusätzliche Informationen über Wichtigkeiten und Interessen der Gegenseite.
> Diese Art des Fragens leistet einen hohen Beitrag zu einem konstruktiven und angenehmen Gesprächsklima und fördert somit die Kooperationsbereitschaft.
> Schließlich erhalten Sie bei gutem Hinhören Motive und Werte der anderen Partei.

Geschlossene Fragen

Bei geschlossenen Fragen erhalten Sie (einfach ausgedrückt):
> ein Ja
> ein Nein
> oder ein »Ich weiß nicht«

Was nicht bedeutet, dass eine solche Antwort großes Gewicht haben muss. Wie stellen Sie also eine geschlossene Frage? Die Frage beginnt mehrheitlich mit einem Hilfsverb oder einem Verb.

Diese Technik zu beherrschen ist ein absolutes *Muss!*

Ihre Aufgabe im Verhandlungsprozess ist es, über Fragen zu steuern und durch bewusstes Fragen in die richtige Richtung zu lenken. Wenn Sie dies nicht tun, verliert sich Ihre Fragetechnik in einem Zufallsprinzip, anstatt dass Sie sie als taktisches Instrument einsetzen.

Beispiel:
»Konnten Sie den Vertrag heute unterschreiben?«
»Beinhaltet Ihr Service auch andere Leistungen?«

»Wollen wir anschließend noch mittagessen gehen?«
»Haben Sie den Betrag bereits überwiesen?«

Betrachten wir dabei nochmals unsere Zeitachse.
Zusammengefasst und vereinfacht können wir sagen, dass in einem Problemkontext die Warum-Frage in die Vergangenheit gerichtet ist, alle anderen W-Fragen in die Zukunft führen. Wichtig ist es, natürlich immer wieder geschlossene Fragen zu stellen. In erster Linie dienen sie dazu, das Gesagte zusammenzufassen und sich Aussagen bestätigen zu lassen. Das Zusammenfassen gehört übrigens häufig zu den kommunikativen Schwächen. Denn bei einem »Klar«, »Ja, habe verstanden«, »Gut« usw. haben Sie keine Ahnung, was Sie oder Ihr Gesprächspartner verstanden haben, was ihm klar ist oder als gut befunden wird. Mit einer Zusammenfassung vermeiden Sie Missverständnisse, die Ihnen hinterher große Schwierigkeiten bereiten können und immer einen Zeitverlust bedeuten. Paraphrasieren Sie das Gehörte/das Verstandene wieder, damit es gegebenenfalls korrigiert werden kann.

Beispiel:

A: »Wenn ich Sie richtig verstanden habe, sind Sie damit einverstanden, dass wir Ihnen den ersten Vertragsvorschlag bis Ende nächster Woche zusenden; ist das richtig?«

B: »Ja, jedoch unter Vorbehalt, dass wir entsprechende Korrekturen vornehmen.«

Der Gesprächsprozess: Zeitachse und Kontext

Problemlösungs-Ansatz

Sie erhalten ...
- Rechtfertigungen
- Anschuldigungen
- Schuldzuweisungen
- »Storys«

Sie erhalten ...
- Lösungen
- Motive
- Werte
- Motivation

Sie kreieren ...
- Abwertungen
- schlechtes Verhandlungsklima

Sie kreieren ...
- gleiche Augenhöhe
- Respekt > konstruktiver Ansatz

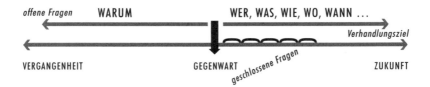

Zu Beginn des Verhandlungsprozesses stellen Sie in erster Linie offene Fragen. Hier sammeln Sie viele wichtige Informationen. Irgendwann ist das »Gefäß der Informationen« für Sie jedoch voll. Sie haben ausreichend Inhalte bekommen, um die nächsten Schritte einleiten und entscheiden zu können. Die Abschlussphase leiten Sie mit mehrheitlich geschlossenen Fragen ein.

Viele von Ihnen werden nun aufschreien: Aber wir müssen uns doch mit dem befassen, was in der Vergangenheit zur gegenwärtigen Situation geführt hat oder schiefgelaufen ist! Dazu möchte ich Sie auf Folgendes aufmerksam machen:

Wir benötigen in der Verhandlung Bewusstheit! Wo befinden wir uns auf der Zeitachse? In welchem Kontext verhandle ich gerade? Bewegen wir uns im Raum von Problemen (»problem talking«) oder sind wir bereits im Raum der Lösungen (»solution talking«). Das heißt nichts anderes, als dass uns immer bewusst sein sollte, dass wir uns stets in einem bestimmten Kontext im Verlauf der Verhandlung befinden – übrigens auch in jedem anderen Gespräch – und dieser *Kontext* befindet sich immer auf einer *Zeitachse*.

Also achten Sie darauf, wie lange Sie sich mit der Vergangenheit befassen wollen. Ich bin hier keine Richterin, um Ihnen zu sagen, was Sie zu tun haben. Verfolgen Sie jedoch mindestens ein Prinzip, das die meisten von Ihnen bereits kennen: die 80-20-Regel oder auch Pareto-Prinzip genannt.

Kommt bei Ihnen langsam die Frage auf, wie Sie sich das alles merken sollen? Da geht es um wichtige Verträge, Details, Konsequenzen, auf die ich mich konzentrieren muss, und jetzt noch das?

Hier eine kleine Hilfe. Als ich dieses Denk- und Anwendungsmodell vor vielen Jahren kennengelernt habe, machte ich Folgendes:

Zu Übungszwecken nahm ich zu jedem Gespräch – ob Meeting, Verhandlung, private Unterhaltungen – einen Maßstab von 20 cm mit. Bei 10 cm malte ich einen fetten roten Strich. Während der Gespräche schaute ich immer wieder auf diesen Maßstab.

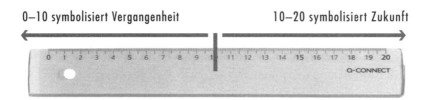

So entwickelte ich innerhalb kürzester Zeit Kontrolle durch Bewusstheit.

Seither praktiziere ich diese Form der Fragetechnik fast ausschließlich. Mit großem Erfolg. Verhandlungspartner werden Ihre Zielstrebigkeit und Ihr strukturiertes Vorgehen ebenfalls schätzen! Denn Sie alle haben Erfahrungen mit äußerst ineffizienten und ineffektiven Verhandlungen und Gesprächen gemacht.

Auf diese Weise können auch Sie rasch erkennen, in welche Richtung sich Ihr Gespräch auf der momentanen Zeitachse bewegt. Mit den entsprechenden Fragen geben Sie Verhandlungen und Gesprächen die zeitliche Orientierung, die Lösungen fokussiert anstatt langatmige Dramakontexte.

Wir brauchen Orientierungshilfen, denn das Volumen an Informationen dessen, was Sie sich merken möchten, ist riesig. Also vereinfachen Sie sich wenigstens ein paar Dinge. Die Komplexität wächst stetig, und Sie erkennen, wie viele Einflüsse es zu regeln gilt.

Bezüglich dieser Technik meinte eine Juristin kürzlich, dass dies das Wertvollste war, was sie je gelernt hätte.

Was die Fragetechniken angeht, können Sie sich auf YouTube folgenden Link ansehen, der Sie bestimmt zum Lächeln bringen wird: Willy Brandt Interview »Ja/Nein«, 1972.

Gern will ich Sie an dieser Stelle noch auf etwas hinweisen, weil Menschen häufig verallgemeinern. Man könnte nun glauben, dass alle offenen W-Fragen in die Zukunft gerichtet sind, alle Warum-Wieso-Weshalb-Fragen Tabu-Fragen sind und alle geschlossenen Fragen erst am Schluss gestellt werden sollten.

Bitte stellen Sie geschlossene Fragen auch immer wieder zwischendurch, wie bereits erwähnt.

Aber wann ergibt die Warum-Frage Sinn, außer dass Sie eine Situation besser verstehen können, wenn es darum geht, ein Problem zu untersuchen?

Hier ein Tipp:
Wenn Sie die *Warum-Fragen im Lösungskontext* stellen, werden Sie ganz wesentliche Informationen über Interessen, dahinterliegende Motive und Werte Ihres Verhandlungspartners erhalten.

Beispiel:
Nach langem Ringen unter Projektleitern des Marketings über die Vorgehensweise, eine wichtige Anlage im Apparatebau auf den Markt zu bringen, wurde (eher unüblich) rasch eine befriedigende und qualitativ tolle Lösung für alle Beteiligten gefunden.
Hier können Sie mit der *Warum-Frage im Lösungskontext* viel über Ihre Verhandlungspartner und deren Leistungsmotivation erfahren oder – einfach ausgedrückt – darüber, wie diese ticken. Was übrigens äußerst hilfreich für weitere Verhandlungen sein kann.

A: »Weshalb konnten wir uns denn diesmal so rasch einigen?«
(rasch einigen ist der Wert: einigen, Zeit einsparen und Harmonie)

B: »Weil wir alle aufgefordert hatten, sich maximal auf die Verhandlung vorzubereiten. Wenn keiner eine Lösung gebracht hätte, wäre das Meeting abgebrochen worden.«
(Wert: Konsequenz und Vorbereitung)

C: »Weil wir mit dieser lösungsorientierten Vorbereitung viel Zeit sparen konnten.«
(Motivation: Zeit sparen)

Damit tun Sie sich einen riesigen Gefallen. Sie benutzen die Argumente, die für Ihre Verhandlungspartner wirklich von Wert sind. Sie texten andere nicht mit Ihren eigenen Werten und Dingen zu, die für sie keinen Vorteil aufweisen. Damit haben Sie den

Verhandlungspartner an seinem wichtigsten Punkt abgeholt – seiner Motivation und seinen Wertvorstellungen.

Nun erkennen Sie sicher, weshalb Hinhören so immens wichtig ist. Wenn Sie diese Antworten nicht analysieren, entgehen Ihnen viele wichtige Detailinformationen, die Sie das nächste Mal wieder einsetzen können.

Wer fühlt sich nicht wertgeschätzt, wenn eigene Wertehaltungen und Interessen offensichtlich vom Gegenüber wahrgenommen, aufgenommen und widergespiegelt werden? Denn es stellt sich die Frage: Woran erkenne ich, dass mein Verhandlungspartner meine Anliegen ernst nimmt?

Wir haben keine Ahnung davon, wie viele innere Geheimnisse wir von uns preisgeben. Und der Verhandler, der diese Informationen aufnimmt und weiterverarbeiten kann, wird mit Vorsprung erfolgreicher verhandeln können. Genau diese Hinweise liefern Ihnen die »richtigen« Argumente, nämlich diejenigen, die auch ankommen.

Weitere Fragetechniken

Informationsfrage (Sachfrage oder Wissensfrage)
Mit dieser unpersönlichen Frageart zielen Sie auf eine sachliche bzw. auf eine Sachantwort ab. Das Gegenteil der Sachfrage wäre die *Meinungsfrage,* mit der Sie eine persönliche Einstellung ergründen können, aber auch das Gefühl dazu. Außerdem eignet sie sich gut, um zum Beispiel herauszufinden, welche Urteile und Bewertungen den Verhandlungspartner steuern. Achten Sie aber darauf, dass sie keinen Verhörcharakter hervorrufen.

Beispiel:
»Wie hoch ist der Preis?«
»Soll diese Forderung ein Ultimatum sein (oder nicht)?«
»Welche Meinung haben Sie zur anstehenden Kampagne?«

Gegenfrage

Anstatt eine gestellte Frage sofort zu beantworten, versuchen Sie Zeit zu gewinnen, indem Sie selbst eine bewusste Rückfrage stellen. Der Partner wird dadurch gezwungen, seine eigene Frage nochmals zu überdenken und zu präzisieren. *Wenden Sie Gegenfragen vor allem bei Angriffsfragen an!* So führen Sie Ihr Gegenüber ins sachliche Denken.

Beispiel:

»An wie viele Geräte denken Sie?« – »Was haben Sie sich vorgestellt?«

»Ich kann hier keine Zugeständnisse machen.« – »Und wenn es doch eine Möglichkeit gäbe?«

»Deklarieren Sie alle diese Einnahmen?« – »Sie etwa nicht?« (Gegenfrage und Fangfrage)

Fangfrage

Mit so einer Frage zielen Sie nicht auf die direkte Beantwortung, sondern auf dahinterliegende, versteckte Informationen ab. Vielleicht beabsichtigen Sie auch, Ihren Gesprächspartner hereinzulegen oder abzuwerten. Häufig merkt der Befragte nicht, dass er weit mehr (oder andere) Informationen liefert, als er glaubt …

Beispiel:

»Was halten Sie von der Xemex-Theorie?« (indirekt: Kennen Sie diese überhaupt?)

»Sagen Sie, wie viel Umsatz machen Sie mit der Konkurrenz?« (indirekt: Arbeiten Sie mit einem Konkurrenten zusammen?)

»Wie schätzen Sie meine Mitbewerber ein?«

Suggestivfrage

Die Antwort ist in der Frage bereits verpackt und entspricht oft nicht der Antwort, die der Befragte von sich aus geben würde. Der Frager versucht demnach, den Gesprächspartner zu manipulieren und in eine bestimmte Richtung zu lenken. Bestimmte Füllwörter, wie »etwa«, »sicher« oder »wohl«, werden bei der Suggestivfrage oftmals in geschlossene Fragen eingebaut.

Beispiel:

»Sicher glauben Sie auch, dass wir Ihnen hier einen fairen Preis offerieren?«
»Geben Sie mir etwa nicht recht?«
»Sind wir nicht beide dem Markt ausgeliefert?«

Alternativfrage (Entscheidungsfrage)

Sie lässt die Wahl zwischen zwei Möglichkeiten.

Beispiel:

»Möchten Sie 500 oder 1000 Einheiten?«
»Soll ich Sie morgen oder übermorgen informieren?«
»Ist Ihr Mehrwertsteuersatz 7% oder 19%?«

Rhetorische Frage

Bei dieser Frageart wird eine Aussage in Frageform gekleidet. Es wird keine Antwort erwartet. Die Antwort liegt auf der Hand – oder wird durch den Frager selbst gegeben.

Beispiel:

»Wer von Ihnen hat noch nichts von den guten Leistungen unseres Unternehmens gehört?«
»Müssen wir uns nicht alle immer ein wenig anpassen?«
»Ich darf annehmen, dass Sie ernsthaft an einer Zusammenarbeit interessiert sind?«

Motivationsfrage

Mit dieser Frage bringen Sie neuen Schwung in Ihr Gespräch. Sie regt Ihren Gesprächspartner an, mehr aus sich herauszugehen und sich stärker zu öffnen. Sie erzeugen damit eine besonders positive Stimmung.

Beispiel:

»Wollen wir es zusammen anpacken?«

»Sie als weltoffene und marktbewusste Person, was halten Sie von unserem Angebot?«

»Was halten Sie als scharf kalkulierender Kaufmann vom Angebot der Konkurrenz?«

Tipps: Formulieren und Reagieren bei Fragen

> Leiten Sie Ihre Frage nie mit einer Entschuldigung ein; lassen Sie auch »Verzeihung«, Bitten wie »Wenn Sie erlauben« oder ähnliche Schnörkel weg.

> Stellen Sie nicht zu viele Fragen auf einmal. Ihr Gesprächspartner kann sich nicht alle auf einmal merken, und der (geschulte) Partner wird nur jene beantworten, die ihm gefallen. Deshalb wird er bei mehreren Fragen häufig nur eine beantworten. Er wird diejenige wählen, auf die er eine zu seiner Strategie passende Antwort geben kann und die ihm einen Vorteil bietet. Übrigens ist es ebenso Ihnen überlassen, auf welche Fragen Ihres Gesprächspartners Sie antworten möchten.

> Fragen werden offener beantwortet, wenn Sie selbst zuerst etwas von sich preisgeben.

> Stellen Sie Ihre Fragen überlegt, kurz und verständlich.

> Lassen Sie eine Frage wirken; geben Sie dem Befragten genügend Zeit zum Überlegen.

> Stellen Sie nur ein oder zwei Fragen auf einmal.

> Vermeiden Sie in Fragen verpackte Wertungen, Vorwürfe, Zusatzinformationen oder gar Drohungen, die die Antwort beeinflussen wollen.
> Erwähnen Sie – wenn möglich – den Hintergrund Ihrer Fragestellung, damit Ihr Gesprächspartner Ihre Absicht versteht. Sie erhalten damit mehr Verständnis.
> Bemühen Sie sich – besonders in der Anfangsphase – um eine fragende Grundhaltung und nicht um eine sagende. Dies führt zu Kooperation anstatt Widerstand.
> Gerade in komplexen Verhandlungssituationen kann es hilfreich sein, anstatt zu argumentieren eine limitierte Auswahl an Fragen zu stellen. Entscheiden Sie sich dann für eine Alternativfrage: »Welche würden Sie bevorzugen, X oder Y?«

Zusammenfassung
> Wer fragt, gibt dem Gespräch eine Richtung.
> Offene Fragen (W-Fragen) kontrollieren den Prozess und sind lösungsorientiert.
> »Warum, weshalb, wieso«-Fragen im Problemkontext vermeiden.
> Beherrschen Sie die Technik der geschlossenen Fragen.
> Fragen Sie nicht in die Vergangenheit; die Lösung liegt in der Zukunft!

VORBEREITUNG EINER VERHANDLUNG

Bevor Sie in eine wichtige Verhandlung gehen, sollten Sie sich etwas Zeit nehmen und sich gründlich darauf vorbereiten.

Analyse der Ausgangslage

Jede Ausgangslage einer Verhandlung hat ihre Historie, ihre situativen Herausforderungen und Fakten. Jede Verhandlung beginnt mit einer Idee. Diese beinhaltet implizit häufig eine Aufforderung und eine Erwartung, etwas zu verändern. Veränderung hat viel mit Gewinnen oder Verlieren zu tun. Man könnte auch sagen, mit der Angst, etwas zu verlieren, oder mit der Freude, etwas zu gewinnen. So ist es ganz wichtig, sein Umfeld, interne Auftraggeber und persönliche Situationen mit den entsprechenden Konsequenzen zu analysieren, weil sich aus diesen ergibt, welche Ziele und Strategien Sie für Ihre Verhandlungen ableiten. Eine Ausgangslage ist nicht einfach gegeben, sondern wird durch hochkomplexe, häufig nicht offensichtliche Einflussfaktoren geprägt. Diese wiederum beinhalten eine hohe emotionale Explosionsgefahr.

Beispiele: Ausgangslage interne Verhandlungen

1. Als Detailhandelsanbieter sind Sie mit Ihren Lieferanten seit Jahren sehr zufrieden. Dennoch befasst sich die neue Geschäftsleitung mit der Überlegung, die Strategie zu ändern und Lieferanten grundsätzlich alle zwei Jahre auszuwechseln – diese Entscheidung muss mitgetragen werden, auch dann, wenn sie für den Einkauf keinen Sinn ergibt. Außerdem wurden langjährige gute Beziehungen auch gepflegt.

2. Nach einem Umbau und einer Restrukturierung des Unternehmens werden Arbeitsplätze im Gebäude neu organisiert – hart umkämpfte Territorien müssen aufgegeben und neu verteilt werden. Unter vielen Fragen kann die folgende auftauchen: Haben Mitarbeiter noch ein Mitspracherecht? Wenn ja, welche Allianzen werden gepflegt? Wenn nein, mit welchem emotionalen Engagement wird weitergearbeitet?

3. Zur Diskussion steht, dass Sie Ihr seit Jahren bearbeitetes Marktgebiet »dem Neuen« übergeben sollen – um diesem, mit dem gut gepflügten Boden, den Einstieg ins Geschäft vom Innendienst in den Außendienst zu erleichtern. Die Geschäftsleitung hat entschieden, die Akquisition auf das gesamte Bundesgebiet auszuweiten. Ihr Auftrag: In den neuen Bundesländern (grüne Wiese) Neukunden für

Ihre Serviceleistungen zu gewinnen. Ihr Einkommen besteht aus einem Fixum und einer Umsatzbeteiligung. Weshalb sollte es »der Alte« schwerer haben?

Beispiele: Ausgangslage externe Verhandlungen

1. Durch die Stärke der eigenen Währung hat sich die Verhandlungssituation mit Ihren ausländischen Kunden für Sie massiv verschlechtert – intern erwartet man jedoch dieselben guten Verhandlungsergebnisse.

2. Ihr langjähriger Verhandlungspartner wurde pensioniert, Sie werden es mit einer unbekannten neuen Person zu tun haben. Mit welcher Haltung, mit welcher Sicherheit, mit welcher Neugier gehen Sie auf diese zu?

3. Aufgrund von politischen Unruhen werden Sie in den nächsten sechs Monaten voraussichtlich keine Produkte mehr an Ihren ausländischen Kunden ausliefern wollen, da die Zahlungsfähigkeit und die Bankenkrise die Solvenz des Kunden infrage stellt und deshalb Konditionen neu verhandelt werden müssen. Wie beeinflusst eine solche Situation Ihre Zuversicht und Ihren Optimismus?

Ausgangslagen werden nicht nur von Menschen und Situationen beeinflusst, sondern auch von Ihrer Haltung zu diesen, und zwar einerseits durch die ganz persönliche Meinung, andererseits durch die anderer inner- und außerhalb Ihres Unternehmens. So entsteht unter Umständen sehr viel Druck und Stress auf beiden Seiten.

Es gilt dazu, immer zwei Ebenen zu berücksichtigen. Das eine sind persönliche, das andere sind sachliche Vorbehalte. Diese entstehen in Veränderungssituationen nicht nur bei Ihnen, sondern natürlich auch auf der anderen Seite des Verhandlungstisches. Und es gilt als Teil der Vorbereitung, die eigene innere Haltung und die der anderen Partei zu analysieren.

Es ist deshalb wichtig, sich mithilfe des folgenden Modells darüber klar zu werden, welche Anteile von Beeinflussung aktiv sind und in welcher Form.

Denn häufig ist es an Ihnen, nicht nur sich selbst zu überprüfen, sondern auch intern und extern Informationen darüber zu erhalten, wie Ihre Verhandlungspartner und Entscheider zum Thema stehen.

Häufig verlangt eine neue Idee, dass zuerst auch interne Entscheidungsträger überzeugt werden müssen, um eine Strategie fahren zu können, von der Sie überzeugt sind, dass sie richtig und wichtig für das Unternehmen ist. Ohne internen Rückhalt werden Sie nämlich in schwierigen Verhandlungen unsicher und undifferenziert auftreten.

Angelehnt an Mohr, Woehe und Diebold (1998) hilft uns das folgende Modell, uns ein paar Gedanken zur Ausgangslage zu machen. Es soll Ihnen aber auch Lösungsansätze vermitteln, wie Sie mit unterschiedlichen Typologien besser umgehen können.

Akzeptanzmatrix

Viele Verhandlungen beginnen mit einer internen Vorverhandlung. Wen haben Sie dabei auf Ihrer Seite, wen gegen sich? Wer alliiert mit wem, wenn Sie beispielsweise mit veränderter Strategie nach außen verhandeln wollen? Wer unterstützt Sie dabei, wer wird sich dafür stark machen, Altes beizubehalten?

Dieses Modell eignet sich aber auch besonders gut für die Vorbereitung interner Verhandlungen von Projekten und Change-Management, da die Fülle von Wissensvorsprung und Informationen meist umfangreicher als in externen Verhandlungen ist. Es geht darum, den Erfolg nachhaltig zu sichern, indem Sie Hemmfaktoren einer Verhandlung analysieren. Sie können dadurch einfacher geeignete Maßnahmen und Lösungsansätze praxisbezogen aufzeigen.

AKZEPTANZMATRIX Widerstand erkennen

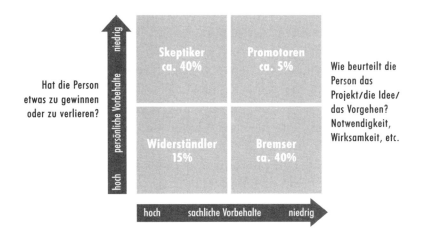

Hat die Person etwas zu gewinnen oder zu verlieren?

persönliche Vorbehalte (niedrig → hoch)

| Skeptiker ca. 40% | Promotoren ca. 5% |
| Widerständler 15% | Bremser ca. 40% |

sachliche Vorbehalte (hoch → niedrig)

Wie beurteilt die Person das Projekt/die Idee/das Vorgehen? Notwendigkeit, Wirksamkeit, etc.

Hemmfaktoren sind häufig nicht sofort erkennbar und können auf folgenden verborgenen Faktoren basieren:

> Unausgesprochene Emotionen
> Ängste und Unsicherheiten
> Persönliche verdeckte Pläne und Motive
> Formale Hindernisse
> Informationsdefizite
> Unverständnis durch Unklarheit
> Druck verschiedenster Domänen
> Statuskämpfe

Vieles davon wird auf vermeintlich sachlicher Ebene »verrationalisiert«, wahre Gründe werden jedoch verschwiegen. Die Folge davon können Allianzen sein, die vor der Verhandlung geschmiedet werden, Intrigen, Nichterscheinen, Vergessen des Termins, passiver Widerstand usw.

Sie können sich immer entscheiden, Ihre Idee durchzuboxen. Nachhaltigkeit und Rückhalt geht Ihnen dabei jedoch verloren. Je mehr Loyalität und Rückhalt Sie für Ihre Projekte und Ideen auch intern erhalten, desto stärker, desto überzeugender und durchsetzungsfähiger werden Sie in den anschließenden Verhandlungen sein. Dieses Gefühl verleiht Ihnen Sicherheit.

Hier sind im Übrigen auch die Führungskräfte gefordert, Ihren Verhandlern die Unterstützung und Rückendeckung zuzusichern, die Mitarbeiter zwingend brauchen, um mit erhobenem Haupt in die Verhandlung einsteigen zu können. Aber auch als Verhandler sollten Sie proaktiv diese Unterstützung einholen.

Dazu gilt es erst einmal zu erkennen, wo die Hürden sind. Diese Matrix zeigt die Felder auf, wo und in welcher Form Ihnen Widerstand begegnen wird. Im pessimistischen Fall haben Sie es bei der Durchsetzung zu 95 % mit Gegnern zu tun.

Es lohnt sich also schon, die Ausgangslage gut zu analysieren und zu untersuchen, wen Sie zur Unterstützung beiziehen und welche Leute Sie überzeugen und ins Boot holen müssen. Mit »Zutexten« und guten Argumenten allein werden Sie es jedoch nicht schaffen. Sie werden etwas Geduld und Fingerspitzengefühl aufwenden müssen, um das Gros um sich scharen zu können, und das schafft kaum jemand in einem Aufwasch. Es braucht Einzelgespräche und gute kommunikative Fähigkeiten. Und noch etwas: Machen Sie Ihre Hausaufgaben früh genug. Häufig fehlt uns das Gespür für Dringlichkeit, denn Skeptiker, Widerständler und Bremser werden ihre eigenen Interessen genauso wahrnehmen und versuchen, Allianzen zu schließen und zu lobbyieren. Unterschätzen Sie also diese Kräfte nicht!

Gesagt, getan – so hieß es früher in den Märchen. Nun, wie gehen wir mit einzelnen persönlichen Herausforderungen um, und was brauchen die unterschiedlichen Persönlichkeitsvertreter?

Grundsätzlich wollen alle Menschen ernst genommen werden. Versuchen Sie, sich davon zu befreien, die einzelnen »Typen« als Verhinderer zu betrachten. So individuell Menschen sind, so individuell sind auch die Geschichten, von denen sie gesteuert werden. Und glauben Sie mir, wir haben keine Ahnung, welche Tragödien sich hinter Ängsten und Widerständen verbergen.

Viele dieser Widerstände, gepaart mit Skepsis und Misstrauen, entstehen aufgrund von Wissenslücken. Eine entscheidende Bedingung für die Akzeptanz Ihrer Voten in Verhandlungen ist eine bejahende Einstellung gegenüber einem Lösungsansatz und wie gut Sie diese »an den Mann« oder »an die Frau« bringen. Aufgrund von transparentem Vorgehen, klaren Zielen und bereits erreichten Erfolgen bezüglich des Verhandlungsgegenstandes kann das geplante Vorhaben positiv beeinflusst werden. Mithilfe einer Systematisierung und Erklärung der einzelnen Schritte mittels präziser Kommunikation wird viel Verständnis generiert. Für viele eigentlich ein logisches Vorgehen, in der Praxis aber oft vermisst. Achten Sie dabei besonders auf die Hilfe von Visualisierungsinstrumenten.

AKZEPTANZMATRIX Widerstand managen

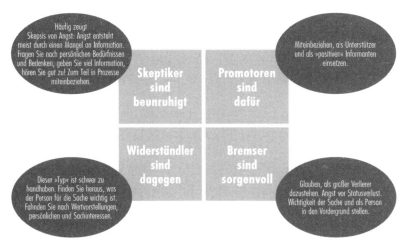

Häufig zeugt Skepsis von Angst: Angst entsteht meist durch einen Mangel an Information. Fragen Sie nach persönlichen Bedürfnissen und Bedenken, geben Sie viel Information, hören Sie gut zu! Zum Teil in Prozesse miteinbeziehen.

Miteinbeziehen, als Unterstützer und als »positiver« Informanten einsetzen.

Skeptiker sind beunruhigt

Promotoren sind dafür

Widerständler sind dagegen

Bremser sind sorgenvoll

Dieser »Typ« ist schwer zu handhaben. Finden Sie heraus, was der Person für die Sache wichtig ist. Fahnden Sie nach Wertvorstellungen, persönlichen und Sachinteressen.

Glauben, als großer Verlierer dazustehen. Angst vor Statusverlust. Wichtigkeit der Sache und als Person in den Vordergrund stellen.

Grob gefasst, sollten Sie mit diesen Hinweisen in der Lage sein, ein entsprechendes Gespräch vorzubereiten und eine Ausgangslage zu schaffen, die Ihre Verhandlungsansätze unterstützt. Jede externe Verhandlung beginnt mit einer internen Verhandlung!

Bevor Sie alle Überlegungen und Argumente kommunizieren, sollten Sie sich überlegen, ob noch alte Konflikte schwelen, die es zu lösen gilt. Diese können ansonsten ein konstruktives Vorwärtsbringen von Verhandlungsthemen verhindern. Denn die beste Idee wird torpediert, wenn Sie als Person keine Akzeptanz erreichen. Über Visionen und Ziele zu sprechen sowie über gemeinsame Interessen und Respekt auch für andere Denkweisen zu zeigen erweist sich als wunderbarer Türöffner – auf allen Ebenen.

Achtung! Kommunizieren Sie aber auch mit Promotoren und Befürwortern, denn genau diese bringen Ihre Anstrengungen durch eigene Überzeugungen weiter. Sprechen Sie dazu auch mit Mitarbeitern in Schlüsselfunktionen und vor allem mit solchen, die eine hohe soziale Akzeptanz bei anderen genießen.

Blick nach außen!
Vorsicht! Interne Vorverhandlungen führen dazu, dass es viele gut informierte Mitarbeiter gibt. Ihre Verhandlungspartner könnten sich genau diese Informationen zunutze machen und versuchen, sich an Mitarbeiter zu wenden, die möglichst genaue Kenntnisse dieser Informationen besitzen.

Überlegen Sie sich sehr gut, wen Sie intern bei wichtigen externen Verhandlungen in Ihr Vertrauen ziehen wollen und müssen und wen nicht.

Genauso wie Sie intern versuchen, an Informationen über die Gegenpartei zu gelangen, wird die andere Seite dasselbe tun. Da stellt sich die Frage, wer fragt dann wen über was aus? Das Nutzen von allen »Kanälen« wird häufiger eingesetzt, als Ihnen vielleicht bewusst ist.

In einer Zeit, in der es keine gesicherten Arbeitsplätze mehr gibt, können Mitarbeiter schon mal in Versuchung geraten, »sich genauer zu informieren« oder dem »Chef einen Gefallen zu tun«.

Was passiert mit der anderen Verhandlungspartei? Wie gut sind Sie dort über die Ausgangslage der einzelnen Verhandler informiert? Und, wie kommen Sie an solche Informationen?

Wie die Gegenseite auch: Sie informieren sich mithilfe von Internet, Medien, Beziehungen, Bekannten; ein legitimes Vorgehen. Zahlreiche solcher Informationen fließen jedoch in einen Graubereich. Wo beginnt systematisches Ausspionieren und Aushorchen, und wo werden Dinge ausgeplaudert, von denen viele Kenntnisse besitzen? Wie wollen Sie gezielte Fehlinformationen unterscheiden? Wie wollen Sie substanzlose Blender erkennen, die sich mit Informationen profilieren wollen?

Natürlich können diese (Vor-)Informationen auch geschickt eingeschleust werden. Überprüfen Sie deshalb genau, welche Informationen Sie erhalten und wie diese zu gewichten sind.

Informationen über die Ausgangslage der Gegenseite können letztlich auch der anderen Seite zugutekommen. Sie nehmen zum Beispiel dieses Mal mehr Rücksicht und setzen weniger Druck ein. Damit unterstützen Sie beispielsweise die Gegenseite, ihr Gesicht intern nicht zu verlieren, wenn Sie wissen, dass dies ein Thema sein kann. Leider wird häufig das Gegenteil davon angewandt.

> Untersuchen Sie aber auch zu Ihren eigenen Gunsten, wie stark der Verhandlungspartner intern unter Erfolgsdruck steht?
> Hat er seine Zahlen schon erreicht?

> Hat er ein klares Budget?
> Wie ist sein Ruf, sein Image intern?
> Welche Akzeptanz genießt er bei seinem Vorgesetzten?

Bis zu welchem Grad ist es nun legitim, die andere Seite auszuhorchen? Meine persönliche Meinung dazu: Stoppen Sie dann, wenn es um die absichtliche Schädigung der anderen Seite geht!

Zusammenfassung

> Analysieren Sie Ihr Umfeld.
> Sichern Sie internen strategischen Rückhalt.
> Berücksichtigen Sie die Akzeptanzmatrix.
> Managen Sie internen Widerstand.
> Bedenken Sie die Informationsbeschaffung auf der Gegenseite.

ETHIK UND MORAL

Wenn wir dieses Terrain der Informationsbeschaffung der Gegenseite beschreiten, müssen wir uns zwangsläufig mit einem ethisch-moralischen und einem legalen Ansatz beschäftigen.

Es gibt mittlerweile viele Autoren, die in diesem Bereich mit konkreten Vorschlägen und genauen Anleitungen darüber Ratschläge erteilen, wie Sie sich solche Informationen beschaffen und zum Nachteil der anderen Seite einsetzen können.

Ich will an dieser Stelle kein Urteil darüber abgeben. Überlegen Sie sich jedoch gut, was Sie zu einem solchen Verhalten veranlasst und welche Konsequenzen das für alle Beteiligten haben kann.

Ich bin eine klare Verfechterin, in der Sache hart, auch sehr hart zu verhandeln, sich durchzusetzen, bis zum allerletzten Nein zu gehen, um ein Ja zu erhalten. Wenn es aber um die Schädigung der Gegenseite geht, müssen Sie sich überlegen, wie Sie ein solches Vorgehen verantworten können. Manchmal lassen sich Verhandler auch zu illegalen Handlungen instrumentalisieren, vor allem dann, wenn ihnen das Wasser selbst bis zum Halse steht und/oder eine kriminelle Prämisse vorliegt. Damit einen »Sieg« zu erringen kann eine lang anhaltende Niederlage herbeiführen. Deshalb: Durchsetzung ja – Tiefschläge nein.

In Anlehnung an Lewicki, Hiam und Olander präsentiere ich Ihnen die folgenden Überlegungen, damit Sie sich leichter entscheiden können, welchen Weg Sie einschlagen wollen. Dies liefert jedoch keine Garantie für richtiges Handeln, Erfolg und Angemessenheit.

	Moralisch?	
	Ja	**Nein**
Ja	**Ideal** Sowohl moralisch als auch legal.	**Legal, aber nicht moralisch** Bewegt sich im legalen Rahmen, kann aber wichtige Wertvorstellungen der anderen Partei verletzen.
Nein	**Moralisch, aber nicht legal?** Entspricht moralischen Standards, bewegt sich aber im Bereich der Illegalität.	**Weder legal noch moralisch** Die Finger davonlassen. Es droht in jedem Falle Gefahr!

(Zeilenbeschriftung links: **Legal?**)

Rechtliche Aspekte:
In diese Domäne gehören falsche Darstellungen, Unwahrheiten, Schäden als Folge für die andere Partei (Image und finanziell), Betrug und Regelverstöße.

Moralische Aspekte:
Hierunter fallen Machtvorteile, das Ausnutzen von Abhängigkeiten, eine Hidden Agenda, Übertreibungen, Verheimlichung, Lügen, Bestechungen, Manipulationen, Spionieren, die Schädigung der Reputation etc.

Bedenken Sie jedoch, dass wir aus einer bestimmten Situation heraus auch selbst anfällig für solches Tun werden können. Haben solche Aspekte in der Vergangenheit einmal gut funktioniert, steigt die Wahrscheinlichkeit, sie erneut anzuwenden.

Das Selbstbild von Personen, die »schmutzige Tricks« anwenden, wird von denjenigen meist negiert, oder sie fühlen sich als Opfer, die gezwungen waren, in den entsprechenden Situationen so zu handeln. Sie versuchen mit allen möglichen Mitteln, ihr unfaires Verhalten zu rechtfertigen.

> Sie konnten gar nicht anders.
> Die Sache wird verharmlost.
> Rechtfertigung, damit den Schaden gering gehalten zu haben.
> Andere tun dies auch!
> Revanche!

Die Hintergründe, die zu solchen Handlungen führen, sind zum Teil unergründlich bis hin zu offensichtlich. Von sozialer Inkompetenz über Dummheit und Gerechtigkeitswahn bis zu reinen Vernichtungsgelüsten.

So zeigt sich momentan eine große Schere gerade im Hinblick auf die Haltung, die sich hinter solchem Verhalten verbirgt. Verhandler dieses Genres wird es immer geben. Ich stelle jedoch fest, dass sich viele Verhandler an diesen Formen stören und solcher Vorgehensweisen überdrüssig sind.

Zusammenfassung

> Sie sollten ethische, moralische und rechtliche Aspekte der Informationsbeschaffung überdenken.

ZIELSETZUNGEN

Key-Point 1:
Wissen, was Sie wollen! Mein und Dein unterscheiden!

Nebst der Festlegung der Strategie von Win-win, Win-lose oder Lose-win ist der nächste Schritt die Zielsetzung, die Sie für eine Verhandlung vorbereiten.

Interessant ist auch hier die Praxis: Viele Verhandelnde sind sich nicht darüber im Klaren, ob sie ein konkretes Angebot machen wollen, sondern möchten erst mal hören, was die andere Partei zu sagen hat. Je klarer Ihre eigenen Ziele sind, desto besser werden Sie diese auch erreichen.

Bei der Zielsetzung müssen Sie wissen, was Sie wollen und wo Ihre Grenzen sind. Und dennoch sollten Sie über genügend Flexibilität verfügen, um eine »Verhandlungslinie« zu vermeiden. Sie merken schon, der Weg ist klar, und dennoch wissen Sie nicht, mit welchem Material er gepflastert ist. Er kann steinig sein, eben, mit Hindernissen oder Fallen versehen, manchmal aber auch glatt geteert sein. Auch wenn es Überraschungen gibt, ist die Ausgangslage eine andere für Sie, wenn Sie klare Ziele haben.

Klare Ziele zu haben bedeutet jedoch nicht, dass Sie sich bei der erstbesten Gelegenheit durchsetzen und eine sofortige Entscheidung treffen müssen!

Außerdem lege ich Ihnen sehr ans Herz, dass Sie sich zu Beginn ausschließlich *mit Ihren eigenen Zielen auseinandersetzen*. Torpedieren Sie diese nicht bereits mit Überlegungen, mit den Zielen der anderen Partei und damit, was möglich bzw. unmöglich sein wird! Viele Verhandler können *Mein* und *Dein* gerade in der Vorbereitungsphase schlecht unterscheiden. Wenn Sie dies nicht lernen, verhindern Sie, dass Energie in den eigenen Fokus gelangen kann.

Über die Ziele der anderen Partei machen Sie sich später Gedanken. Gehen Sie in der Vorbereitung sehr strukturiert vor.

Beispiel:

Ich hatte vor wenigen Jahren an der Bahnhofstraße in Zürich wunderbare Ohrringe bei einem Juwelier gesehen. Zweimal bereits hatte ich sie probiert, und sie passten perfekt zu meinem Ring. Ich wollte sie! Der Preis dafür war angemessen hoch.

Beim dritten Besuch war ich entschlossen, sie zu erwerben – nur nicht zu diesem Preis. Ich hatte eine genaue Vorstellung des Rabatts, nämlich einen 10-%igen Preisnachlass. Ein kleines Pflaster fürs Portemonnaie. Sehr zielstrebig wünschte ich, die Ohrringe nochmals zu probieren, und signalisierte, sie mit einem Rabatt von 10 % kaufen zu wollen.

Die (langjährige) Verkäuferin konnte sich ob meiner Dreistigkeit kaum beruhigen. Man staune, denn es war sicher nicht das erste Mal, dass ein Kunde 10% verlangte. Mit einem Schnauben meinte sie, das gehe gar nicht. Ob Ihrer Unfreundlichkeit war ich überrascht, denn fragen dürfen Sie immer – antworten auch, aber bitte freundlich. So begann ich, meine Sachen zu packen, als sie mich dann doch bat, einen Moment zu warten. Mit steinerner Miene kehrte sie zurück und schlug mir vor, keinen Rabatt zu gewähren, aber mir ein Goldvreneli dafür anzubieten (eine Schweizer Goldmünze). Ich erwiderte, dass ich mit einem Goldvreneli leider gar nichts anfangen könne. So stampfte sie wieder davon, um nochmals mit ihrem Vorgesetzten zu sprechen. Zurück – nicht nur mit versteinerter Miene, sondern auch mit einem Glitzern in den Augen – meinte sie, 5% könne sie mir gewähren. Wieder packte ich meine Sachen zusammen und umgehend schnaubte sie: »Dann gebe ich Ihnen halt die 10%.«

Diese Geschichte soll nicht vermitteln, dass dieses Vorgehen immer funktioniert. Ich möchte jedoch zwei Dinge klarstellen:

1. Mein **Ziel war sonnenklar:** Ich wusste genau, wie viel Rabatt ich erwartete. Hätte ich nur einen Moment gezögert oder mir gesagt: »Ich schau mal, was ich rausholen kann«, wäre ich nie so überzeugend rübergekommen. Ich habe die Situation aber auch realistisch frech eingeschätzt. (Sie sagen nun sicher, dass es intelligenter gewesen wäre, mit 15 % einzusteigen, um auf 10 % zu kommen. No comment.) **Ziele steuern Ihr Verhalten.** Es wird Ihnen viel einfacher fallen, Ziele zu erreichen, wenn Sie diese genau definieren, sowohl mit **Unter-** als auch **Obergrenze.** So haben Sie immer einen guten Grund, während einer Verhandlung aufzustehen und den Raum zu verlassen. Und – klare Ziele sind eine unglaublich starke mentale Rückenstärkung.

2. Wer weiß, vielleicht hätte ich mein Ziel zu ihren Gunsten reduziert, wenn die Person **freundlich und wohlwollend** geblieben wäre. Wer jedoch seine Ziele hart durchsetzen will und im Umgang hart mit der Person verhandelt, kann nicht erwarten, dass diese ihre Ziele zu den eigenen Gunsten verändert. Viele Verhandler sind sich dieses Aspekts zu wenig bewusst. Wenn ich Ihnen die Frage stelle, ob es Ihnen wichtig ist, freundlich, zuvorkommend und professionell behandelt zu werden (in unterschiedlichen Kontexten), so werden mir die meisten von Ihnen die Frage mit »bestimmt« beantworten. Diesen Gedanken bewusst in eine Verhandlung zu integrieren kann Sie in Verhandlungen wesentlich erfolgreicher werden lassen. Deshalb möchte ich Sie daran erinnern: Jede Kommunikation wird durch eine Sach- und eine Beziehungsebene gesteuert. Wie unser Freund Paul Watzlawick dazu meint, bestimmt die Beziehung immer die Sache und niemals umgekehrt. (Diese Regel ist kontextunabhängig.)

Entscheiden Sie deshalb vorher, was Ihr oberstes bzw. Ihr untersteres Ziel ist. So hat Verhandeln nicht nur Inhalt, sondern immer auch den Aspekt Beziehung zum Thema!

Diese Verhandlung hatte nun gewiss keine hohe Komplexität. So lassen Sie uns überlegen, wie sich komplexere oder große Ziele leichter vorbereiten und verhandeln lassen.

Key-Point 2: Interessen hinter den Zielen

Definieren Sie Ihre Interessen und Anforderungen, die Ihren Themen zugrunde liegen. Die Fragen »Weshalb« oder »Warum« bieten Ihnen eine gute Vorlage: »Warum ist dieser Punkt für mich besonders wichtig? Weshalb will ich dieses Ziel XY erreichen?« Gehen Sie dann weiter mit der Frage: »Weshalb ist mir XY so wichtig?« Dieses Vorgehen unterstützt Sie, um Ihre eigene Klarheit zu erlangen. Damit erhalten Sie Sicherheit und gleichzeitig auch überzeugende Argumente, um Ihre Ziele besser durchzusetzen. Wie sollten Sie sonst Ihren Verhandlungspartner überzeugen, wenn Sie selbst nicht an die Sache glauben und wissen, wovon Sie sprechen? Stellen Sie sich die Geheimfrage »Wozu«, um an eigene, manchmal unbewusste Interessen zu gelangen. Somit sammeln Sie alle Argumente, um noch besser überzeugen zu können.

Key-Point 3: Kleine Päckchen schnüren

Kennen Sie das? Der Druck, auch von interner Seite, ist so hoch, dass Sie Ihre Ziele in der Verhandlung möglichst rasch erreichen wollen. Das verleitet Verhandler dazu, viele kleine Ziele in einem einzigen großen Ziel zu verpacken. Zu diesem Verhalten neigen Sie auch dann, wenn die Zeit für die Vorbereitung fehlt.

Damit verhindern Sie aber, gezielt Spielräume einzubauen – und erhöhen gleichzeitig den eigenen Stress, den Deal rasch abzuschließen. Übrigens ein unbewusster Vorgang. Menschen sind emotional gesteuerte Wesen, auch wenn dies von ein paar wenigen Menschen immer noch negiert wird. Sie glauben, Emotionen situativ und rational ausgewählt einsetzen, abrufen oder negieren zu können. Und der Erfolgsdruck ist da. Erleichtern Sie sich also auch den persönlichen Erfolgsdruck dadurch, dass Ihnen möglichst viele Hebel zur Verfügung stehen, um so Ihre Verhandlungsspielräume optimal zu nutzen.

Oft stelle ich mir den Verhandlungsgegenstand wie einen großen Motor einer Maschine mit vielen Schrauben, Schaltern und Hebeln vor. Wenn der Motor eines Formel-1-Rennwagens gut eingestellt sein soll, um Bestleistung herauszuholen, ist es wichtig, dass Sie ein Feintuning über möglichst unterschiedliche Aspekte erreichen können. Also reicht eine Schraube oder ein Schalter dafür nicht aus.

Daher sollten Sie sich gut überlegen, in wie viele Unterziele Sie Ihre Ziele einteilen. Je mehr Möglichkeiten Sie für *Geben* und *Nehmen* zur Verfügung haben, desto erfolgreicher werden Sie sein. Nebst mehr Spielraum wird die Verhandlung für beide Seiten wesentlich angenehmer zu führen sein.

Beispiel:
Nehmen wir an, Sie haben das Ziel, eine Lohnerhöhung zu fordern. Gehen Sie dann einfach zu Ihrem Vorgesetzten ins Büro und teilen ihm mit, dass Sie gerne 300 Euro mehr Lohn pro Monat erhalten wollen? (Meistens wissen wir innerlich schon: »Unter die 300 Euro gehe ich nicht, sonst suche ich mir was anderes.«) So vorbereitet Ihre Forderung vorzutragen wäre sicher unklug. Nehmen Sie nur mal an, Ihr Chef entgegnet Ihnen: »Wenn überhaupt, dann 100 Euro und keinen Cent mehr.« Alles andere könne er bei der momentan wirtschaftlich unsicheren Lage des Unternehmens nicht verantworten. Die meisten ziehen von dannen, die Faust in der Tasche, und suchen sich trotzdem keinen neuen Job – verhandelt haben Sie aber nicht, sondern sehen nur schlecht aus. Sie haben gefragt und eine Antwort akzeptiert, ohne differenzierte Zielelemente zu verhandeln.

Verhandeln Sie Ihre Ziele also in kleineren Teilaspekten. Kaum ein Verhandler wird seine Ziele komplett erreichen. Es werden Kompromisse geschlossen, Zusatzgeschäfte eingebunden usw. Diese kleinen Päckchen bieten Ihnen Chancen, immer wieder etwas für sich herauszuholen, wenn Sie bei einer anderen Sache nachgeben müssen. Was zählt, ist das Resultat am Schluss. Auf unser Beispiel bezogen, könnten Sie sich die Frage stellen: »Was außer Cash ist mir noch wichtig, wertvoll oder von speziellem Interesse?«

> eine Weiterbildung herausholen
> Arbeitstage statt Ferientage dafür aufwenden
> einen Homeoffice-Tag
> mehr Ferien
> ein Sabbatical
> eine andere Funktion
> ein spannenderes Projekt
> weniger Stunden
> einen Auslandsaufenthalt in einer anderen Filiale

Sprechen Sie über einen Zielbereich (Lohnerhöhung)! Überlegen Sie sich ein attraktives Angebot und beharren Sie nicht nur auf einer Zahl! Und wichtig: Denken Sie nicht nur, **fühlen Sie nach**, was für Sie wirklich wichtig und notwendig ist.

Ich habe unzählige Lohnverhandlungen begleitet und viele Erfahrungen damit gemacht und beobachtet, dass gerade bei Lohnverhandlungen (seitens Antragsteller) oft sehr stur verhandelt wird. Haben Sie in der Verhandlung immer einen Taschenrechner dabei oder konsultieren Sie Ihr Handy und quantifizieren Sie laufend die gemachten Gegenangebote. Sehr häufig übersteigen diese sogar das ursprünglich angepeilte große Ziel. Die Angebote der Gegenseite werden häufig abgelehnt, obwohl sie unterm Strich wesentlich vorteilhafter für den Antragsteller gewesen wären. Vor allem auch dann, wenn es um einen neuen Job geht. Schade!

Dasselbe gilt natürlich auch für Verhandlungen im Businesskontext, für das Aushandeln von Verträgen, Zahlungsbedingungen etc.

Key-Point 4: Ziele priorisieren!

Bereiten Sie Verhandlungsgespräche immer gut vor. Eine gute Vorbereitung, sagt man, ist die halbe Miete. Ich sage: Es ist mehr als die halbe Miete. Überlegen Sie von vornherein, wie Sie Ihre Päckchen priorisieren. Sprich, was ist Ihr wichtigstes Ziel, zweitwichtigstes Ziel usw.

Erstellen Sie also eine Prioritätenliste.

Beispiel:
Die meisten glauben, dass es bei einem Autokauf darum geht, ausschließlich den besten Preis herauszuholen. Aber nehmen wir an, Sie haben Ihren letzten Wagen zu Schrott gefahren, die Versicherung will nicht zahlen, und Sie sind beruflich auf ein Fahrzeug angewiesen. Also, eine andere Ausgangslage. Was könnten dann die unterschiedlichen »Schrauben« sein, an denen Sie drehen wollen?

> Zahlungskonditionen
> Parkhilfe
> Liefertermin
> Vorführwagen
> Ausstattung
> Benzinverbrauch
> Ledersitze
> ergonomische Sitze
> Felgen
> Serviceleistungen

Key-Point 5: Reihenfolge festlegen und einhalten

Meist wird mit viel Druck gleich zu Beginn der Verhandlung versucht, zu große oder falsch priorisierte Ziele durchzusetzen. Überlegen Sie sich, auf welche Art und Weise Sie verhandeln werden, wenn Sie mit Ihrer Priorität 1 beginnen. Sie werden wahrscheinlich genauso verhandeln, als hätten Sie nur ein einziges Ziel; Sie werden rasch beginnen, den Autoverkäufer davon zu überzeugen, weshalb Sie das gewünschte Modell morgen abholen wollen. Oder, wenn wir nochmals die Lohnerhöhung anschauen, sofort einen »unangenehm harten Verhandlungsmodus« – sprich: eine Position – einschlagen.

Viele Verhandler überlegen sich unter Druck immer nur den nächsten Schritt und denken nicht an Konsequenzen!

Wenn Ihr Vorgesetzter mit Ihrem Vorschlag 300 Euro nicht einverstanden ist, beginnen Sie erfahrungsgemäß, sich zu rechtfertigen, verteilen Schuldzuweisungen, drohen vielleicht mit Kündigung, werten Kollegen oder das Unternehmen ab usw. – schlicht: Sie reagieren emotional.

Mit einer ausgeklügelten festgelegten Reihenfolge gelingt es Ihnen wahrscheinlich besser, aus den Rängen der Zuschauertribüne zu agieren, anstatt gleich emotional zu reagieren.

Dasselbe gilt natürlich für unseren Autokauf.

Taktik der Reihenfolge

Dazu gibt es viele unterschiedliche Taktiken, die empfohlen werden. Eine davon ist: Wenn Sie zehn Päckchen geschnürt haben, beginnen Sie mit einem Ziel, das Ihnen zwar wichtig ist, auf das Sie aber unter Umständen verzichten können. Wichtig dabei ist, dass Sie dieses genauso verhandeln, als wäre es Ihre erste Priorität. Sie verhandeln ernsthaft, interessiert und engagiert. Dann lassen Sie Ihren Verhandlungspartner »gewinnen«, machen Sie ihm sogar ein Kompliment dafür, wie hart er/sie verhandelt. Verfahren Sie unter Umständen ein zweites Mal auf dieselbe Art und Weise.

Weshalb?

Ein kleines Beispiel aus dem Marketing: Vorweihnachtszeit! Gehören Sie zu den Menschen, die grundsätzlich nur persönlich adressierte Kuverts öffnen? Auch dann, wenn Sie erkennen, dass es sich um eine Massenmail handelt? Nehmen wir also an, Sie öffnen sämtliche Post. So werden Sie in dieser Zeit etliche sogenannte Bettelbriefe erhalten, allerdings seit einigen Jahren nicht nur mit einem oder zwei Einzahlungsscheinen, nein, sondern mit einem kleinen Präsent. Diese machen schon durch den andersartigen haptischen Eindruck neugieriger. Sie finden kleine Geschenke wie einen Post-it-Block, ein Armband mit Heiligenbildchen, Plastikweihnachtsschmuck, Terminkalender, Postkarten und vieles mehr. Sind diese Firmen einfach so nett? Keinesfalls. Sie kennen aber die Psychologie des Wunsches, nach innerer Balance zu streben. Dies ist ein unbewusster Vorgang. Menschen möchten etwas zurückgeben, wenn sie etwas erhalten haben. Und genau dieses Bedürfnis können Sie sich zunutze machen.

Deshalb positionieren Sie Ihr wichtigstes Ziel, die Nummer 1 – jetzt. Diese Taktik hat keine moralische Komponente, denn haben Sie sich schon einmal überlegt, ob Sie Ihren Verhandlungspartner mit dem Entgegenkommen Ihrer Priorität Nummer 4 nicht schon überglücklich gemacht haben und Ihre Priorität 4 vielleicht seine Priorität 1 war?

Ich finde diese Art der Zielsetzung interessant, auch wenn sie sich nicht immer genau so einsetzen lässt.

Key-Point 6: Bei der Reihenfolge bleiben

Aus psychologischer Sicht ist der Druck, den Verhandler durch Ihre Aufgabe und Funktion zu erfüllen haben, heute immer größer, vielschichtiger, politisch abhängig usw. Überall herrschen Budgetdruck, Umsatzvorgaben, Druck von außen (beispielsweise familiäre finanzielle Ansprüche), Druck von innen (Image, sich selbst zu genügen und perfekt zu sein, Karriere) usw. Dieser Stress wird unglaublich unterschätzt! Ich erkenne dies jedes

Mal, wenn ich bei Verhandlungen dabei bin. Alles wurde vorbesprochen, abgewogen, vorbereitet und festgelegt – und dann beginnen 80 % der Verhandler mit der Priorität 1.

Scheinbar fällt es vielen Menschen schwer, Spannung auszuhalten. Sie stehen unter solchem Druck und Stress, dass rationales Denken und Handeln von Gefühlen und Emotionen übernommen werden. So vergessen sie rasch, die vorbereitete Reihenfolge einzuhalten.

Natürlich brauchen Sie immer noch Flexibilität, um auf Ihren Verhandlungspartner eingehen zu können, aber versuchen Sie, sich weit vor der Verhandlung zu entspannen, sodass Ihnen dieser Fauxpas nicht passieren kann.

Unter Druck ergreifen Sie sehr rasch eine Position, und die Fronten verhärten sich. Keine gute Voraussetzung, um sich einen kooperativen Verhandlungspartner zu »produzieren«.

Key-Point 7: Das Unerwartete reduzieren

Durch eigene unbewusste oder halb bewusste Vorstellungen und Erwartungen davon, *wie* eine Verhandlung ablaufen sollte, können Sie sehr rasch irritiert, erbost oder gelähmt werden, falls diese nicht so eintreffen, wie Sie es erwartet haben.

Deshalb ist es wichtig, sich auch außerhalb von ZDF (Zahlen, Daten, Fakten) vorzubereiten. Den Radius der Vorbereitung zu vergrößern heißt, Schaden zu begrenzen. Natürlich bereiten Sie sich darauf vor, wer Ihr Verhandlungspartner sein wird, welche Ziele, Fakten, Einwände etc. er bringen wird. Bereiten Sie sich aber auch auf den diffusen, oft nicht beachteten und im Halbdunkel liegenden Teil vor?

Stellen Sie sich vielleicht folgende Fragen:
> Kann ich mich darauf verlassen, dass die Entscheidungsträger am Tisch sitzen, oder weiß ich das noch gar nicht?

> Erwarte ich Kaffee und Wasser? (Kann als taktisches Manöver eingesetzt werden, dass der Verhandlungspartner Sie verdursten lassen will.)
> Welche äußeren Bedingungen möchte ich erfüllt haben?
> Kann ich auf die Tageszeit der Verhandlung Einfluss nehmen?
> Wie reagiere ich, wenn ich einer anderen Person gegenübersitze?

Beispiel:
Diese Fragen sind keineswegs aus der Luft gegriffen: Ich habe einige Jahre für einen Konzern gearbeitet. Nach einer schwierigen Zeit und einer Übernahme wurde ich gebeten, der neuen Führung ein Angebot zu präsentieren. Man hatte wieder Budget – und was für eins!
Ich freute mich sehr darauf, das neue Management kennenzulernen, erhielt auch eine Agenda für die erste Verhandlung mit den Namen der Beteiligten. Alles neue Gesichter, und die Ausgangslage vier zu eins. Ich war also informiert und akzeptierte das Ungleichgewicht. Nach ca. 30 Minuten klopfte es an der Tür, und die einzige Person aus der alten Riege, mit der ich in der Vergangenheit ausnahmslos nur in Schwierigkeiten verwickelt war, betrat unangemeldet den Raum. Es fühlte sich an wie ein Schlag ins Hara (Nervenzentrum). Es ging mir zu dieser Zeit aus privaten Gründen gerade sehr schlecht, und so hatte ich auch keine inneren Stressreserven. Ich war komplett von der Rolle. Den Auftrag erhielt schlussendlich ein Konkurrent.

Ein Beispiel dafür, wie wichtig es ist, ...
> dem Verhandlungspartner nochmals genau auf den Zahn zu fühlen, mit was zu rechnen ist
> sich Gedanken zur eigenen Leidensfähigkeit, zu »Überra-

schungs-Resilienz« und zu unbewussten Erwartungen zu machen
> zu überlegen, was Sie als Selbstverständlichkeit voraussetzen
> Annahmen zu treffen, ohne diese überprüft zu haben
> eigene Grenzen zu kennen

Wichtige Überlegungen ... leider ohne Gewähr.

Key-Point 8: Unterstützende Argumente entwickeln

Eigene Ziele zu kennen unterstützt Sie bei deren Durchsetzung. Mit guten Argumenten können Sie Fakten und Informationen untermauern – und das zum richtigen Zeitpunkt. Außerdem sollten Sie entscheiden, auf welche Art und Weise Sie diese präsentieren wollen. Auch wenn Sie noch so gut vorbereitet sind, müssen Sie sich im Klaren sein, dass jede Verhandlung eine Mischung aus unterschiedlichsten Bedürfnissen, Kompetenzen, Vor- und Nachteilen, Machtansprüchen und Interessen der Beteiligten ist und der Prozess und Ihre Vorbereitung immer wieder infrage gestellt werden. Ergebnisse sind nämlich nie vollkommen vorhersehbar.

Trotzdem hilft es Ihnen, wenn Sie beispielsweise mit einem Kollegen, der in die Rolle des Verhandlungspartners schlüpft, einmal kurz durchspielen, welche die heikelsten Angriffe, Gegenargumente und Unterstellungen sein könnten und wie Sie mit diesen umgehen. Jedoch nicht nur auf das Negative fokussiert, sollten Sie Ihre mächtigsten Argumente gut mit einem nachvollziehbaren Hintergrund vorbereiten. Eine wunderbare Formel, an die Sie sich halten können, ist die:

3-B-Formel
> Behauptung (Meinung)
> Begründung (Beweis)
> Beispiel (Bild)

Behauptungen funktionieren nur unter folgenden Bedingungen:

> Nur wenn Ihre Behauptung das Weltbild Ihres Gegenübers bestätigt oder wenn die Behauptung bereits der festen Meinung Ihres Verhandlungspartners entspricht, wird sie ankommen.
> Beispiel unter Managern: »Hohe Löhne und ein gutes Arbeitsklima motivieren Mitarbeiter zu Höchstleistungen.«
> Wenn Sie in den Augen anderer eine absolute Autorität darstellen.
> Beispiel: Wenn Lewis Hamilton sagen würde: »Mercedes produziert die besten Autos.«
> Wenn man eine Behauptung nur oft genug gehört oder gesehen hat.
> Werbung im TV, wie ein früheres Beispiel zeigt: »Ich will doch nicht blöd sein?« »Media Markt.«

Begründungen

Wie wichtig ist es Ihnen, ein sachbezogenes Gespräch zu führen? Begründungen werden meist mit den Worten »weil« oder »deshalb« formuliert. Dies kann wie ein »Sesam, öffne dich« wirken. Auch die Redewendung, »wozu« fordern, wie »XY, fragen Sie sich vielleicht«, hilft, Verständnis zu fördern.

Eine Sozialpsychologin machte folgenden Versuch: Sie bat Leute, die vor einem Kopierer einer Bibliothek standen, um einen kleinen Gefallen: »Würden Sie mich bitte vorlassen, weil ich es sehr eilig habe?« 94 % gewährten ihr den Vortritt.

Der nächste Versuch, sich vorzudrängeln, diesmal ohne Begründung, schien die Notwendigkeit einer stichhaltigen Erklärung zu bestätigen: »Würden Sie mich bitte vorlassen?« 60 % sagten ja, 40 % lehnten ab.

Der letzte Versuch war folgender: »Würden Sie mich bitte vorlassen, da ich etwas zu kopieren habe?« Was denn sonst! –

Aber 93 % erhörten die Bitte. Es scheint also, dass nicht die Qualität der Erklärung wichtig ist, sondern die Tatsache, dass sich jemand Gedanken zur Begründung gemacht hat, was zum Erfolg führte. Und dies mit dem Wörtchen »weil«.

Nicht der objektive Wahrheitsgehalt entscheidet darüber, ob ein Argument erfolgreich oder nicht erfolgreich ist. Entscheidend ist, was dem Empfänger in der jeweiligen Situation als überzeugend oder akzeptabel erscheint. Deshalb gilt es, exzellent zuzuhören, damit Sie mit wichtigen (wenigen) Argumenten überzeugen können.

Legen Sie nicht alle Begründungen auf einmal vor, sondern nur eine oder zwei.

Beispiele und Bilder
Menschen funktionieren über die Bildsprache, und Beispiele sind Bilder, Geschichten, nachvollziehbare Erfahrungen. Beispiele überzeugen.

Menschen denken in Bildern, und Bilder steuern Handlungen.

Entwickeln Sie objektive Kriterien
Mit objektiven Kriterien stützen Sie Ihre Argumente. Was, wenn die Gegenpartei ebenfalls gute objektive Kriterien vorbereitet hat? Beide haben ihre Gültigkeit; die Frage ist, für wen.

Benutzen Sie dazu folgende Regel: ZDF vor ARD

Z	Zahlen
D	Daten
F	Fakten

Darüber werden die Ansichten und Meinungen von Verhandlungspartnern weniger auseinandergehen, und sie sind einfacher überprüfbar.

Was passiert jedoch bei ARD?

A   alle
R   reden
D   darüber

Hier wird über Kriterien gestritten, die weder an konkreten Beispielen noch an messbaren Zahlen festgemacht werden können. Sicher kennen Sie das. Ein gutes Beispiel dafür ist Fairness.

Beispiel: Forderung für fairen Lohn

Der größte Reibungsverlust entsteht, wenn Kriterien als gegeben und selbstverständlich betrachtet werden, als »klar« vorausgesetzt werden, ohne jegliche objektiv messbaren Werte.
Mitarbeiter: »Ich arbeite immer länger und sorgfältiger als meine Kollegen, außerdem organisiere ich seit vier Jahren die Weihnachtsfeier.« (Gründe, einen »fairen« Lohn zu fordern)
Vorgesetzter: »Effiziente und qualitativ gut vorbereitete Projektmeetings sind für mich ein Zeichen hoher Arbeitseffektivität.« (Gründe, mehr Lohn zu geben)

Von was sprechen die beiden? Worauf müssen sie sich einigen? Wie sollte Fairness qualifiziert und quantifiziert werden, damit wir über objektiv messbare und vergleichbare Kriterien sprechen können?

Genau hier scheitern die meisten Verhandlungen: an den definierten objektiven Kriterien, und nicht an dem Ziel der Verhandlung, eine für beide Seiten faire Lohnerhöhung zu verhandeln.

Listen Sie anhand des obigen Beispiels alle wichtigen Kriterien beider Seiten auf. Sie können diese auch noch in Kategorien unterteilen. Einigen Sie sich dann auf eine Reihenfolge und stellen Sie dafür messbare Kriterien auf, um diese überprüfen zu können.

Diese Art von strukturiertem Vorgehen kann viele verdeckte Themen zutage bringen, die noch in die Verhandlung eingebunden und/oder separat verhandelt werden können. Damit reduzieren Sie Komplexität und Kampf!

Key-Point 9:
Durchsetzung Ihres Ziels – moralische Bedenken?

Beispiel:
Vielleicht haben Sie schon von folgender Gleichung gehört: Zwei Frauen streiten sich um eine Orange, und jede behauptet, einen Anspruch darauf zu haben. Als sie gefragt werden, wofür sie die Frucht benötigen, da antwortet die erste der beiden Frauen, sie backe einen Kuchen und möchte die Schale in den Teig reiben. Die zweite entgegnet, dass sie sich einen Saft aus der Orange pressen wolle. Beste Voraussetzungen, eine Win-win-Situation zu schaffen.

Wir werden oft nicht wissen, was die allerwichtigsten Ziele der Gegenpartei waren, vor allem nicht, welche Spielräume (noch) nicht genutzt wurden. Es hätte immer noch mehr oder weniger sein können. Deshalb wäre es auch eine Abwertung der Gegenpartei, sich selbst zurückzuhalten, denn wenn Sie es mit erwachsenen Menschen zu tun haben, können Sie diesen auch zumuten, für sich und ihre Anliegen einzustehen.

Key-Point 10:
Minimale und maximale Ziele – Abbruch

Legen Sie grundsätzlich ein minimales und ein maximales Ziel fest. Weshalb? Ich bin überzeugt, dass fast alle schon einmal zu ihrer größten Unzufriedenheit verhandelt haben. Es gibt Situationen, vor allem wenn Sie schlecht vorbereitet waren, in denen Sie in Grund und Boden verhandelt wurden. Schenken hätte Ihnen mehr Spaß bereitet. Das passiert dann, wenn Sie kein minimales Ziel festgelegt haben. Dann fehlt Ihnen der Halt, der Boden, und Sie werden in endlose Tiefen fallen. Legen Sie also immer ein minimales Ziel fest. Wie sonst wollen Sie wissen, wann Sie aufstehen und gehen sollten?

Das minimale Ziel kann auch Ihr **Ausstieg** sein. Sie müssen sich immer im Klaren darüber sein, zu welchem Zeitpunkt Sie aufstehen und gehen wollen. Statistiken sowie praxisnahes Beobachten zeigen, dass die obersten Ziele zwar sofort genannt werden können, jedoch der Boden nach unten in 95 % der Fälle nicht definiert ist. Damit fehlt die Kraft zur Durchsetzung.
Noch schlimmer …

Beispiel: Lohngespräch
Nach über einem Jahr Arbeitslosigkeit erhält Marcel Frei endlich wieder die Chance, sich für eine Hauptprojektleiterfunktion vorzustellen. Nach dem zweiten Gespräch ist klar, die Firma X möchte die Kompetenzen und langjährigen Erfahrungen von Marcel Frei in Anspruch nehmen. Es geht um kostspielige Projekte, die höchste Kundenzufriedenheit erfordern. Die Parteien sind sich einig, was funktionelle Verantwortung, Führungsarbeit und Aufgaben angeht.

Marcel Frei wird zum letzten Gespräch, dem Lohngespräch, eingeladen. Durch die lange Zeit der Arbeitssuche ist Marcel Frei verunsichert und vorsichtig bei seinen Lohnforderungen geworden und heilfroh, überhaupt wieder einen Job zu erhalten. Sein Selbstwert hat in dieser Zeit sehr gelitten. Trotzdem ist ihm bewusst, dass sein Marktwert bei ca. 100 000 Euro liegt. Bei der Lohnverhandlung spricht er mit der Personalverantwortlichen und steigt auf die Frage nach seiner Gehaltsvorstellung mit folgendem Satz ein: »Also, unter 80 000 Euro werde ich diese Aufgabe nicht annehmen, das ist mein Existenzminimum, da ich mein Haus abbezahlen und zwei von drei Kindern im Studium unterstützen muss.«

1. Nennen Sie nie, nie, nie Ihr unterstes Ziellimit!
2. Es geht den Gesprächspartner grundsätzlich nichts an, aus welchen Gründen genau das Ihr minimales Ziel ist.
3. Rechtfertigen Sie nie Ihr unterstes Limit!
4. Verschenken Sie vor allem Ihre Verhandlungsspielräume nicht!

Verhandeln und argumentieren Sie viel mehr Ihr oberstes Ziel und zeigen Sie sich flexibel genug, einen Kompromiss zu schließen und Ihrem Verhandlungspartner entgegenzukommen. Wer aber zu viel entgegenkommt, verliert sein Gesicht. Denn wenn das geschieht, waren Ihre höchsten Ziele wohl nicht realistisch.

Weshalb ist die **Auseinandersetzung mit den eigenen Zielen** so wichtig? Kaum formulieren Sie ein eigenes Ziel, beschäftigen Sie sich auch schon mit den Argumenten der Gegenpartei. Damit verhindern Sie die eigene Klarheit Ihres Ziels.

Deshalb empfehle ich Ihnen, hier sehr strukturiert vorzugehen und die persönliche Vorbereitung, die wir noch vertiefen werden, zuerst ausschließlich für sich und die eigenen Interessen zu erarbeiten. Erst danach beschäftigen Sie sich mit der Vorbereitung der Gegenpartei. Mental hilft es Ihnen, die eigenen Ideen und Ziele klarer erfassen und begründen zu können.

Weshalb unterstützt Sie diese Art der Vorbereitung? Sehr viele Menschen können mental das Ich vom Du oder von anderen nicht klar auseinanderhalten. Sie springen im Vorbereitungsprozess laufend mental hin und her. Das kann zwar sehr kreativ sein, hilft aber nicht, zu innerer Klarheit zu gelangen. Was heißt es, bei sich selbst zu bleiben? Nur wer auch in der Verhandlung bei sich selbst bleiben kann, in die Ruhe geht und einen entspannten Zustand erreicht, kann am Verhandlungstisch eigene Interessen besser durchsetzen. Darum, die restliche, wichtige Spannung zu behalten, die unerlässlich ist, um wach und präsent im Prozess zu sein, werden Sie sich kaum kümmern müssen.

Key-Point 11:
Alternativen und Optionen erweitern den Spielraum

BATNA (Best Alternative to a Negotiated Agreement – beste Alternative für ein [gutes] Verhandlungsergebnis – so formuliert im Harvard-Konzept):

Eine wertvolle Alternative zu offerieren, vor allem bei einem Nichtzustandekommen eines Ergebnisses, bietet Ihnen wertvolle Dienste. Auch diese sollte detailliert vorbereitet und priorisiert werden.

Alternative Szenarien zu entwickeln bedeutet nicht nur Vorsprung und Kreativität, sinnvollere Kompromisse zu schließen und weniger in die Falle der Sturheit zu treten, sondern auch mehr Aufwand in der Vorbereitung. Nutzen Sie diese jedoch für beide Parteien, denn je mehr Sie bieten können, desto größer werden die Verhandlungsspielräume. Diese zu erweitern vergrößert Ihre Chancen, eine Einigung zu erreichen, die für beide Parteien akzeptabel ist.

Key-Point 12: Umkehr

Wir haben nun lang und breit über die Form der eigenen Vorbereitung und deren Struktur gesprochen. Sie haben sich dabei in erster Linie um Ihre eigenen persönlichen Ziele, Interessen, Vorstellungen, Möglichkeiten, Erwartungen, objektiven Kriterien, besten Alternativen und Anliegen gekümmert.

Erarbeiten Sie sich einen weiteren riesigen Vorteil. Befassen Sie sich mit genau derselben Struktur und demselben Engagement mit der anderen Partei. Das ist die Umkehr: Treten Sie in die Schuhe Ihres Gegenübers. Meine Teilnehmer werden sich dieser Wichtigkeit meist erst bewusst, wenn sie in praktischen Übungen die Erfahrung machen, was es heißt, ein Manko an Wissen und Know-how über die Ziele, Interessen, Erwartungen etc., aber auch über die Personen selbst und deren Gefühle auszugleichen, indem sie die andere Sicht einnehmen.

Sie werden nun sagen: »Aber das mache ich sowieso die ganze Zeit.«

Hier ein Tipp: Halten Sie sich an die empfohlene Struktur. Zuerst die eigene Seite von A bis Z vorbereiten und erst dann die andere Seite. Zu Beginn heißt das meist, ein altes Muster zu durchbrechen. Überlegen Sie jedoch, was im Folgenden passiert.

Beispiel (innerer Dialog):

Ich werde Herrn Müller vorschlagen, dass wir uns die Kosten für Transport und Spesen teilen, damit er meiner Forderung nach einer geringeren Serviceleistung wohlwollender entgegenkommt. Wahrscheinlich wird er dann versuchen, meine Kosten als niedriger darzustellen, um die Serviceleistung zu erhöhen. Wenn er das macht, werde ich ihn mit den Zahlungsversäumnissen unseres letzten Geschäftsjahrs konfrontieren ... und so weiter und so fort.

Ich finde eine solche Vorbereitung wenig vorteilhaft. Auf diese Art und Weise vermischen Sie laufend Themen und Ihr Ich mit dem Du, was Ihnen Ihre Klarheit nimmt.

Ich und Du trennen

Übliche Vorbereitung   Strukturierte Vorbereitung

Vermischen von Inhalten und Interessen der eigenen und der anderen Partei

Klarheit über eigene Ziele und Interessen erhalten und trennen können von fremden Zielen und Interessen

Wenn wir uns nun dem Du – den anderen – zuwenden, entsteht häufig ein großes Fragezeichen. Inhaltlicher Natur stehen uns zwar viele Informationen zur Verfügung, aber wie gehen wir mit diesen um?

Es macht einen himmelweiten Unterschied, ob Sie aus der eigenen Perspektive darüber nachdenken, was die anderen tun oder unterlassen, fordern, negieren etc., anstatt die Seiten tatsächlich so realistisch wie möglich zu wechseln. Wenden Sie dieselben Fragen und Techniken zur Zielsetzung Ihres Gesprächspartners an und üben Sie sie anschließend. Sie werden überrascht sein, wie viele Informationen und Argumente, die noch nicht bedacht worden sind, an die Oberfläche gelangen. Mit Erstaunen stelle ich fest, wie wenig gerade interne Kollegen (Ressourcen) dazu genutzt werden, die für Sie einzigartige Sparringspartner sein könnten. Nutzen Sie diese zu Ihrem gegenseitigen Vorteil.

Sich auf der Sachebene vorzubereiten ist häufig etwas einfacher, da Ihnen viele wichtige Parameter bereits bekannt sind; Sie wissen aber auch, welche Ihnen nicht bekannt sind und noch erforscht werden müssen. Wie jedoch bereiten Sie sich auf den Verhandlungspartner vor? Sie können sich häufig besser auf die jeweiligen Interessen der Gegenpartei vorbereiten als auf die Persönlichkeit, die vor Ihnen sitzen wird.

Verhandler glauben oft, dass es einfacher ist, mit einer Person zu verhandeln, die sie seit Längerem kennen. Ist das aber so?

Längerfristige Verhandlungspartner: Was spricht dafür oder dagegen?

> Sie wissen, mit wem Sie es zu tun haben.
> Sie fühlen sich daher sicherer und sind weniger nervös.
> Sie kennen die Stärken und Schwächen Ihres Verhandlungspartners und können diese berechnen, aber auch ausnutzen.
> Sie schließen vielleicht einen faulen Kompromiss, weil Sie wissen, das nächste Mal wird es umgekehrt sein. »Gefunden haben wir uns ja immer.« Leider zeitverschoben.
> Sie mögen sich, und deshalb freuen Sie sich auf die Verhandlung.
> Sie mögen sich nicht, trotzdem wird eine Einigung verlangt.
> Sie mögen sich nicht, und deshalb nutzen Sie die Schwächen der Gegenseite aus.
> Sie geraten in Abhängigkeiten.
> Sie pflegen Kontakte zugunsten des Unternehmens.

Neuer Verhandlungspartner: Was spricht dafür oder dagegen?

> Sie bereiten sich noch besser vor.
> Es gibt keine persönlichen Vorgeschichten; Sie sind unbelasteter.
> Voreingenommenheit und Stereotype werden zeitverzögert bestätigt oder widerlegt.

> Sie bleiben neugierig auf das und den, der da kommen wird.
> Sie sind wacher und präsenter.
> Sie haben größeren Respekt.
> Sie testen.
> Sie sind misstrauischer, da Sie die Person noch nicht kennen.
> Sie trauen der anderen Person nicht, wenn sie nichts von sich zeigt.
> Sie öffnen sich zu Beginn selbst weniger.
> Die Verhandlungen haben einen sehr ernsten und rein sachlichen Charakter.
> Humor fehlt.

Alles in allem: Beides birgt Vor- und Nachteile.

»Vorurteile sind die Vernunft der Narren.«

Voltaire

Wie können Sie sich außerdem auf die Persönlichkeit Ihres Verhandlungspartners vorbereiten? Sämtliche Medien und Social Media stehen Ihnen zur Verfügung. Eine beträchtliche Fundgrube, nicht nur um Leichen auszugraben, sondern auch um wichtige Hinweise über Erfolge, Karriere oder Werdegang zu erhalten. Verblüffen Sie Ihren Verhandlungspartner damit. Beispielsweise, indem Sie ihn schon bei der Begrüßung nach dem letzten Urlaub auf den Bahamas fragen.

Key-Point 13: Kurzversion – Ampelmodell

Ich weiß, dass Sie sich nicht immer die Zeit für eine aufwendige Vorbereitung nehmen werden. Der Einfachheit halber können Sie bei weniger wichtigen Verhandlungen und Vorbereitungen unter großem Zeitdruck – aber auch nur dann – das Ampelmodell anwenden.

Rot   Muss
Gelb Soll
Grün Kann

Das ist das absolute Minimum einer persönlichen Vorbereitung zum Thema »Ziele«.

Falls Sie sich dennoch für nachhaltigen Erfolg einsetzen möchten, gehen Sie zurück zu Keypoint 1.

Zusammenfassung
> Eine sonnenklare Zielsetzung vereinfacht die Zielerreichung ohne Druck.
> Die eigene Klarheit in der Zielsetzung verhilft zu überzeugenden Argumenten.
> Kleine Päckchen schnüren, minimales und maximales Ziel festlegen.
> Ziele priorisieren (Ziel 1, Ziel 2 etc.), mit weniger wichtigem Ziel beginnen.
> Reihenfolge der Ziele festlegen und dabei bleiben.
> Unerwartetes reduzieren … nie ohne Minimalziel (point of exit) in die Verhandlung gehen, dieses aber ebenso niemals verraten.
> Alternativen oder Optionen erweitern den Spielraum.
> Ich und Du unterscheiden.
> Das Mindeste an Vorbereitung ist das Ampelmodell.

STRATEGIE

Strategie muss während der Verhandlung beibehalten werden!

Aus Strategie und Taktik besteht die Vorgehensweise zur Erreichung eines Ziels unter Berücksichtigung verfügbarer Mittel. Die Strategie konzentriert sich dabei auf langfristig angestrebte Ziele und Ausrichtungen, wohingegen eine Taktik eine Vorgehensweise zur Erreichung von Zielen unter Berücksichtigung von sich kurzfristig ergebenden Bedingungen einschließt.

Die Strategie beinhaltet zwei Komponenten: die Beziehung zum Verhandlungspartner und das Ergebnis der Verhandlung. Damit vereinfachen Sie sich eine generelle Ausrichtung in der Verhandlung, und die Taktik folgt der Strategie!

Obwohl diese beiden Achsen eine Form von Gleichwertigkeit aufweisen, gibt es bis zum momentanen Zeitpunkt mehr Untersuchungen darüber, wie die Ergebnisachse beeinflusst werden kann, und kaum welche, die die Beziehung untersuchen. Obwohl die prägende Aussage – »die wahren harten Faktoren sind die weichen Faktoren« – überall wahrgenommen wird.

Gehen wir in die Kommunikationswissenschaft, so gilt auch dort immer noch kontextübergreifend Watzlawicks Axiom, dass »die Beziehung die Sache bestimmt und nicht umgekehrt«.

Verhandlungen, in denen Sie keinen Wert auf eine persönliche Beziehung legen, werden hart geführt – hart im Sinne von hart zum Menschen. Sie setzen ausschließlich auf die Erreichung Ihrer Ziele, gehen über Leichen und sind nur an Resultaten interessiert. Oder Sie haben grundsätzlich kein Interesse an dieser Verhandlung, am Verhandlungsgegenstand oder an der Person. Sie halten es für sinnlos, zu verhandeln, da Sie weder einen Mehrwert noch Chancen für Ihre Angelegenheit wahrnehmen.

Zu Beginn wollen wir uns damit beschäftigen, welche Faktoren einen Einfluss auf eine Beziehung ausüben.

Beziehungsaspekte

Beispiel:

Sie arbeiten seit dreieinhalb Jahren in einem Unternehmen. Da Sie vor vier Monaten die Führung eines kleinen Teams übernommen haben, dadurch mehr Verantwortung tragen und Ihre Überstunden als Führungsperson nicht mehr berechnen können, möchten Sie eine Lohnerhöhung. Welche Beziehungsaspekte überlegen Sie sich, wenn Sie zu Ihrem Vorgesetzten gehen, um die Anhebung Ihres Lohns zu beantragen? Wahrscheinlich werden Sie eher intuitiv vorsprechen und mal schauen, was sich holen lässt.

In sehr vielen meiner Workshops ist Lohnerhöhung immer wieder ein Thema. Interessanterweise »wissen« die meisten Mitarbeiter bereits im Voraus, dass es kaum möglich sein wird, eine Lohnerhöhung zu fordern. Der Versuch wird bestenfalls mutig ins Spiel gebracht, wenn ein Positionswechsel ansteht. Auch dann nicht immer mit Erfolg. Status bei Beförderung ist Lohn genug. Beim Rollenspiel sieht man bereits, wie Resultate vorweggenommen und Klischees angewandt werden, wie mit Vorannahmen als Wahrheiten taktiert wird und »Murphy« zuschlägt. Viele Mitarbeiter sind mit ihrem Lohn nicht zufrieden. Wenn ich ihnen die Frage stelle, ob sie diesen schon neu verhandelt hätten, erhalte ich die Antwort, dass dies sowieso keinen Zweck hätte. Murphy im Doppelpack.

Dieselben Vorannahmen von Erfolgsmöglichkeiten stelle ich bei Verhandlungen mit Monopolisten fest. Was letztlich nichts anderes heißt, als dass im Kopfkino die Tatsache herrscht, dass eine Verhandlung gar nicht möglich ist und damit das Interesse an einer guten Beziehung hinfällig erscheint.

Was sagt dies nun über eine Beziehung aus? Die folgenden Fragen sollten Sie sich im Voraus dazu stellen:

> **Vertraue** ich meinem Verhandlungspartner? Wie groß oder wie klein ist mein Vertrauen in die Person, die ich kenne? **Vertrauen** und **Glaube** darüber, was man mir über eine mir noch unbekannte Person erzählt?
> Werde ich von meinem Verhandlungspartner **respektiert**?
> Erlebe ich meinen Verhandlungspartner als **kooperativ** oder eher in der Konkurrenz?
> Agiere ich auf **menschlich gleicher Augenhöhe?**
> Wie **reagiere** ich als Person aus meiner Funktion heraus auf eine andere Person, die hierarchisch höhergestellt ist?
> Ist mir mein Verhandlungspartner **sympathisch** und weiß ich, ob er/sie mich mag?

> Haben wir **gemeinsame Interessen,** und bin ich in der Lage, einem Verhandlungspartner gegenüber **empathisch** zu sein und umgekehrt, wenn die Interessen divergierend sind?
> Habe ich das Gefühl, **Erwartungen erfüllen** zu müssen?
> Fühle ich mich **abhängig** von der anderen Person, zum Beispiel davon, wie ich von ihr bewertet werde?
> Wie hoch ist die »**Begegnungs-Kadenz**« mit der anderen Person?
> Wie **lange** und wie gut **kennen** wir uns schon?
> Wie **wichtig** ist mir die Person? Ist sie wichtiger als ich, gleich wichtig oder weniger wichtig?
> Strebe ich eine **langfristige** Beziehung mit dem Verhandlungspartner an?
> Stelle ich eine **gute Beziehung bewusst über das Ergebnis?**
> **Traue ich nur demjenigen,** der mir seine Vertrauenswürdigkeit erst beweist?
> Wie verhalte ich mich, wenn mir der Verhandlungspartner **unsympathisch** ist?

Ergebnis- oder Leistungsaspekte

Bevor Sie eine Strategie festlegen, sollten Sie folgende Aspekte in Ihrer Vorbereitung überprüfen:
> Alle wollen nur ihren Vorteil – aber das **lasse ich nicht zu!**
> Wie **wichtig** ist mir das Ergebnis?
> Wie viel **Zeit** steht für die Verhandlung zur Verfügung?
> In welchem Verhältnis steht meine **Macht?**
> Typologie: Bin ich **durchsetzungsstark** oder **aggressiv, ziehe ich mich rasch zurück?**
> Ist die Verhandlung ein **einmaliger Deal, kurzfristiges Interesse?**
> **Interessiert** mich, ob die andere Person auch einen Gewinn erhält?

> Wie viel **Druck** habe ich **intern**, ein gutes Resultat vorzuweisen?
> Wie **abhängig** bin ich vom Ergebnis, vom Verhandlungspartner, vom Angebot?
> Bin ich **Monopolist?**
> Habe ich **genug Aufträge**, andere **Angebote?**
> Bin ich **Alleinentscheider?** Treffe ich gerne **machtgestützte Entscheidungen?**
> Was bedeutet ein **Scheitern der Verhandlung?**
> Als **Markführer** bestimme ich!
> Stehe ich unter **Existenzdruck?**
> Ist mir der Deal **egal?**

Diese Listen sind nicht vollständig. Sie sollen Ihnen bewusst machen, was alles zu einer gut abgestimmten strategischen Vorbereitung gehört, **denn Ihr taktisches Vorgehen soll sich der Strategie anpassen.** Das Verfolgen Ihrer Strategie zeigt die Kraft in Ihrer Verhandlung. Und genau das ist die große Herausforderung, weil viele Verhandler unter Druck ihre Strategie wechseln, anstatt ihre taktischen Fähigkeiten zu erweitern. Daran sollten Sie aber zwingend arbeiten (nächstes Kapitel). Das Problem ist nicht der andere, sondern das eigene unflexible, eingeschränkte Verhalten … das wir bei der anderen Partei immer besser beobachten können, als unsere eigenen Muster zu erkennen.

In der Vorbereitung gilt es zu überlegen, in welchem Bereich Sie sich bewegen und in welchem Bereich Sie sich bewegen wollen! Wollen und Tun sind bekanntlich nicht immer im selben Land zu Hause. Bestimmt sind Ihnen viele dieser Punkte klar, aber in welchem Maß sind Sie in der Lage, immer wieder von der Tribüne aus zu beobachten, ob Sie Ihrer Strategie treu bleiben? Es wird Ihnen wesentlich besser gelingen, Ihre Strategie aufrechtzuerhalten, wenn Sie sich ganz bewusst sind, woran Sie sich orientieren.

Etwas überspitzt könnte man den strategischen Gedanken »Krieg oder Frieden« nennen. Gott sei Dank gibt es da jedoch vieles dazwischen. Hauptsächlich sollte es für Sie wichtig sein, das folgende Raster als Unterstützung zu nutzen. Denn es macht in der Verhandlung einen außerordentlich großen Unterschied, ob Sie sich für eine Strategie bewusst entscheiden, diese realistisch einschätzen und auch entsprechend handeln und einhalten!

Diese gründliche Vorbereitungsaufgabe erlaubt Ihnen, strategisch realistischer zu verhandeln und einen Stil und Plan zu wählen, der der Situation entsprechend angemessen ist. Die Wahl der richtigen Strategie ist Voraussetzung für eine erfolgreiche Verhandlung.

Aber seien Sie ehrlich mit sich selbst. In diese innere Wahrheit, wie ich sie nenne, zu gehen ist häufig der schwierigste Schritt. Machen Sie sich nichts vor, schauen Sie genau hin und fühlen Sie auch nach. Verhandeln ist eine hochemotionale Geschichte. Nutzen Sie nicht nur Ihren Verstand, sondern konsultieren Sie auch Ihre Gefühle, Ihren Bauch und Ihr Herz, um Klarheit zu erlangen.

Wir sind äußerst verletzliche Wesen und reagieren aus Überraschung und aufgrund von Unvorhergesehenem oft mit Blockaden, Ärger, Sprachlosigkeit usw. Je besser Sie sich ernsthaft mit sich selbst und Ihrem Verhandlungspartner strategisch und persönlich auseinandersetzen, desto eher wird es Ihnen gelingen, Ruhe zu bewahren. Denn bei Druck wird meist die Strategie gewechselt, anstatt sich taktisch neu zu orientieren. Das heißt, Sie wechseln Ihre Taktik und verlieren den Bezug zur gewählten Strategie.

Strategiematrix

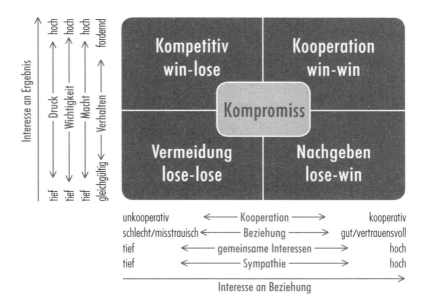

Die fünf Domänen

Vermeidung (lose-lose)
Die Interessenlage ist hier für beide Achsen sehr gering. Kein Interesse an der Beziehung, kein Interesse am Verhandlungsgegenstand. Diese Strategie wählen Sie, wenn Sie sich aktiv aus der Verhandlung zurückziehen oder der Verhandlung aus dem Weg gehen wollen.

Nachgeben (lose-win)
Hier geben Sie der Beziehung eine hohe Bedeutung, während Sie das Ergebnis als weniger wichtig erachten. Sie wollen eine Beziehung weder durch einen Konflikt gefährden noch sonst infrage stellen. Ihr Gewinn kann eine Festigung der Beziehung sein, Sie entscheiden sich jedoch klar für das Verlieren auf der Ergebnisachse.

Konkurrenz (win-lose)

Das Ergebnis ist für Sie weit wichtiger als eine nachhaltige Beziehung. Diese Strategie wenden Sie an, wenn Sie in erster Linie kein Interesse an der Beziehung haben, unbedingt gewinnen und kurzfristig einen Erfolg erreichen wollen.

Kompromiss (sich entgegenkommen)

Die Kompromissstrategie stellt eine Kombination dar, die wohl in den meisten Verhandlungen angewendet wird. Häufig wird diese auch benutzt, wenn Parteien nicht besonders gut zusammenarbeiten, aber trotzdem sachlich ein Ergebnis erzielen wollen. Wenn großer Zeitdruck besteht, streben beide Parteien den Kompromiss an.

Kooperation (win-win)

Beide Achsen, Beziehung und Ergebnis, haben eine hohe Priorität für Sie. Sie versuchen, Ihre Ergebnisse zu maximieren und gleichzeitig eine Beziehung zu erhalten und zu vertiefen. Optimal wäre hier, wenn beiden Parteien beide Aspekte des Modells wichtig sind. Es reicht jedoch schon, wenn Sie respektvoll und lösungsorientiert an die Sache herangehen.

Die meisten Verhandler glauben, in der Domäne der Kooperation zu verhandeln, tun es häufig jedoch nicht. Überprüfen Sie dies anhand folgender Fragen:

> Welche gemeinsamen Interessen bestehen?
> Wie viele davon gibt es?
> Ist mir eine gute Vereinbarung wichtig? Wie wichtig ist sie mir? (Benutzen Sie dazu eine Skalierung von 1 bis 10.)
> Welche Beziehungsqualität soll nach der Verhandlung existieren? Will ich Interessen ausloten und ausgleichen oder kämpfen?

Wenn Sie zum Beispiel Ihr Auto auf einer Internetseite zum Verkauf anbieten, werden Sie kaum Interesse an der Beziehung zum Käufer haben, sondern Ihr Auto demjenigen verkaufen, der Ihnen den höchsten Preis bezahlt.

Hat jedoch ein guter Freund Interesse an Ihrem Wagen, werden Sie tendenziell eher dazu neigen, mit einem Preis einverstanden zu sein, der Ihre äußerste Schmerzgrenze erreicht.

Betrachten Sie den Verhandlungsprozess auch mit Geschäftspartnern mal auf der Zeitachse. Falls es ein Vorher gab, in welchem Bereich waren Sie strategisch unterwegs, wie ist die Situation jetzt und wo möchten Sie hin?

Es gibt eine einfache Methode, nach der Sie Ihre Strategie auch bestimmen können. Bestimmen Sie Ihren momentanen Standpunkt sowie Ihr Ziel, markieren Sie diese und verbinden Sie beide Punkte auf der Matrix. Wenn Sie diese Punkte verbinden, wissen Sie, wo Sie Ihre Strategie ansetzen können. Dasselbe machen Sie für Ihren Verhandlungspartner (Verhandlungsstrategie nach Schranner).

Werte

Ihre Entscheidung, eine Strategie zu wählen und einzuschätzen, wird im Wesentlichen von der Sachlage sowie der Beziehungsqualität geprägt.

Was jedoch steckt hinter der Beurteilung einer Sache und einer Beziehung? Ihre verinnerlichten Wertvorstellungen. Ob gut oder schlecht, ob angenehm oder unangenehm, richtig oder falsch, fair oder unfair, sie sind die Quelle Ihres Wertesystems. Wenn Sie Ihrem eigenen Wertesystem und dem Ihres Verhandlungspartners auf die Spur kommen, werden sich große Vorteile vor Ihnen auftun. Wenn Sie die Wertvorstellung des Verhandlungspartners in der Verhandlung integrieren, wird es bestimmt einfacher, dass beide Seiten die kooperative Ebene anstreben – unter der Voraussetzung, dass die Wertesysteme nicht divergierend sind (siehe Kapitel Fragetechnik).

Allzu schnell gehen wir davon aus, dass andere Menschen dieselben Werte vertreten.

Beispiel:
Es ist Ihnen sehr wichtig, dass ein respektvoller Umgang auch in harten Verhandlungen möglich ist. Ihr Verhandlungspartner wird den Wert »Respekt« wahrscheinlich ebenfalls als wichtig betrachten. Als es hart auf hart kommt, merken Sie, dass Ihr Gesprächspartner zu Abwertungen Ihnen gegenüber neigt. Sie thematisieren das. Dabei erfahren Sie zwischen den Zeilen, dass Ihr Partner höchsten Wert darauf legt, dass die Verhandlung pünktlich ihr Ende findet, da er andere nicht warten lassen möchte. Hat einer der beiden recht? Nein, denn beide Werte, Respekt und Pünktlichkeit, haben ihre Berechtigung.

Es geht hier nicht mehr nur um Werte, vielmehr haben wir es mit der nächsten Stufe von Wertesystemen zu tun, mit der **Wertehierarchie**. Werte entstehen nicht nur aus erzieherischen, gesellschaftlichen und kulturellen Normen heraus. Sie sind in unserem neuropsychologischen System hierarchisch angeordnet und abgelegt.

Unserem Beispiel folgend wird keiner der beiden Verhandler sich darüber streiten, ob diese Werte wichtig sind, sondern (unbewusst), welcher der beiden Werte höher liegt.

So erfahren Sie größte Reibung und Konfliktpotenziale dort, wo Ihre persönlich am höchsten gewerteten Wichtigkeiten nicht mit denjenigen der Gegenpartei übereinstimmen. Seien Sie darauf vorbereitet. Es wird Ihnen helfen, Ihre »roten Knöpfe« rascher zu erkennen, und Sie werden weniger überrascht sein, wenn Sie diese benennen und erkennen können.

Und – Werte zeigen sich überall. Jedes Verhalten richtet sich danach aus. So können Sie auch Konflikte besser vermeiden, wenn Sie sich Ihrer Werte bewusst sind. Werden diese dann verletzt, können Sie entscheiden, verärgert zu sein, nur zu beobachten, die Werte anderer zu integrieren oder ein Gespräch über gemeinsame Werte zu führen.

Zusammenfassung
> Die zwei Komponenten der Strategie: Beziehung zum Verhandlungspartner und Ergebnis der Verhandlung.
> Behalten Sie die Strategie während der Verhandlung bei.
> Vorbereitung der Strategie: Beziehungsaspekte.
> Vorbereitung der Strategie: Ergebnis- oder Leistungsaspekte.
> Betrachten Sie die fünf Strategiedomänen.
> Hinterfragen Sie Werte und die Wertehierarchie.

TAKTIK

Eine Geschichte, die ich hier sinngemäß wiedergeben möchte:

Sie haben den Wunsch, diesen wunderschönen Vogel zu besitzen, der jeden Tag bei Ihnen auf dem Fensterbrett sitzt. Eines Tages fangen Sie ihn. Folgende drei Möglichkeiten gibt es:

1. Sie halten ihn so lange in der Hand, bis er tot ist.
2. Sie lassen ihn los, und er fliegt davon.
3. Sie lassen ihm einen gewissen Raum und sein Leben, und er scheißt Ihnen in die Hand.

Fazit der Geschichte: Alles hat seinen Preis!

Taktik als Königsdisziplin bedeutet, sich höchst flexibel, überlegt und der Situation angepasst verhalten zu können und Eitelkeiten zu überwinden.

Die meisten Menschen haben naturgemäß ein sehr breites Spektrum an unterschiedlichen Verhaltensweisen zur Verfügung. Jedoch beschränken sie diese auf ganz bestimmte Kontexte – leider. Das führt dazu, dass uns gerade in komplexen und stressgeladenen Situationen nur ein kleiner Teil dieses Spektrums zur Verfügung steht. Genau betrachtet bedeutet es, dass wir uns immer kontextbezogen verhalten – sprich: in Kontextmustern. Wären wir jedoch in der Lage, unser ganzes Repertoire an Verhaltensmustern, das uns zur Verfügung steht, in jeden anderen Kontext zu übertragen, könnten wir Weltmeister im Verhandeln werden.

Stellen Sie sich vor, Sie begrüßen einen Ihrer Lieferanten, mit dem Sie noch keine engen Geschäftsbeziehungen geknüpft haben – wie begrüßen Sie ihn? Mit welcher Gestik, mit welchem Händedruck, mit welcher Stimme, mit welchem Gang, mit oder ohne Lächeln?

Wie begrüßen Sie Ihre Frau abends, wenn Sie nach Hause kommen? Ist es die gleiche Begrüßung, mit der Sie Geschäftskollegen zum Grillen im Garten einladen? Wohl kaum.

An dieser Stelle möchte ich ein paar kritische Gedanken anbringen:

1. Befreien Sie sich von Ihren konventionellen Vorstellungen zum Thema Taktik! Befreien Sie sich davon, was richtig und falsch ist, und lassen Sie sich mutig auf Ihren Gesprächspartner ein. Ohne Naivität, aber mit einem gewissen Maß an Wohlwollen. Wohlwollen, zu einem guten Ergebnis zu gelangen.

2. Verhalten Sie sich nicht immer kontextbezogen. Was heißt das? Häufig begegnen wir zum Beispiel einem neuen Liefe-

ranten mit großem Misstrauen. Dies schlägt sich unbewusst in unserer Mimik, Körpersprache und unserer Stimme nieder. Und Sie fragen sich dann, weshalb sich der Lieferant so verhalten zeigt. Dabei reagiert er nur auf Ihr Misstrauen. Reaktionen können jedoch nicht delegiert werden! Sie haben immer etwas mit Ihnen zu tun.

3. Weshalb verhalten Sie sich, wie Sie sich verhalten? Mit der folgenden Grafik möchte ich Ihnen verdeutlichen, was unser Verhalten beeinflusst und welche Schrauben Sie drehen können, um bessere Resultate zu erzielen.

Darstellung des Ablaufs

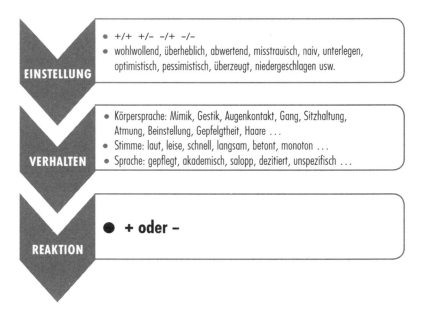

Wenn Sie diese Grafik betrachten, was glauben Sie, an welchem der drei Elemente (Einstellung/Verhalten/Reaktion) Sie etwas verändern können und weshalb? Und, wie rasch können Sie etwas verändern?

Für welchen Teil haben Sie sich entschieden? Wohl kaum für die Reaktion. Denn wer glaubt schon, dass er dem Verhandlungspartner vorschreiben kann, wie er zu reagieren hat.

Haben Sie sich für eine der anderen Domänen entschieden? Wenn ja, für welche und weshalb? Grundsätzlich sind beide richtig. Nur ist es nicht ganz so einfach, eine Grundhaltung, vor allem unter Stress, sofort zu verändern. Haben Sie schon einmal probiert, bei jemandem, der Ihnen soeben vehement seine Meinung gesagt hat, Ihre Grundhaltung »on the spot« zu verändern? Geht kaum. Ist aber sicherlich ein gutes Vorhaben.

Was Sie bei Ihrer Vorbereitung zusätzlich tun können, ist, sich die Frage zu stellen, wie Sie Ihrem Verhandlungspartner gegenüberstehen, und bereits vor der Verhandlung eine positive Grundhaltung einzunehmen, sprich: +/+. Diese wird Ihr Verhalten steuern und bietet eine gute Voraussetzung, um positiv auf Ihren Verhandlungspartner zuzugehen (siehe Kapitel »Grundhaltung«).

Leider sind sich nicht alle Verhandler dessen bewusst. So lassen Sie uns die andere Variante betrachten: Wenn Sie sich für eine Verhaltensveränderung entschieden haben, so wird dies große Flexibilität von Ihnen fordern. Diese Flexibilität will geübt und selbstkritisch hinterfragt werden.

In meinen Workshops habe ich viele Teilnehmer, die ihre Flexibilität und Variabilität unterschiedlichster Verhaltensweisen zu Beginn als weitreichend einschätzen. Jedoch unter Stress – und Verhandeln ist eine Stresssituation – fallen diese auf zwei bis drei (alte) Angewohnheiten zusammen.

Nichts kann gefährlicher sein, als sein Selbstbild oder Verhalten in unterschiedlichen emotionalen Zuständen und Kontexten niemals zu hinterfragen. Auch wenn es Ihnen zu Beginn unangenehm erscheint, kann ein ehrliches, konstruktives Feedback zu wesentlich mehr Erfolg verhelfen, denn nur durch die Fremdsicht erhalten Sie Möglichkeiten, sich zu verbessern.

Auch hier empfehle ich Ihnen, sich einen Sparringspartner zu suchen. Dieser kann Sie auf wichtige Verhandlungen vorbereiten und Ihnen entsprechend wichtige Rückmeldungen geben. Der »Quickwin« ist beidseitig, denn durch »Trittbrettfahren« profitiert auch Ihr Sparringspartner.

Durchsetzungsvermögen

Die richtige Taktik anzuwenden kann matchentscheidend sein und hängt von vielen Faktoren ab: Dazu gehören die Beherrschung kommunikativer Techniken, beweglich und schnell agieren und reagieren zu können, aber auch Ausdauer und Geduld sowie die nötigen Zeitreserven. Die persönliche Entwicklung, der Ausbildungsstand und insbesondere auch die Anpassung an den jeweiligen Verhandlungspartner spielen mit hinein. Genauso geht es aber auch um Sprechpausen zum richtigen Zeitpunkt, um Anerkennung und bewusstes Emotionalisieren der Sprache als Mittel zum Zweck.

Taktik untersucht die Art und Weise, wie Sie sich durchsetzen. Mit welchen Mitteln und welcher Art von Durchsetzungsmöglichkeiten steuern Sie Ihre Verhandlungen? Welche Konsequenzen hat Ihr Verhandlungsstil auf andere und auf den Erfolg Ihrer Verhandlung?

Es bedeutet aber auch, Taktiken der Gegenseite erkennen zu können und diese entsprechend zu steuern.

Gerne stelle ich Ihnen hier ein paar Möglichkeiten zur Reflexion zur Verfügung. Schauen Sie sich diese an – oder finden Sie noch viel besser heraus, zu welchen Taktiken Sie neigen. In praktischen Übungen kann die Diskrepanz dessen, wie wir glauben zu agieren und wie wir es tatsächlich tun, gut erkannt werden. Es lohnt sich, dies auszuprobieren.

... Sich durchsetzen ...

- [ ] Das Bessere vom Schlechten wählen
- [ ] »Spielen« – Flirten – Gender
- [ ] Umgarnen
- [ ] Rückzug bis hin zur Resignation
- [ ] Alternativen anbieten
- [ ] Win-win schaffen
- [ ] Verteidigen
- [ ] Nachgeben
- [ ] »Anständig sein«
- [ ] Präferenzen
- [ ] Schauen, was passiert – Passivität
- [ ] Reframing – Begriffe neu/anders besetzen
- [ ] Überzeugen
- [ ] Kompromiss einsetzen – kleine Schritte
- [ ] Ganz anderen Weg suchen (Illegalität – Karten stehlen
- [ ] Sich verleugnen (sich den Karten im Verhalten aktiv anpassen
- [ ] Komplimente machen
- [ ] Drohen
- [ ] Überreden
- [ ] Mitleid erregen
- [ ] Gewalt ausüben
- [ ] Abwerten
- [ ] Täuschen
- [ ] Zeit schinden
- [ ] Nutzen aufzeigen
- [ ] Sturheit (steter Tropfen ...)
- [ ] Leere Versprechnungen

Diese Liste besitzt keinen Anspruch auf Vollständigkeit. Sie soll Ihnen nur eine Hilfestellung dafür geben, sich selbst, aber auch andere besser kennenzulernen, wenn Sie etwas wollen – oder *möchten* Sie nur?

Interessanterweise stellt sich häufig heraus, dass wir immer wieder unabhängig von Kontexten auf die gleichen Verhaltensnormen und -muster zurückgreifen; häufig zwischen zwei oder drei Durchsetzungsstrategien. Da wir aber mit unglaublich unterschiedlichen Menschen, Problemstellungen, emotionalen Zuständen und Herausforderungen konfrontiert sind, gilt es zwingend, den Radius unserer Verhaltensvariablen zu vergrößern.

Beispiel:
Sie finden, dass die Zahlungsmodalitäten von zehn Tagen eindeutig zu unflexibel terminiert sind. Da Ihr Gegenüber eine

attraktive Ausstrahlung auf Sie ausübt und die Person Ihnen sehr sympathisch ist, beginnen Sie, mit der Person (unbewusst) zu flirten, um die Konditionen auf 30 Tage auszuweiten. Ihr Gegenüber reagiert darauf leider nicht; (unbewusst) im Stolz gekränkt, fangen Sie an zu drohen, dass, falls keine Flexibilität möglich ist, Sie woanders einkaufen würden.

Vielleicht hat ein solcher Verhandler verpasst, Chancen aufzuzeigen, wenn der andere nachgeben würde, bzw. eine Zwischenlösung zu vereinbaren. Viele Verhandlungen scheitern gerade daran, dass taktische Fähigkeiten zu wenig eingeübt werden.

Dazu eine kleine Geschichte:
Als ich vor vielen Jahren begonnen habe, Verhandlungstrainings zu geben, habe ich immer wieder Teilnehmer eines Telekom-Unternehmens geschult. Diese erzählten oft, wie erfolgreich sie unterwegs waren, wenn es darum ging, Leitungen durch private Gärten zu verlegen. Man kann sich vorstellen, wie viel Widerstand aufkommen kann, wenn wildfremde Menschen einen Hausbesitzer auffordern, sein lang gehegtes Rosenbeet kurzfristig »umzubauen«. Interessanterweise erhielten diese Mitarbeiter jedoch unglaublich rasch Einwilligungen dafür. Weshalb? Sie verrieten mir, dass sie von der Mitleidstaktik Gebrauch machten. Sie erzählten den Hauseigentümern, wie schwer ihnen dieser Schritt falle, sie selbst niemals auf die Idee kommen würden, eine solche Forderung zu stellen, dass sie aber von ihren Vorgesetzten dazu aufgefordert würden, dies zu tun … mit viel Erfolg!

Zu Beginn dieser Schilderungen fasste ich mir an den Kopf, denn von meinem Naturell her wäre dies die letzte Taktik gewesen, die ich eingesetzt hätte. Aber – ich habe viel von diesen Teilnehmern gelernt.

Es geht nicht darum, ob der Wurm dem Fischer schmeckt, sondern ob der Fisch den Wurm mag!

Durch das Bewerten und Be- und Verurteilen all dieser unterschiedlichen Taktiken lernen wir nicht, besser zu verhandeln. Unser innerer Kritiker ist maßlos, überheblich und laut. Dies verhindert, dass wir uns selbstreflektierend auf die Tribüne setzen. Probieren Sie deshalb möglichst viele dieser Taktiken aus und erweitern Sie dadurch Ihren Erfahrungsschatz. Dümmer werden Sie dadurch bestimmt nicht, aber erfahrener. Und Taktieren soll auch Spaß machen.

Durchsetzung gehört somit zur Taktik und ist das flexible Agieren, um in unterschiedlichen Verhandlungssituationen und mit unterschiedlichsten Menschen das Beste herauszuholen – und respektvoll zu bleiben.

Das Feingespür, was für die einen passend ist und für andere nicht, werden Sie bestimmt entwickeln. Lassen Sie sich dabei weniger von Ihren antrainierten Verhaltensweisen regieren als von Ihrer Neugier darauf, was alles möglich sein kann.

Wir sind oft durch unsere Erziehung und Überzeugungen so eingeschränkt, dass es uns dann schwerfällt, etwas anderes auszuprobieren. Beginnen Sie deshalb, in einem vorerst sicheren Umfeld zu üben, um immer sicherer zu werden.

Dazu braucht es sowohl Methoden – als auch mentale und soziale Kompetenz.

Die Reaktion kann demnach nicht mehr an Ihr Gegenüber delegiert werden, sondern hat immer auch etwas mit Ihnen zu tun!

Da also die Reaktion, die Sie erhalten, mehr mit Ihrem eigenen Verhalten zu tun hat, gilt es als Erstes, in der Verhandlung selbst Ihr Verhalten anzupassen.

Und hier stellt sich die Frage: Sind Sie gewillt, Ihr Verhalten zu ändern, und wie anpassungsfähig sind Sie?

Taktischer Prozess

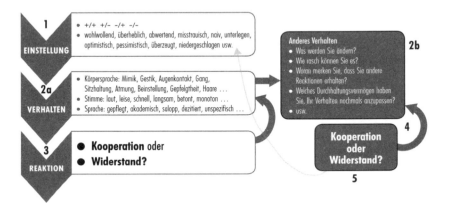

1. Überprüfen Sie bereits in der Vorbereitung Ihre Einstellung gegenüber sich selbst und dem Verhandlungspartner (1).
2. Überlegen Sie, aufgrund welcher Einstellung Sie wie agieren werden (automatisch) (2a).
3. Welches Verhalten aktivieren Sie damit, und welche Reaktion werden Sie damit erzeugen (3)?
4. Wie werden Sie Ihr Verhalten anpassen, wenn Sie keine positiven Reaktionen erhalten? Wie flexibel sind Sie (2b)?
5. Ändern Sie Ihre Taktik unter Einhaltung der Strategie so lange, bis Sie Kooperation erhalten (4 + 5).
6. Je mehr Sie in der Lage sind, Ihr Verhaltensrepertoire (4) in positive Erfahrungen umzuwandeln, desto mehr erhöht sich die Chance (5), künftig mit einer positiveren Grundhaltung in die Verhandlung zu gehen.
7. Positive Erfahrungen verändern längerfristig Ihre Grundhaltung!

Was Sie auf der Grafik oben sehen, stellt eine große Herausforderung (Punkt 2b) dar und verlangt viel Durchhaltevermögen und manchmal einfach nur Geduld mit sich selbst.

Geben und Nehmen oder das Gesetz der Reziprozität

Was heißt das? Jedes Mal, wenn eine Forderung an Sie gestellt wird, fragen Sie nach einer Gegenleistung. **Zeitgleich – Geben und Nehmen!** Oder bieten Sie etwas an, wenn der andere Ihnen dafür XY gibt.

In dieser Hinsicht haben uns die Angelsachsen vieles voraus. Ohne Umschweife und schlechtes Gefühl erwidern diese bei Forderungen umgehend: »Alright, and what's in it for me?«
Auch wenn sich diese Redewendung ungewohnt anhört, so ist es wichtig, dass Sie für sich eine authentische, kreative Art und Weise finden, wie Sie solchen Situationen begegnen. Vielleicht würde ein »gerne, und wie stellen Sie sich einen Ausgleich vor?« besser zu unserem Sprachgebrauch passen.

Beispiel:
»Wenn ich den Servicevertrag für die nächsten drei Jahre nochmals verlängere und Ihnen damit entgegenkomme, welche Konditionen erhalte ich dann auf die neue Maschine?«

Dazu braucht es Übung! Ich lege allen Teilnehmern immer wieder nahe, diese Grundsätze und Methoden zu üben. Wenn Sie nämlich eine herausfordernde oder existenziell wichtige Verhandlung zweimal im Jahr führen, wird es kaum einen Unterschied machen, ob Sie dieses Buch gelesen haben oder nicht. Allerdings ob Sie geübt haben oder nicht!

Ich nenne das »die neue Disziplin«. Immer mehr Menschen wissen immer mehr. Aber was von diesem Wissen wenden Sie auch an? Bei der täglichen Informationsflut ist es kaum mehr möglich, sich zu merken, was nur schon letzte Woche am Mittwoch um 11.30 Uhr gesagt oder getan wurde. Geschweige denn, dass Sie anwenden können, was Sie nie geübt haben!

Übrigens, die eigene Familie eignet sich besonders gut dazu. Nicht böse gemeint! Sagen Sie doch mal Ihrem Sohn oder Ihrer Tochter, wenn es darum geht, das Zimmer in Ordnung zu bringen, was Sie bereit sind, dafür zu geben.

Und, haben Sie Spaß dabei! Kinder sind übrigens die besten Verhandler und werden Sie zu einem besseren Verhandler trainieren. So versuchen Sie es mal mit Verhandeln anstatt mit Autorität.

Wenn wir bei unserem Beispiel der Lohnanpassung bleiben und Sie sich dazu entschließen, doch noch weiterzuverhandeln, wie würden Sie unter dem Aspekt der Reziprozität vorgehen?

Sie könnten zum Beispiel stattdessen sagen: »Wenn nicht mehr als 200 Euro möglich sind, wie wäre es, mich bei meiner Weiterbildung, die auch dem Geschäft zugutekommt, zu unterstützen? Das in Form von einem einmaligen Beitrag oder einer zeitlichen Kompensation?«

In einer Verhandlung Zugeständnisse zu machen ist ein wichtiger Faktor, um Kooperations- und Kompromissbereitschaft zu zeigen und zu fördern, dennoch dürfen Sie sich nicht herunterhandeln lassen und in Form der weichen Verhandlung (weich zum Menschen – weich in der Sache) nachgeben. Für viele bedeutet dies eine Gratwanderung. Wenn Sie jedoch das Gesetz von Geben und Nehmen immer im Hinterkopf behalten, werden Sie in der Sache wesentlich härter verhandeln können und damit mehr Erfolge verbuchen.

Eine zusätzliche Bemerkung und Warnung dazu: Bei einer **Einwilligung** zeigen Sie sich mit etwas einverstanden, das Sie eigentlich innerlich ablehnen. Dies hat nichts mit einem Kompromiss zu tun, sondern vielmehr damit, dass Sie nicht »nein« sagen können.

Schlechtes Beispiel:

Sie sind Lieferant von Druckmaschinen und gerade dabei, den Vertrag für die neueste Maschine bei einem Ihrer langjährigen Kunden zur Unterzeichnung vorbeizubringen. Der Abschluss soll gefeiert werden.

Ihr Kunde beginnt nun, Sie dreist, wie Sie ihn sonst gar nicht kennen, unter Druck zu setzen. Er probiert nachzuverhandeln und will nur dann sofort unterzeichnen, wenn Sie ihm nochmals 5 % Nachlass gewähren, obwohl der Vertrag bereits unter Dach und Fach war und die Vertragsbedingungen sehr vorteilhaft für Ihren Kunden ausgefallen sind. Da Sie den Kunden nicht verlieren wollen, gewähren Sie ihm zähneknirschend diesen Wunsch.

Dieses Verhalten hat nichts mit Geben und Nehmen zu tun und entspricht auch nicht mehr dem heutigen Zeitgeist. Vor vielen Jahren oder sogar noch heute auf dem Lande galt es, mit einem Handschlag einen Handel auf gegenseitigem Vertrauen zu tätigen. So war es auch legitim und gängig, dass Sie einen Vertrag aushandelten, der zwar heute zu Ihren Ungunsten ausfiel, Sie jedoch darauf zählen konnten, dass Sie beim nächsten Mal zum Zuge kamen. Grundsätzlich ist nichts dagegen einzuwenden. Was wir beobachten, ist ein zeitversetztes Geben und Nehmen – Nehmen und Geben.

Heute ist ein solches Verhandlungsgebaren im professionellen Umfeld undenkbar. Weshalb? Vielleicht fragen Sie sich: »Geht es denn nicht darum, jemandem Vertrauen schenken zu können und Vertrauen aufzubauen?« Natürlich; diese Annahme infrage zu stellen wäre grundfalsch.

Denken Sie mal an Ihre Kunden oder Lieferanten, an die Unternehmen, mit denen Sie Geschäfte machen. Passiert es Ihnen da nicht immer öfter, dass Sie jedes Mal einem anderen Verhandlungspartner gegenübersitzen? Abteilungen werden zusammengelegt, Fluktuationen oder Kündigungen werden nicht kommuniziert, und Sie sitzen nun mit einer anderen Person am Verhandlungstisch als das letzte Mal. Kann es diese Person interessieren, bei welchen Konditionen Sie das letzte Mal Zugeständnisse machten? Was Ihnen versprochen wurde oder wie großzügig Sie entgegengekommen sind?

Viele Unternehmen folgen heute der Philosophie, Verhandler laufend auszutauschen, damit keine Bindungen entstehen können, mangels Vertrauen der Geschäftsleitung in die eigenen Mitarbeiter. Oder Unternehmen bauen Stellen ab, was Ihren »alten Verhandler« den Job gekostet hat.

So sind Sie es, die dem **Gesetz der Reziprozität unbedingt** Folge leisten müssen.

Taktiken, Konsequenzen und Reaktionen

Wir befassen uns hier mit den gängigsten Modellen, denn es existieren unzählige Vorgehensweisen und Mischformen. Auch Patentrezepte gibt es keine. Sie haben es bei jeder einzelnen Verhandlung mit unterschiedlichsten Menschen, Situationen, Themen, persönlichen Gemütszuständen und Herausforderungen zu tun. Das macht Verhandeln ja auch so spannend.

Diese Taktiken sollten Sie nicht zwangsläufig dazu inspirieren, sie anzuwenden. Stattdessen dienen sie dazu, dass Sie sie in erster Linie rascher erkennen, um professioneller mit ihnen umgehen zu können.

Salamitaktik

Obwohl Taktiken nie an bestimmte Kontexte gebunden sind, fällt mir gerade diese Taktik stark im Bereich von IT-Verträgen auf.

Beispiel:

Wenn sich ein Unternehmen entscheidet, neue IT-Systeme einzuführen, bedeutet dies häufig langwierige Analysen; es gilt, Pros und Kontras abzuwägen und Wunschlisten zu erstellen, und das Ganze ist in erster Linie mit einer großen finanziellen Investition verbunden. Durch viele Vorgespräche kennen die Anbieter Herausforderungen und Wünsche ihrer Kunden, wissen, was von diesen Wunschlisten erfüllbar ist und zu welchen Konditionen. So kennen Anbieter aber auch die Ressourcen ihrer Kunden. Doch wie verhandeln Anbieter mit ihren Kunden ihre Pakete? Viele Kunden verändern ihre Wunschlisten laufend und glauben, dass dies dann im Paketpreis inbegriffen ist. Letztlich entsteht ein Paket, das richtig viel Geld kostet. Wie weiter? Hier wird oft mit der Salamitaktik gearbeitet.

Jede Forderungsscheibe wird hier aufeinander aufbauend verhandelt. Jede einzelne Scheibe wird für sich abgeschlossen verhandelt. Jede Scheibe ist jedoch häufig von der anderen abhängig. Teilziele können so einfacher erreicht werden.

Konsequenzen

Durch die vielen Einzelentscheidungen schöpfen Sie möglicherweise Ihren Verhandlungsspielraum zu schnell aus und sprengen mit den kumulierten Zugeständnissen am Ende Ihren Verhandlungsrahmen. Falls Ihnen ein Verhandlungspartner gegenübersitzt, der gut rechnen kann, wird er am Schluss wieder vieles infrage stellen, weil das Endresultat oft hohe finanzielle Überraschung bergen kann. So kann sich eine gute Verhandlung zu einer langwierigen, Konflikte beinhaltenden Angelegenheit entwickeln.

Verhalten/Reaktionen
Wichtig ist, dass Sie in solchen Fällen selbst auf dem »Driver's Seat« bleiben und genauso zielgerichtet die Verhandlung mitsteuern und durch gezielte Fragen den Überblick gewinnen. Erst wenn Sie alle Zusammenhänge und »Salamischeiben« kennen, sollten Sie in die Verhandlung einsteigen. Eine sogenannte Auslegeordnung, die zur Orientierung dient, wird häufig unterlassen; viel zu rasch steigt man in die Details ein, anstatt eine Aussage zu treffen wie: »Damit wir zuerst eine Gesamtübersicht erhalten, sollten wir alle Komponenten auf den Tisch legen, um nichts Wichtiges zu vergessen« ... oder: »Es wäre hilfreich, zunächst alle Punkte zu kennen. Wir können sie dann Punkt für Punkt abarbeiten.«

Im Übrigen ist es immer ratsam, mit mehr als einer Alternative ins Rennen zu gehen. Je mehr Alternativen und Optionen Sie anbieten und den Kuchen damit vergrößern können, desto einfacher ist eine Einigung zu erreichen.

Angriffstaktik
Woran erkennen Sie die Angriffstaktik? Ihr Gesprächspartner greift Sie direkt und persönlich an; die häufigste Art ist das Hinterfragen Ihrer fachlichen Kompetenz. Er kritisiert Ihre Leistungen, Ihr Unternehmen oder Ihre Produkte, bis hin zum Schlag unter die Gürtellinie. Dabei entsteht das Gefühl eines Gefälles in Form von Distanz und/oder Hierarchie oder persönlichen Verletzungen.

Konsequenzen

Diese Taktik wird häufig angewandt, um Sie emotional zu destabilisieren, Sie zu verunsichern und damit leichter zu Zugeständnissen zu drängen. Sie fühlen sich schuldig. Dabei beginnen Sie, sich zu rechtfertigen, impulsiv und anklagend zu werden, und fühlen sich klein. Sie sind damit beschäftigt, den Angriff abzuwehren, und vernachlässigen dabei Ihre eigenen Ziele. Dies schafft der Gegenseite wesentliche Vorteile.

Verhalten/Reaktionen

Gehen Sie rasch auf die Tribüne und machen Sie sich klar, dass es Ziel dieser Taktik ist, Sie zu verunsichern und in die Defensive zu drängen.

In einem ersten Schritt können Sie versuchen, das Ganze nicht als persönlichen Angriff zu sehen. In einem zweiten Schritt bitten Sie Ihren Gesprächspartner, wieder zur Sache zurückzukommen. Machen Sie sich unter Umständen klar, unter welchem Druck Ihr Verhandlungspartner steht. Und versuchen Sie, Mitgefühl zu haben. Die Frage »Um was geht es hier denn eigentlich?« für sich beantworten oder, wenn es wirklich unter die Gürtellinie geht, in einem dritten Schritt ein Metagespräch fordern: »Ich möchte hier kurz unterbrechen und die Frage in den Raum stellen, in welcher Form diese Verhandlung weitergeführt werden soll. Für meinen Teil möchte ich die Verhandlung in dieser Tonalität nicht weiterführen.« Vierter Schritt: Machen Sie eine Pause und halten Sie diese aus! Ohne ein süffisantes Lächeln – bleiben Sie ernst und schauen Sie Ihrem Verhandlungspartner dabei in die Augen! Sie werden erstaunt sein, welch positive Reaktionen Sie erhalten.

Verunsicherungstaktik

Ähnlich der Angriffstaktik wirkt sie jedoch subtiler und noch distanzierter. Nebst verbalen Abwertungen werden häufig Botschaften der Geringschätzung gesendet: Man lässt Sie lange warten, hört Ihnen nicht zu und unterbricht Sie dauernd, vergisst oder verwechselt Ihren Namen, der Blickkontakt fällt zum Teil ganz weg, man beschäftigt sich mit anderen Dingen wie dem Handy, geht aus dem Raum oder lässt sich von anderen ablenken.

Konsequenzen
Sie fühlen sich nicht wertgeschätzt und verunsichert, Ihre Zielorientierung und Souveränität schwinden. **Menschen mit wenig Selbstvertrauen werden hier Mühe haben, sich zu behaupten, denn Sie wollen gemocht werden. Letztlich** sind Sie verärgert und reagieren schroff oder Sie ziehen sich vorschnell zurück. Sie verhandeln weich durch nachgebende Angebote, um die Zuwendung und das Interesse des anderen zu erlangen und Sympathien zu gewinnen. Im Nachhinein werden Sie sich rechtfertigen und Sätze wie diese schon gehört haben: »Mit dem kann man ja sowieso nicht«, oder: »Da hat keiner eine Chance!«

Verhalten/Reaktionen
Genau wie vorher gehen Sie auch hier auf die Tribüne. Beleidigt zu reagieren wäre falsch. Ihre Taktik weicht kaum von der vorherigen ab. Sie dürfen in einem solchen Fall aber schon mal nachfragen, ob der Verhandlungspartner an einem Resultat interessiert ist – oder was Sie beitragen können, um die Verhandlung wieder in Gang zu bringen. Seien Sie sich aber in diesem Fall nicht nur im Klaren, wo Ihr »Walk away« in puncto Inhalt und Ergebnis, sondern auch in der Art Ihrer »Behandlung« liegt. Sie müssen sich keinesfalls alles gefallen lassen! Eine elegante Art, dies anzukündigen, ist, dass Sie beginnen, Ihre Papiere sorgfältig einzusammeln.

Freundestaktik

Diese Taktik ist zu Beginn häufig nicht transparent und fühlt sich sogar angenehm, wertschätzend und eben freundschaftlich an. Ihr Gesprächspartner lobt Sie und Ihre gute Beziehung, die tolle Zusammenarbeit, Ihre Leistungen und Produkte, hat Zeit für ein Späßchen und schwelgt in alten Geschichten. Die Forderungen können auch mit einem Wunsch oder einer Bitte verknüpft werden. Er kann Sie jedoch unter der Prämisse der guten langjährigen Zusammenarbeit plötzlich überrumpeln und Forderungen stellen, denen Sie zwar ungern, aber dennoch zustimmen, um die gute Beziehung nicht zu gefährden. Ein guter Anhaltspunkt dafür ist, dass Sie sich plötzlich nicht mehr wohlfühlen, keine Lust mehr auf das anschließend vereinbarte Mittagessen verspüren und noch einen dringenden Termin vorschieben. Im Hinterkopf glauben Sie: »Wenn ich ihm heute entgegenkomme, wird er mir das nächste Mal auch entgegenkommen.« Falsch!

Konsequenzen

Sie wollen das gute Verhältnis und die nette Atmosphäre nicht trüben und möchten nicht Nein sagen und Grenzen setzen. Sie machen Zugeständnisse, die unter Umständen weit über Ihren Kompetenzbereich hinausgehen. Sie bieten Unterstützung an und helfen dem Verhandlungspartner, seine Ziele zu erreichen. Sie wollen der »Good Guy« sein und dieses Image nicht zerstören. Später stellen sich diese Ergebnisse für Sie als kritische Punkte heraus, die Ihnen intern Vorwürfe und Schelte eintragen. Und – Sie fühlen sich ausgenutzt. Von einer Win-win-Situation ist keine Rede. Rache ist süß! Beim nächsten Angebot werden Sie vielleicht, auch um Ihr Gesicht intern zu wahren, die zu großen früheren Zugeständnisse durch überhöhte Preise oder andere Leistungen kompensieren. Die Beziehung ist gestört.

Verhalten/Reaktionen

»Störungen haben Vorrang« heißt eine Grundregel in der Kommunikation. Auch hier hilft es Ihnen, einen Moment auf die Tribüne zu gehen und sich Ihren »inneren Störungen« zu widmen. Sprechen Sie dieses Unwohlsein sofort authentisch und wertschätzend an (Wertschätzung auch Ihnen selbst gegenüber). Das Gesetz der Reziprozität anwenden! »Wenn wir die XY als Luxusversion liefern können, dann komme ich Ihnen gerne bezüglich der angesprochenen Kulanz entgegen.« Dies setzt voraus, dass Sie sehr präsent und gut ausgeschlafen sind.

Bedarfsverkäufertaktik

Eine Taktik, die zunächst sehr vielversprechend und wertschätzend wirkt. Eine Welt von Möglichkeiten tut sich auf. Der Gesprächspartner unterstreicht früh im Gespräch hohes Potenzial, wie Volumina, Wichtigkeit, Fortschrittlichkeit und Innovation, strategische Partner und Aufstellung. »Der Speck wird durch den Mund gezogen«, heißt es in einem Sprichwort – es wird also ein Interesse an etwas Unbekanntem geschürt. »The future is bright.« Der Blick ist mehrheitlich in die Zukunft gerichtet, unterstreicht Nutzen, Gewinn, Umsatz usw. Nach der ausführlichen Selbstdarstellung des Unternehmens und dessen Chancen für die Zusammenarbeit werden kleine Happen als Einstieg hingeworfen, denn der Lieferant, als Beispiel, soll sich erst mal würdig erweisen. Pilotprojekte werden mit Vorliebe angeboten, aber nur mit dem nötigen Entgegenkommen in Form interessanter Konditionen.

Konsequenzen

Geblendet und beeindruckt von den vielen Möglichkeiten, die Ihnen ein weites Feld von Geschäften eröffnen, werden Sie den gesamten Umfang überschätzen und ein großzügiges Angebot einreichen, um erst mal den Fuß in der Tür des Unternehmens zu haben. Künftige Vorteile wirken allzu verlockend.

Da die Vorteile zu überwiegen scheinen, sind Sie entscheidungsfreudig und positiv, und Ihnen entgehen möglicherweise versteckte Forderungen, auf die Ihr Kunde pochen wird.

Verhalten/Reaktionen
Auch hier ist größte Aufmerksamkeit Ihre Aufgabe. Bleiben Sie im Hier und Jetzt. Stellen Sie gezielte und sehr spezifische Fragen. Damit können Sie realistischer abschätzen, worum es wirklich geht. Auch gilt wieder die Regel der Reziprozität. Ist die Situation für Sie schlecht einzuschätzen, dann erbitten Sie sich etwas Zeit. Verhandler bluffen oft, und Sie könnten meinen, der Auftraggeber habe unzählige Ihrer Konkurrenten bereits im Visier. Bereiten Sie sich sehr gut vor und machen Sie sich Gedanken zu Ihrer USP (Unique Selling Proposition). Eine Aussage könnte sein: »Vielen Dank, ich habe nun ein gutes Big Picture erhalten. Was genau erwarten Sie nun von uns, und wie genau können wir Sie unterstützen?«

Kompetenztaktik
Der Gesprächspartner zeigt viel Verständnis und Empathie für Ihre Anliegen und Ziele. Nur leider ist er nicht zuständig, um in dieser Sache entscheiden zu können. Eine andere, höhere Instanz setzt andere Ziele und Prioritäten, die von ihm selbst unveränderbar sind. Kann häufig auch mit der Mitleidstaktik verbunden werden. »Ich würde ja sofort, leider darf ich nicht …«

Konsequenzen
Sie nehmen Ihre eigenen Anliegen und Ziele nicht mehr ernst, verlieren diese aus den Augen und lassen sich einlullen. Offensichtlich bietet der Verhandlungspartner keinen Spielraum an, und Geben und Nehmen ist kein Thema. Jedes Mal, wenn Sie Gegenleistungen fordern, steht Ihnen diese geheimnisvolle Instanz im Weg, und eine Einigung ist unmöglich.

Verhalten/Reaktionen
Erkennen Sie die blockierte Situation an und verbalisieren Sie diese. Schlagen Sie einen neuen Termin vor und suchen Sie das Gespräch mit dem Entscheidungsträger oder senden Sie ein schriftliches Angebot.

Den Verhandlungspartner zu übergehen ist jedoch eine heikle Angelegenheit, denn er ist immer auch Beeinflusser der nächsthöheren Instanz. Suchen Sie deshalb eine Gelegenheit, diesem seine Wichtigkeit in der Angelegenheit zu geben, da er sonst unter Umständen sein Gesicht verlieren könnte. »Herr Meier, Ihr Vorgesetzter scheint das letzte Wort zu haben. Gerne können wir mit ihm gemeinsam die Sache diskutieren. Ihre Vorbereitung und Ihre Ausdauer werden ihn bestimmt beeindrucken, und er kann sich selbst ein Bild machen.«

Denken Sie daran, viele Taktiken werden nicht zwingend bewusst angewendet. Dass Sie sich in einer solchen Situation befinden, kann auch ein Mangel an Vorbereitung bedeuten. Informieren Sie sich also vorher, wer die Entscheidungsträger sind, und verhandeln Sie mit diesen. Eine andere Möglichkeit bietet die Aussage: »Wir beide werden das doch gemeinsam hinbekommen!«

Zeitdrucktaktik

Ich hatte mit einem Spitaldirektor ein Akquisegespräch. Er verkündete mir stolz, dass er stets dieselbe Taktik mit Lieferanten anwende. Er lasse sich immer viel Zeit und entscheide in letzter Sekunde (Zeitdruck aufbauen). So ergibt sich nur eine ultrakurze Chance, einen Auftrag noch nach Hause zu bringen – natürlich mit vielen Zugeständnissen, »da der Zug sonst abgefahren ist«. Oft wird auch mit Unvorhergesehenem argumentiert: ein Anruf, eine Nachricht, eine Änderung der Ausgangslage etc., was nun eine sofortige Entscheidung verlangt.

Konsequenzen

Unter dem plötzlichen Zeitdruck lassen Sie sich plattwalzen und treffen unüberlegte Entscheidungen. Unter Stress zu entscheiden mindert Ihr Denk- und Rechenvermögen massiv. Innerlich haben Sie längst die Augenhöhe verloren und sind in eine depressive, verzweifelte oder resignierte Stimmung verfallen. Sie unterschätzen durch diese emotionalen Störungen die Tragweite und die Folgen der entstehenden Nachteile. Keine bequeme Geschichte.

Verhalten/Reaktionen

Gehen Sie in kein Gespräch, schon gar nicht in eine Verhandlung, ohne einen Zeitrahmen vereinbart zu haben. Dies kann Ihre erste Verhandlung sein. In vielen Konzernen wird die Philosophie der 30-minütigen Verhandlungen durchgesetzt. Auch zum Nachteil der internen Verhandler. Wie wollen sich diese bei einer halbstündigen Kadenz noch vernünftig und professionell vorbereiten? Stellen Sie in einem solchen Fall die Frage nach der Qualität des Ergebnisses: »Möchten Sie lieber ein rasches oder ein gutes Ergebnis?« Durch die Alternativfrage muss die Gegenseite sich für eine Antwort entscheiden. Sprechen Sie den Zeitrahmen zu Beginn des Gesprächs aktiv an, am besten schon vorher! Steuern Sie das Gespräch bewusst und zielorientiert mit. Gegebenenfalls helfen Formulierungen wie: »Damit ich keine Versprechungen mache, die ich später revidieren muss, sollten wir den Zeitrahmen um eine Stunde erweitern.« Damit schaffen Sie sich Raum, um klar denken zu können.

Nochmals: Alle Taktiken werden nicht immer bewusst gewählt, und deshalb ist es äußerst sinnvoll, dass Sie immer wieder die Perspektive auf der Tribüne einnehmen. So können Sie sich innerlich besser schützen und klarer denken, da Sie emotional weniger angreifbar sind.

Im Falle, dass eine oder mehrere dieser Taktiken bewusst eingesetzt werden, dürfen Sie sogar innerlich schmunzeln, wenn Sie

sie entdecken. Ab und an hilft es mir dann auch zu denken: Trick Nummer 1, abgehakt, Trick Nummer 2, abgehakt etc. »Aus Tribünensicht beobachten« versus »emotional an den Haken genommen werden«. Außerdem hilft Empathie, zu verstehen, unter welchem Druck auch Ihr Verhandlungspartner steht. Und wenn Sie das Spiel richtig kennen, beginnt es erst, Spaß zu machen.

»Ich helfe dir, gut dazustehen«-Taktik
Diese beginnt mit einer Ähnlichkeit zur Kompetenztaktik und ist sehr elegant. Lesen Sie dazu Folgendes.

Beispiel:

Bei einem Anlass des GDI zum Thema »Patentrezept China« gab es ein Podiumsgespräch. Neben Bundesrat Johann Schneider-Ammann und dem freien Journalisten Shi Ming war Kurt Haerri, Mitglied der Konzernleitung von Schindler und ehemaliger Präsident der Handelskammer Schweiz, eingeladen. Er berichtete von einem Vorhaben des Rotary Clubs in Shanghai, das letztlich aus folgendem Grund nicht stattfinden konnte.

Für diesen Charity-Anlass wollte der Rotary Club Victoria Beckham als Aushängeschild einladen. Es ging darum, möglichst viele finanzielle Mittel für Operationen für herzkranke Kinder zu sammeln. Dazu muss man aber wissen, dass alle größeren Geldsammlungen in China verboten sind. Egal, welchem Zweck sie dienen.

So wurde Herr Haerri, der gute Kontakte zu örtlichen Behörden pflegte, von uniformierten Beamten aufgesucht, die ihn davon überzeugen wollten, diesen Galaanlass nicht durchzuführen. Natürlich war Herr Haerri davon absolut nicht begeistert ... Als letztes überzeugendes Argument baten die chinesischen Uniformierten Herrn

Haerri, bitte auf den Anlass zu verzichten, um nicht in Schwierigkeiten mit den Behörden zu geraten und um ihn zu schützen.

Wenn man diese Begebenheit aus Sicht des Verhandlers betrachtet, könnte man sagen, dass die Uniformierten (die Gegenpartei) offiziell weder Druck ausgeübt noch Drohungen ausgesprochen haben. Sie sorgten dafür, dass der Rotary Club nicht in die Schlagzeilen der chinesischen Presse gelangte, was ein Imageverlust gewesen wäre. Sie »unterstützten« durch hilfreiches Mitdenken und Mithelfen die andere Partei.

Was wir daraus lernen können, ist Folgendes: Informieren Sie sich über Tabus, No-Gos und internen Druck auf den Verhandler der Gegenpartei und versuchen Sie, ihm elegant aus der eigenen unbequemen Situation zu helfen. Häufig bedeutet dies, das interne Image des Verhandlungspartners zu heben oder ihn sogar zu schützen.

Das ist die pure Eleganz der Verhandlung.

Ein raffinierter Verhandler kann demnach interne Kenntnisse dazu nutzen, eine Umkehr der Position zu erreichen. Wenn Sie über genügend interne Informationen der Gegenseite verfügen, kann dies für Sie zu einem sehr eleganten, kaum zu überbietenden Erfolg in der Verhandlung führen.

Konsequenzen

Wenn Sie diese Taktik anwenden wollen, ist es wichtig, Ihre Haltung gegenüber dem Verhandlungspartner zu überprüfen. Wohlwollen versus »ich erwische dich« ist hier angebracht. Üben Sie weder Druck aus noch zeigen Sie, wie stolz Sie auf Ihr Informationssystem sind. In der Umkehr müssen Sie davon ausgehen, dass die Gegenseite sich sehr gut in Ihren Interna auskennt oder gut gepokert hat. Achten Sie gerade bei wichtigen Verhandlungen darauf, dass es keine Informationslücken gibt.

Verhalten/Reaktionen

Hören Sie Ihrem Verhandlungspartner sehr gut zu. Fragen Sie nach, woher er seine Informationen hat. Halten Sie sich mit Kommentaren zurück, denn tatsächlich könnte er Ihnen »den Hintern retten«.

Und denken Sie vor allem immer daran: Die Taktik folgt der Strategie!

Mentaler Druck und Emotionalität

Wenn wir nicht die gewünschte Reaktion eines Verhandlungspartners erhalten, tritt unser Reptilienhirn in Aktion. Wir beginnen, irrational zu reagieren, verlieren das »Spiel« aus den Augen und fokussieren uns in erster Linie auf das Verhalten unseres »Gegners«.

Wir beginnen dann sehr rasch, die Reaktion, die wir erhalten, an den Empfänger der Botschaft zurückzudelegieren. Das heißt, dass wir in einem solchen Moment die Meinung über unseren Verhandlungspartner blitzschnell ändern können und damit hoch emotional reagieren. Unsere Ratio wird auf Eis gelegt, und stattdessen wird heiß debattiert.

Immer wieder bin ich auch bei mir selbst überrascht, wie schnell sich das Blatt wenden kann. Gott sei Dank übe ich intensiv an diesem Thema und bin auch schon um einiges ruhiger geworden.

Es gibt Hoffnung! Emotionale Reaktionen können nicht auf emotionaler Ebene gelöst werden. So helfen uns Denkmodelle, schwierige Situationen auf rationaler Ebene besser zu erfassen. Das nächste Denkmodell hilft Ihnen dabei.

Zusammenfassung

> Passen Sie Ihr situatives Verhalten und Vorgehen der Strategie an.
> Die Taktik folgt der Strategie.
> Das Durchsetzen gehört zur Taktik.
> Denken Sie an den Grundsatz »Geben und Nehmen«.
> Übersichtlichkeit versus Salamitaktik.
> Gang auf die Tribüne versus Angriffstaktik.
> Nachfrage nach Interesse des Verhandlungspartners versus Verunsicherungstaktik.
> Reagieren Sie auf die Freundestaktik mit dem Ansprechen des Unwohlseins.
> Seien Sie aufmerksam bei der Bedarfsverkäufertaktik (the future is bright).
> Der Verhandlungspartner hat (offenbar) keine Kompetenz zum Handeln.
> Schaffen Sie zeitlichen Raum bei der Zeitdrucktaktik.
> Im Zweifelsfall immer auf die Tribüne gehen und die entsprechende Perspektive betrachten, um nicht emotional an den Haken genommen zu werden.
> Lösen Sie emotionale Reaktionen auf rationaler Ebene.

PSYCHOLOGISCHE ASPEKTE: EINSTELLUNG UND GRUNDHALTUNG

Grundhaltung (theoretische Grundlage der Transaktionsanalyse)

Die innere **Einstellung**, mit der Sie in die Verhandlung gehen, und Ihr entsprechendes **Auftreten** entscheiden darüber, ob Sie erfolgreich sind oder einen Misserfolg produzieren. Ich nenne die Einstellung oder die Grundhaltung immer die Wurzel, aus der alles entsteht.

Nonverbale Signale sowie ein ausgewogenes bzw. unausgewogenes Verhältnis zwischen der Sach- und der Beziehungsebene sind oft Ausdruck einer inneren Haltung dem Gesprächspartner gegenüber. Diese innere Haltung drückt sich stets in unserem Verhalten aus und kann über längere Zeit weder versteckt noch unterdrückt werden. Außerdem wählen wir diese Grundhaltung nicht bewusst, sondern sie wählt uns verschärft vor allem dann, wenn wir unter Druck stehen.

Jede Veränderung meiner Grundhaltung beeinflusst meinen inneren Zustand und umgekehrt, und dieser nimmt sofort Einfluss auf mein Verhalten.

Wenden wir uns aber zunächst den unterschiedlichen Bereichen unserer Grundhaltung oder unserer Einstellung zu.

Die Grundhaltung spiegelt meine innere Haltung (Einstellung) wider, die ich mir selbst gegenüber habe. Man könnte auch sagen, sie spiegelt die Beziehung wider, die ich zu mir selbst habe. Ob diese positiv oder negativ besetzt ist. Wie nehme ich mich wahr und wie beurteile ich mich selbst? Dies steht immer an erster Stelle. Erst danach beurteilen wir die Haltung zum Du bzw. des anderen/der Gruppe. Auch hier beurteile ich andere als positiv oder negativ.

1. Man könnte diese Beziehungen zu mir (im Modell kommt immer zuerst das Ich und dann das Du) und zum anderen als selbst- und fremdwertschätzend betrachten (ich bin okay, und du bist okay +/+).
2. Die Beziehung zu mir selbst kann jedoch auch okay, selbstwertschätzend und abschätzend zu meinem Gegenüber sein (ich bin okay, und du bist nicht okay +/−).
3. Eine andere Beziehungsform ist, dass ich mir gegenüber selbstabwertend bin und anderen gegenüber wertschätzend (ich bin nicht okay, und du bist okay −/+).
4. Die letzte mögliche Grundhaltung lautet: Ich wertschätze weder mich noch dich (ich bin nicht okay, und du bist auch nicht okay −/−).

Diese Bereiche werden mit den folgenden Abkürzungen bezeichnet: +/+   +/−   −/+   −/−.

Die Grundhaltung

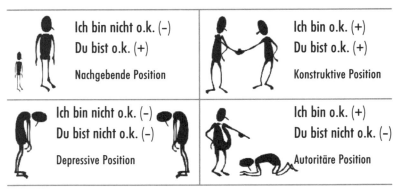

Wichtig: Viele meiner Teilnehmer kommen mit einem Missverständnis dieses Modells in den Kurs. Sie interpretieren diese vier Grundhaltungen als interaktiven Vorgang.

Beispiel: +/– ich bin okay – andere verhalten sich mir gegenüber aber nicht okay.

Stopp! Dies ist kein interaktives Betrachtungsmaterial, sondern bietet die Möglichkeit einer Introspektion, einer Innenschau. Das heißt: Wie ist meine Bewertung, Beziehung mir selbst gegenüber, und wie bewerte ich das Du? Selbstverständlich kommt auch mein Gesprächspartner mit seiner Grundhaltung in ein Gespräch. Diese kann sich jedoch von meiner eigenen grundsätzlich stark unterscheiden. Da wir diese jedoch nicht kennen, sondern nur in den Interaktionen erfahren können, beschäftigen wir uns hier nur mit der eigenen Grundhaltung.

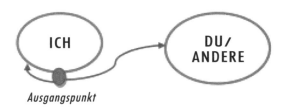

Um diese eher simple Bezeichnung von okay oder nicht okay zu erweitern, lade ich Sie ein, sich ein umfangreicheres Vokabular dafür anzulegen, denn es wird Ihnen helfen, sich und andere differenzierter einschätzen zu können.

1. »Ich bin okay – du bist okay« (+/+)

Ein Mensch mit dieser Einstellung bejaht das Leben, sich und andere Menschen. Alle Menschen sind ihm gleich wichtig bzw. gleichwertig, und er fühlt sich anderen Menschen gegenüber nicht unterlegen oder überlegen. Auch in kritischen Situationen, in denen er mit seinem eigenen Verhalten oder dem anderer Menschen nicht einverstanden ist, wertet er weder sich noch die anderen ab. Wenn Fehler gemacht werden, sagt er (sich) zum Beispiel: »Da ist mir ein Fehler unterlaufen, und ich werde meinen Verhandlungspartner darüber informieren« (und er fühlt sich deshalb nicht schlecht) oder: »Wollen Sie es nicht noch einmal versuchen?« oder: »Ich möchte mit Ihnen über Folgendes sprechen, das mich beschäftigt«. Diese Haltung wird auch als Gewinnerposition bezeichnet, weil sie ermöglicht, dass auch in Krisensituationen beide Seiten als Gewinner hervorgehen. Die Haltung kann jedoch auch »verkitscht« und unrealistisch angewandt werden. Unreflektiertes »Positive Thinking« oder Verharmlosung und Konfliktvermeidung zeugen mehr von einer abgehobenen als von einer realistischen »+/+«-Haltung, nämlich einer Haltung, die als rosa Wolke bezeichnet werden kann.

In der Verhandlung bedeutet »Ich bin okay – du bist okay«:
> Wir sind auf Augenhöhe.
> Ich schätze mich selbst und schätze dich, auch wenn wir nicht gleicher Meinung sind.
> Ich fühle mich ebenbürtig.
> Ich nehme mich selbst und dich ernst in Bezug auf meine Bedürfnisse, Ziele, Erwartungen, Gefühle.

Beispiel:

Sie suchen einen neuen Lieferanten. Herr Freimann von der Firma Maxi stellt sich und seine Produkte bei Ihnen vor. Susanne von der Mühle, die Abteilungsleiterin, ist sowohl von den Produkten als auch von Herrn Freimann überzeugt. Im Gespräch signalisiert Frau von der Mühle mit wohlwollendem Nachfragen, direktem Augenkontakt und einer entspannten Sitzhaltung, dass sie Herrn Freimann sympathisch und als neuen Lieferanten passend findet (ich bin okay – du bist okay).

2. »Ich bin okay – du bist nicht okay« (+/–)

Dieser Mensch zweifelt nicht an sich, sondern ist von sich überzeugt und traut sich selbst mehr als anderen zu. Außerdem misstraut er anderen rasch, und in einer Verhandlung lässt er sich die Vertrauenswürdigkeit des Verhandlungspartners erst mal beweisen. (Überlegen Sie sich dazu, mit welchem Vertrauensbonus Sie Ihrem letzten Verhandlungspartner begegnet sind.)

Er neigt dazu, die Schuld bei anderen zu suchen. Typische Gedanken sind zum Beispiel: »Wenn die nur machen würden, was ich sage« oder »Wenn ich es nur mit kompetenteren Personen zu tun hätte« oder »Lass mich mal machen«. Er neigt dazu, zu viel Verantwortung zu übernehmen. Es fällt ihm schwer, um Hilfe zu bitten, da das für ihn Unterlegenheit und Schwäche bedeutet. Er verhält sich arrogant, überlegen, zupackend, selbstsicher, überheblich, zielstrebig oder eingreifend helfend. Da sich in dieser Haltung eine Überhöhung der eigenen Person und Verkleinerung der anderen ausdrückt, wird sie auch als »übersicher« bezeichnet. Ist sie extrem ausgeprägt, drückt sie sich in Wahnvorstellungen aus, die sich sowohl als Größenwahn als auch in übersteigertem Misstrauen äußern.

In der Verhandlung bedeutet »Ich bin okay – du bist nicht okay«:

> Ich fühle mich dir überlegen.
> Was weißt du schon? Was kannst du schon? Bist du überhaupt kompetent?
> Nur meine Meinung zählt.
> Andere sind minderwertig.
> Nimmt Macht an sich und schaut auf andere herab.

Beispiel:
Frau von der Mühle bietet Herrn Freimann einen alten Stuhl zum Sitzen an und beginnt das Gespräch mit dem Lieferanten mit einer Kritik am vorgelegten Produktekatalog, bevor sie diesen richtig gelesen hat. So gibt sie Herrn Freimann indirekt zu verstehen, dass sie ihn nicht als gleichwertigen Partner betrachtet. Bei dieser ersten Begegnung lächelt Frau von der Mühle nie, ihre Stimme ist eher laut, der Blickkontakt erforschend. Außerdem lässt sie ihn kaum aussprechen. Die ungleiche Ebene signalisiert in diesem Beispiel: »Ich bin okay – du bist nicht okay.«

3. »Ich bin nicht okay – du bist okay« (–/+)
Wer diese Einstellung einnimmt, zweifelt an sich selbst und traut sich weniger zu als anderen. Ein solcher Verhandler nimmt leicht Schuld auf sich, leidet an einem Minderwertigkeitsgefühl und hat keine Probleme damit, andere um Rat zu fragen. Er denkt zum Beispiel oft Dinge wie: »Wenn ich das nur so gut schaffen würde wie Herr oder Frau XY!« oder »Ob ich das wohl hinkriege?« oder »Die anderen haben alle gute Argumente – ich komme mir richtig schäbig vor«. Verhandler mit einer solchen Einstellung verhalten sich eher fragend, unterwürfig, verlegen, schüchtern, gehemmt, zurückhaltend oder abwartend, da sie ihren eigenen Wert geringer einschätzen, als er tatsächlich ist, und den der anderen unrealistisch erhöhen.

In der Verhandlung bedeutet »Ich bin nicht okay – du bist okay«:

> Ich fühle mich minderwertig und unterlegen.
> Ich sollte mich besser anpassen.
> Ich bin nichts, und du bist so toll.
> Will anderen gefallen und unterdrückt und verdrängt Zorn und Frustration.
> Gibt anderen die Macht: »Bei dem habe ich keine Chance!«

Beispiel:
Frau von der Mühle spürt ihre Unterlegenheit und stellt Herrn Freimann ihren bequemen Sessel zur Verfügung. Während der Produktpräsentation weist sie darauf hin, dass sie lieber noch ihren Chef kontaktieren möchte (obwohl sie Entscheidungsträgerin ist), bevor sie entscheidet. Ihr Blick ist eher gesenkt, sie stellt kaum Fragen und spricht leise und monoton. Außerdem lächelt sie sehr viel. Sie bittet laufend um Entschuldigung und rechtfertigt sich häufig.

4. »Ich bin nicht okay – du bist nicht okay« (–/–)
Diese Haltung fühlt sich am unangenehmsten an. Hier zweifelt man an sich und den anderen, traut niemandem etwas zu. Letztlich ist das Leben sinnlos für einen Menschen mit dieser Einstellung; er kann weder sich noch anderen einen besonderen Wert beimessen. Er findet nicht, dass auf ihn mehr Verlass sei als auf andere, leidet aber auch nicht unter Minderwertigkeitsgefühlen im üblichen Sinn. Diese Position ist eine verzweifelte Position, die ein gesunder Mensch nur einnimmt, wenn er sich in einer kritischen Situation befindet (zum Beispiel Kündigung, Scheidung, Schlaflosigkeit, Tod eines nahestehenden Menschen oder auch momentane Situationen, in denen »alles schiefgeht« oder die Sinnhaftigkeit nicht erkannt werden kann). In der Regel wird der Mensch versuchen, diese Haltung durch eine der ande-

ren Nicht-okay-Positionen abzuwenden. Gelingt ihm das auf Dauer nicht oder rutscht er von einer »+/–»- oder »–/+«-Position immer wieder ab in eine »–/–«-Position, so kann man ihn als Verlierer bezeichnen.

In der Verhandlung bedeutet »Ich bin nicht okay – du bist nicht okay«:
> Man gibt rasch auf.
> Man glaubt weder an eine Lösung noch daran, dass andere eine finden können.
> Depressive Stimmung sich und anderen gegenüber.
> Ausweglosigkeit – alles hilft nichts.
> Machtlosigkeit auf beiden Seiten.
> Kein Interesse an einem Ergebnis.

Beispiel:
Frau von der Mühle lässt die Tür zum Besprechungszimmer offen, sodass alle anderen Mitarbeiter noch rasch vorbeischauen können. Sie ist überzeugt, dass ihr auch dieser Lieferant nicht das gewünschte Produkt in der richtigen Zeit und in zuverlässiger Qualität anbieten kann. Sie spricht also sich selbst die Fähigkeit ab, durch eine gezielte Forderung Herrn Freimann zu einem Commitment zu bewegen, noch vertraut sie seinen Kompetenzen. Dies zeigt sie ihm, indem sie zynische Bemerkungen über Lieferanten im Allgemeinen macht und ihm unüberwindbare Hindernisse in den Weg legt, die eine konstruktive Zusammenarbeit verhindern. Eine klare »–/–«-Haltung.

Alle Nicht-okay-Positionen sind mit Abwertungen verbunden. Von der Grundeinstellung wird also die situative Einstellung unterschieden, die von Tag zu Tag, von Stunde zu Stunde, ja sogar von Minute zu Minute wechseln kann.

Die hauptsächlich bevorzugte Grundposition zeigt sich in erster Linie in Stress- und Drucksituationen.

Beispiel:

Sie haben sich sehr gewissenhaft auf eine Verhandlung vorbereitet und freuen sich, den neu gewonnenen sympathischen Kunden wieder zu besuchen. Sie haben sich besondere Mühe bei der Ausarbeitung der Vertragsregelung gegeben, mit spitzestem Bleistift gerechnet und sind davon überzeugt, dass Ihr Kunde von einem hohen Nutzen profitieren kann (+/+). Sie sind von einer Win-win-Lösung überzeugt.

Nach einem kurzen Small Talk präsentieren Sie Ihren Vertrag. Ihr Kunde schaut diesen oberflächlich kurz durch und meint: »Herr Meier, das ist aber nicht Ihr Ernst? Da habe ich gerade von Ihnen etwas ganz anderes erwartet.« Was glauben Sie, wie werden Sie reagieren? Nach einer kurzen Irritation, ob Sie Ihren Kunden richtig verstanden haben, fragen Sie nochmals nach, was der Grund für diese Bemerkung sei. Ihr Kunde meint lakonisch, das könne nicht Ihr Ernst sein, seine Reaktion nicht zu verstehen. Nun sind Sie unter Umständen ziemlich verunsichert. Ihnen schießen Gedanken durch den Kopf wie: »Habe ich etwas vergessen? Ist mir ein Fehler unterlaufen? Was habe ich falsch gemacht?«, und Sie beginnen, sich für Ihre Arbeit zu rechtfertigen. (−/+)

Nachdem Sie selbst nochmals alles durchgegangen sind, merken Sie, dass von Ihrer Seite alles in Ordnung und sorgfältig vorbereitet wurde. An alles wurde gedacht. Nun steigt Ärger in Ihnen auf. In Gedanken formulieren Sie Sätze wie: »Was glaubt der eigentlich, wer er ist? Der soll selbst mal seinen Laden in Ordnung bringen, bei der Sauerei auf dem Schreibtisch! Der Typ muss sich wohl profilieren!« (+/−)

Nach einer kurzen Pause können Sie sehr wohl aber auch zu folgenden Gedanken gelangen: »Ich war noch nie ein guter

Verkäufer, und Leuten aus dieser Branche sollte man besser nie einen Vorschlag unterbreiten.« (–/–)

Sie sehen also, wir können in kürzester Zeit alle diese Einstellungen/Grundhaltungen durchlaufen, denn meistens wählen sie uns und nicht wir sie. Wir vereinen in unterschiedlichen Situationen unseres Lebens alle vier Grundhaltungen in uns. Im Kern aber tendieren wir alle zu einer bevorzugten – präferierten – Grundhaltung. Vor allem eben dann, wenn wir Druck und Stress ausgesetzt sind. Wir durchleben diese Einstellung unbewusst und scheinbar unausweichlich, immer wieder, solange wir dies nicht auf eine bewusste Ebene bringen.

Und immer basiert unsere Grundhaltung auf den Achsen Vertrauen – Misstrauen – Selbstvertrauen – Selbstzweifel.

Nur die allerwenigsten Verhandler machen sich in einer Verhandlungsvorbereitung auch zum Thema Grundhaltung oder Einstellung gegenüber dem Verhandlungspartner Gedanken. Dabei steuert gerade diese innere Einstellung Ihr Verhalten und damit Ihren Erfolg!

Persönliche Einstellung/Grundhaltung

Vertrauen
Du bist okay

- Gedrückte Atmosphäre
- Wenige Rückfragen
- Verdeckte Kritik
- Passivität, Schweigen
- Fehler dürfen nicht sein
- Sich unterordnen
- Konfliktvermeidung
- Ja-Sager

- Offene Diskussion
- Offene Kritik
- Entspannte Atmosphäre
- Reger Gedankenaustausch
- Viele Fragen
- Zügige Abwicklung
- Fehler dürfen sein
- Humor

Selbstzweifel
Ich bin nicht okay

Selbstvertrauen
Ich bin okay

- Abwerten der Gruppe
- Obstruktives Verhalten
- Apathie
- Chaotische Diskussion
- Androhung von Abbruch
- Zynische Kommentare

- Viele Killerphrasen
- Provokationen
- Schuldzuweisungen
- Zurechtweisungen
- Abwertungen
- Viele Unterbrechungen
- Persönliche Bewertungen
- Druck ausüben

Misstrauen
Du bist nicht okay

Mithilfe dieser Reflexion zu Ihrer persönlichen Einstellung und der Einstellung gegenüber dem Verhandlungspartner können Sie die Frage nach der Wahl Ihrer Strategie besser beantworten. Diese Bewertungsfaktoren geben Ihnen mehr Sicherheit für den Entscheidungsprozess.

Auf der Tribüne können Sie sich immer wieder überlegen, weshalb Sie wie reagiert haben bzw. wieso Ihr Verhandlungspartner plötzlich zum Einlenken bereit ist bzw. warum sich die Fronten verhärten.

Die Grundhaltung bietet Ihnen auf einer anderen Ebene nochmals die Möglichkeit, Ihre Härte in der Sache bzw. Härte zur Person zu überprüfen.

Sie sind noch lange kein Weichei, wenn Sie Ihrem Verhandlungspartner gegenüber hart in der Sache bleiben (Sachebene), sich aber auf der Beziehungsebene höflich und wertschätzend verhalten. Sie müssen noch lange nicht provokativ und anklagend werden, um Ihre Anliegen durchzubringen, denn damit beeinflussen Sie immer auch die Grundhaltung Ihres Gegenübers. Machen Sie sich bewusst, was kooperative oder widerständische Verhandler mit Ihrem persönlichen Verhalten zu tun haben.

Die Grafik auf Seite 186 gibt Ihnen klare Verhaltenshinweise darauf, in welcher Domäne Sie sich bewegen, und sollte gleichzeitig die Frage nach den Konsequenzen beantworten. Alles hat nämlich Wirkung, und diese können Sie durch Ihr eigenes Verhalten beeinflussen und steuern. Wohin wollen Sie also?

Zusammenfassung

> Unsere innere Einstellung (Grundhaltung) manifestiert sich immer im äußeren Verhalten.
> Sich selbst und dem Verhandlungspartner den nötigen Wert beizumessen unterstützt respektvolles Verhandeln.
> Je nach Verhandlungssituation durchlaufen wir unterschiedliche Grundhaltungen.
> Beeinflussen Sie positiv die Grundhaltung des Gegenübers durch Wertschätzung auf der Beziehungsebene.

MACHT

Machtverhältnisse

Die folgenden Aussagen sollen Sie zum Nachdenken animieren. Welche Grundhaltungen zeigen sich in den folgenden Bemerkungen? Aus welcher Ecke spüren Sie die Macht? Wem wird Macht gegeben? Wie können Sie Machtlosigkeit herauslesen? Hat der Sender der Aussagen die Macht, oder wird sie an die Empfänger delegiert? Und denken Sie daran, alle Aussagen entspringen der Wurzel des Senders der Botschaft, seiner Einstellung sich selbst und dem Verhandlungspartner gegenüber.

> »Obschon ich alles tue, werde ich bei wichtigen Entscheidungen übergangen.«

> Bei einer internen Verhandlung mit Kollegen: »Immer wenn ich einen Vorschlag bringe, wird er abgelehnt.«

> Vor der Verhandlung zu einem Kollegen: »Wenn der Kunde das Produkt gebrauchen kann, wird er es kaufen, wenn nicht, kann man nicht mehr viel machen. Ich liefere ihm einige Informationen, und dann ist er an der Reihe, zu entscheiden.«

> »Für mich ist das Wichtigste, einen guten Kontakt zu den Mietern zu haben.«

> »Was soll ich Ihnen für Argumente über die Anwendungsbereiche der IT bringen, wenn Sie selbst nicht wissen, was Sie wollen?«
> »In meiner Branche kann man hinschauen, wo man will, überall wird mit denselben faulen Tricks gearbeitet.«
> »Mit welchen Amateuren man es manchmal zu tun hat, ist kaum zu glauben.«
> »Sehen Sie, da braucht man Kunden nur in ein teures Restaurant zu führen, und schon hat man sie in der Tasche.«
> »Wenn ich an meine Mitarbeiter denke, mit denen ich zu tun habe, bin ich zufrieden und glaube, sie sind es auch mit mir.«

Na, erkannt? Vielleicht nicht alle auf Anhieb, aber bestimmt konnten Sie ein Gefühl dafür entwickeln, wie stark die Einstellung auch unser verbales Verhalten beeinflusst. Mindestens genauso natürlich auch unsere Körpersprache.

An dieser Stelle weise ich immer auf das abgewandelte Brechtzitat hin: »Keine Gnade mehr mit denen, die nicht denken und dennoch reden!«

Denn alles hat Konsequenzen, aber die meisten Verhandler denken in schwierigen Situationen meist nur über den nächsten taktischen Schritt nach oder verändern ihre Strategie.

Denken Sie an Konsequenzen! Denn ein Fehlverhalten kann nur schlecht rückgängig gemacht werden.

Viele Verhandelnde sind sich keineswegs bewusst, wie ihr eigenes Verhalten ankommt. Sie setzen sich kaum auf die Tribüne, um sich Gedanken zu ihrem verbalen Verhalten, ihrer Stimme, Körpersprache, ihrem Äußeren oder Geruch und, ja, auch zu ihrer Atmung zu machen. Mit etwas Übung können Sie auch da viele Informationen erhalten und eben auch senden.

Einstellung zum Verhandlungspartner

Die wahren harten Faktoren sind die weichen Faktoren, heißt es. Wenn Sie nun nicht die gewünschte Reaktion Ihres Verhandlungspartners erhalten, woran arbeiten Sie dann?

Nach der Einführung in die Grundhaltung reagieren meine Workshopteilnehmer häufig spontan auf die Frage, wo sie nun zuerst den Hebel ansetzen würden, um eine Win-win-Situation herbeizuführen, mit: »Natürlich an der Einstellung!« Falsch ist das sicher nicht. Sie sollten diese Überlegung zumindest in Ihre Vorbereitung einfließen lassen.

Eine zufriedenstellende und lang anhaltende Vereinbarung ist nur zwischen zwei gleichberechtigten Verhandlungspartnern möglich. Wenn Sie mit Ihrem Verhandlungspartner nicht auf einer Stufe stehen und Augenhöhe anstreben, werden Sie keinen Erfolg erzielen. Überlegen Sie also bitte: Stehen Sie auf der gleichen Stufe, eine Stufe darüber oder eine Stufe darunter?

Machtüberprüfung

Wie bereits erwähnt: »Meine Einstellung prägt mein Verhalten – und die entsprechende Reaktion bleibt nicht aus.« Macht hat immer mit einem Gefälle Ihrer Einstellung zu tun, und damit ist es schwierig, eine Win-win-Lösung anzustreben.

> Denken Sie über Ihre nächste Verhandlung nach und überprüfen Sie in diesem Zusammenhang Ihr Gefühl.

Wie geht es Ihnen dann gerade – eher gut oder eher nicht gut?

❑ eher gut ❑ eher nicht gut

> Wenn eher nicht gut – was ist los?
Welche Gefühle nehmen Sie wahr? (**Gefühle von Gedanken unterscheiden!**)

....

Probieren Sie, alles akzeptierend (ohne Bewertung) anzuschauen. Welche weiteren Emotionen nehmen Sie noch wahr?

....

Richten Sie Ihre Aufmerksamkeit auf eine konkrete bevorstehende Verhandlung und gehen Sie folgende Punkte durch:

Fühlen Sie sich gut und hebt sich Ihre Stimmung, wenn Sie …
> an Ihren Gesprächspartner denken ❑ ja ❑ nein
> an das Thema denken ❑ ja ❑ nein
> an den Zeitrahmen denken ❑ ja ❑ nein
> an die Rolle denken, die Sie innehaben ❑ ja ❑ nein
> an die hierarchischen Verhältnisse denken ❑ ja ❑ nein
> an den Ort denken ❑ ja ❑ nein
> an vergangene Geschichten, an die Sie sich erinnern, denken ❑ ja ❑ nein

Empfinden Sie Anspannung oder Stress, wenn Sie …
> an Ihren Gesprächspartner denken ❑ ja ❑ nein
> an das Thema denken ❑ ja ❑ nein
> an den Zeitrahmen denken ❑ ja ❑ nein

> an die Rolle denken, die Sie innehaben ❑ ja ❑ nein
> an die hierarchischen Verhältnisse denken ❑ ja ❑ nein
> an den Ort denken ❑ ja ❑ nein
> an vergangene Geschichten, an die Sie
  sich erinnern, denken ❑ ja ❑ nein

Und wenn ja, wie erklären Sie sich das?

....

....

Je mehr von diesen häufig diffusen Gefühlen, Emotionen und Regungen sein dürfen und je bewusster Sie diese wahrnehmen und verbalisieren können, desto authentischer, vertrauenswürdiger und selbstbewusster wirken Sie.

Je weniger Sie sich erlauben, diesen Gefühlen nachzuspüren, und je mehr Sie sie verdrängen, desto besser können Sie gelesen werden, da Sie (unbewusst) die Aufmerksamkeit durch nicht authentisches Verhalten auf sich ziehen. Vor allem, weil der Verhandlungspartner Sie nicht richtig lesen kann, was eine Verunsicherung und Misstrauen hervorruft.

Es kann hilfreich sein, wenn Sie sich überlegen, welche Ihrer Gedanken, Gefühle und Eindrücke Sie in einer Verhandlung konstruktiv ansprechen (beruht auf Gegenseitigkeit). Welches Verhalten, das Sie neutral beobachten können, werden Sie spiegeln oder darauf reagieren? Was behalten Sie für sich – und was möchten Sie zu einem späteren Zeitpunkt ansprechen? Das Ziel ist nicht, alles von sich zu zeigen oder den Verhandlungspartner komplett zu spiegeln! Eine persönliche Facette von sich zu zeigen dient jedoch auch dazu, sich selbst zu entlasten.

....

....

....

....

....

Wenn Ihre Anspannung etwas mit Ihrer Funktion oder mit Macht zu tun hat, was können Sie unternehmen, um mehr Spielraum zu erhalten?

....

....

....

....

....

Folgende Fragen können Sie sich in der Vorbereitung stellen:

> Was könnte ich tun, damit das Kräfteverhältnis ausgeglichen ist?
> Was werde ich wirklich tun, damit das Kräfteverhältnis ausgeglichen ist?
> Warum werde ich das tun?
> Was könnte mein Verhandlungspartner tun, damit das Kräfteverhältnis ausgeglichen bleibt?

Macht im Kontext

Eigene Macht

Das Thema Macht ist immer situativ relativ zu betrachten. Da wir Macht jedoch fast ausschließlich negativ konnotieren, halten wir es oft für nicht richtig, die eigene Macht auszuspielen. Macht zu zeigen hat nichts damit zu tun, auch unfair zu verhandeln. Macht ist per se neutral.

Auch wenn ich immer wieder auf die Win-win-Formel hinweise, wäre es naiv zu glauben, dass es wichtig und fair sei, auf das Einsetzen von Macht zu verzichten.

1. Sie können Macht auch durch das Wort Kraft ersetzen; spüren Sie nach, wie sich dieses für Sie anfühlt.
2. Es ist auch mit Macht möglich, eine Win-win-Situation zu erreichen!
3. Höflichkeit und Härte schließen sich nicht aus!

Beispiel:
David gegen Goliath
Ich hatte mit einem Seminaranbieter der Goliath-Klasse zu tun (über 900 Seminare pro Jahr, zum Teil mehrtägige oder Komplettausbildungen im Angebot).
Goliath kam eines Tages proaktiv mit einem Auftrag auf mich zu und unterbreitete mir schriftlich ein Angebot, das ich schlichtweg als unanständig bezeichnete. Ich weiß bis heute nicht, welcher Teufel mich geritten hat, aber trotz dieses unverschämten Angebots habe ich mich verleiten lassen, dieses Gespräch zu führen; nicht ohne vorgängig eine Mail gesendet zu haben, die auf »unterschiedliche finanzielle Auffassungen« verwies.
Während der Verhandlung zeigten sich weitere Divergenzen bezüglich Kundenschutz, Volumen etc.
Interessanterweise glauben die meisten Verhandler, dass sie

als »David« sowieso keine Chance hätten, etwas an diesen vorgegebenen Machtverhältnissen zu ändern. Aber weit gefehlt.

Ich gebe zu, die Gegenpartei ordnete sich rasch als Goliath ein, machte sofort klar, dass …

> selbstverständlich alles nur über die üblichen internen Prozesse laufen kann,
> es keine Ausnahmen gibt (viel zu kompliziert),
> keine finanziellen Spielräume zur Verfügung stehen,
> sie mich die Macht des Volumens und die Größe des Unternehmens spüren lassen würden, die sie in allen Facetten ausspielten, falls ich noch eigene Kunden mitbringen wolle, ich deren Adressen an sie weiterzugeben hätte (von Kundenschutz keine Rede), ja oder nein?
> Es gab hitzige Debatten, viele Emotionen, und nach langem Hin und Her wurden sämtliche Bedingungen meinerseits zu meinen Gunsten erfüllt. Ich verließ das Unternehmen und hatte dennoch ein Gefühl von größtem Unbehagen, das ich nicht erklären konnte; ein Gefühl höchster Unzufriedenheit.

Vielleicht fragen auch Sie sich nun, was denn mit mir los war. Ich hatte alles erreicht und war immer noch nicht zufrieden, wie überheblich! Es dauerte eine Weile, bis ich bemerkte, was es war. Goliath hielt es nicht für nötig, sich auf David vorzubereiten. Ich hätte den Vertrag einfach nur unterschreiben müssen, selbstverständlich zu den angebotenen Konditionen. Da ich das nicht wollte, wurde um alles gefeilscht; meine Verhandlungspartner waren beleidigt, dass sich jemand traute, ihre Machtposition infrage zu stellen, verhielten sich zu Beginn an mir gegenüber von oben herab, drohten und verloren letztendlich ihr Gesicht, da sie mein Angebot unbedingt bei sich unterbringen wollten (was ich damals noch nicht wusste).

Wer hatte also die Macht?

Verlassen Sie sich nie auf eine Annahme oder eine Fantasie, die Sie zum Thema Machtverteilung haben.

Ich berufe mich bei einem weiteren Beispiel auf einen meiner Teilnehmer, der folgende Geschichte erzählte:

Ein Automobilkonzern der gehobenen Klasse ließ bei einem kleinen Unternehmen ein spezielles Teil herstellen. Das spezialisierte Unternehmen war der einzige Lieferant für dieses Präzisionsteil. Da der Autokonzern auch der größte Kunde der Firma war, wurde dieses Teil jedes Jahr neu verhandelt und immer weniger dafür bezahlt.

Wie heute zum Teil üblich, müssen Anbieter ihren Großabnehmern in totaler Transparenz Kosten nachweisen, und diese bestimmen dann, wie hoch die Gewinnmarge für den Anbieter sein darf.

In unserem Fall ging das so weit, dass dem Unternehmen die Pleite drohte, wenn es die Preise nicht würde halten können.

Bei der nächsten Verhandlung verlangte der Konzern nochmals eine Preisreduktion und erhöhte den Druck mit dem Argument, bei der chinesischen Konkurrenz produzieren zu lassen. Das Unternehmen konnte nun nicht mehr mithalten, was eine Aufkündigung des Vertrags nach sich zog.

Wie häufig üblich, wurden bei den Prototypen in China die qualitativen Ansprüche erfüllt, und somit ging das Teil in die Massenproduktion. Jedoch wurde auch nach mehrmaligen Korrekturen keine entsprechend hochwertige und sichere Qualität geliefert.

So wandte sich der Konzern wieder seinem früheren Unternehmen zu, um die Produktion der Präzisionsteile wieder aufzunehmen. Der Konzern musste künftig zweieinhalbmal mehr als früher dafür bezahlen.

Was gibt uns Macht?

Wenn Sie sich einen spannenden Film ansehen, was macht den Film spannend? In der Regel geht es dramaturgisch gesehen immer darum, dass ein Gefälle zwischen den interagierenden Protagonisten herrscht. Dieses Gefälle hat mit (subjektivem) Wissen und Kompetenzen der einzelnen Personen zu tun und damit, dass diese Ressourcen eine Konsequenz für alle Beteiligten beinhalten können, und einem Ende, das wir noch nicht kennen. Besteht kein solches Gefälle, oder nur in sehr geringem Ausmaß, verliert der Film seine Spannung. Ebenso, wenn wir das Ende des Films kennen. Was lernen wir für uns daraus?

Der größte Teil einer Verhandlung ist ein Austausch von Informationen mit einer letzten gemeinsamen Entscheidung, wie diese Informationen gehandhabt werden. Als Hintergrund dazu dienen Ihnen Ihre Ziele, Ziele der Gegenpartei, Ihre nicht genannten Abbruchkriterien, Zeitrahmen, Verhandlungsspielräume, mögliche Zugeständnisse und Flexibilität, gemeinsam akzeptierte Standards, Marktbedingungen, kulturelle Rahmenbedingungen etc.

Die Frage, die Sie sich jedoch in der Vorbereitung stellen müssen, ist: Wie erhalten Sie die notwendigen und schlagkräftigen Informationen über Ihren Verhandlungspartner, um die entsprechenden Argumente und Gegenargumente vorbereiten zu können und die Macht zu behalten bzw. sie zu brechen?

Das Sammeln von Informationen über die andere Partei birgt auch Tücken!

Gehen wir davon aus, dass Sie über sichere und gute Informanten verfügen. Diese bieten Ihnen Vorteile, sodass Sie in der Lage sind, an Insiderwissen der Gegenpartei zu gelangen. Sie verlassen sich auf diese Informationen und stellen in der Verhandlung fest, dass diese sich als falsch, halbrichtig, manipuliert oder unvollständig erweisen. Das hat nichts mehr mit einem Vorteil zu tun, der Sie über Mehrinformationen mit Macht versieht, sondern nur noch mit Gesichtsverlust. Also überprüfen Sie sehr genau

> die Zuverlässigkeit von Informationen,
> die Detailgenauigkeit und
> die Wahrheit,

bevor Sie anderen Macht zusprechen und damit Ihre eigene Position schwächen.

Ein kleines Stückchen Macht …

Struktur und kommunikative Kompetenz hilft Ihnen und der anderen Partei, sich rascher zu orientieren und damit einen kommunikativen Prozess effizienter zu gestalten. Außerdem wird die andere Partei häufig dankbar und positiv darauf reagieren. Aber Vorsicht! Es kann dazu verleiten, sich auf eine Verhandlungslinie einzuschießen, wenn stur an einem Plan festgehalten wird. Außerdem können wichtige Zusammenhänge verpasst werden. Der kleine Machtaspekt liegt hier eher darin, dass Sie das »Programm« schreiben. Macht verleiht Ihnen nicht nur einen Wissensvorsprung, sondern auch das entsprechende Fachwissen – Ihre **Fach**kompetenz zum Thema des Verhandlungsgegenstands. Wenn heute immer mehr Verhandler in der ausschließlichen Funktion als Verhandler eingesetzt werden, haben Sie hier große Chancen, die Sie zu Ihrem Vorteil nutzen können. Expertenwissen ist ein wichtiger Bestandteil einer professionellen Verhandlung. Wenn Sie dieses nicht haben, bringen Sie einen Fachexperten mit! Ihr Job ist es, Ihre Verhandlungskompetenz zu zeigen.

Macht besitzt auch derjenige, der **besser vorbereitet** ist. Dazu meinte mal ein Teilnehmer: »Das ist ja unfair dem anderen gegenüber, wenn man so gut informiert und vorbereitet ist.« Alle beteiligten Verhandler haben die gleichen Chancen, sich weiterzubilden, ein Training zu besuchen oder Bücher zu lesen, um noch sicherer in ihrer Technik und ihrem Verhandlungsgeschick zu werden.

Vorbereitung bezieht sich nicht nur auf Inhalte. Ob Sie in die »Höhle des Löwen« eingeladen werden, an einem neutralen Ort Ihre Verhandlung führen oder zu sich einladen gehört genauso ins Vorbereitungsrepertoire wie das Abwägen von Machtverhältnissen oder Informationen über die Gegenpartei zu sammeln und sich selbst in einen optimalen Zustand zu bringen.

Beispiel:
Ich hatte vor einigen Jahren einen Kunden, der oberster strategischer Einkäufer eines großen Unternehmens war. Eines Tages erzählte er mir, dass er allergrößten Wert auf eine akribische Vorbereitung lege, da ihm diese immer gute Dienste erweise. Unter anderem war es für ihn ganz wichtig, wenn möglich herauszufinden, wie hoch das Jahreseinkommen seines Verhandlungspartners war.

Psychologisch existiert eine unbewusste Grenze, wenn es sich um eine Verhandlungssumme handelt, die den Rahmen des persönlich Machbaren übersteigt. Unbewusst werden Verhandler unsicher, wenn dieser finanzielle Rahmen durchbrochen wird. Es gab dazu eine Untersuchung: Man filmte im Verborgenen Autoverkäufer des obersten Luxussegments. Sobald es um die Klärung des definitiven Verkaufspreises ging, konnte man deutlich erkennen, wie die Verkäufer physisch zusammensackten und den Blick gesenkt hielten, wie sich die Tonalität veränderte und die Atmung schwer wurde.

Damit wurde eine Unterlegenheit signalisiert und Macht abgegeben. Macht wird häufig nicht von jemandem an sich genommen, sondern unbewusst der anderen Partei angeboten und zugesprochen. Diese unbewussten Signale der Minderwertigkeit laden die Partei dazu ein, sich bewusst oder unbewusst stark und mächtig zu fühlen. Daraus resultiert eine Einladung, härter oder hartnäckiger die eigenen Ziele zu verfolgen. Behalten Sie also in jedem Fall die Augenhöhe.

Setzen Sie sich mit Ihren roten Knöpfen auseinander. Menschen reagieren häufig darauf, wo Sie einen Unterschied wahrnehmen, bewusst, halbbewusst oder unbewusst. Das hat nicht nur mit einem finanziellen Gefälle zu tun. Auch Bildung, Aussehen, Sprache, Körpergröße usw. können dabei eine Rolle spielen. Manchen ist es gar peinlich, solche »Trigger« öffentlich auszusprechen. Wer gibt schon gerne zu, dass ein gut aussehender, sportlicher, intelligenter und redegewandter Partner bewirkt, dass er sich klein fühlt?

Wann gebe ich Macht ab?

....

....

Ich lerne viel von meinen Teilnehmern und Kunden dazu. So ist der **Austausch von Informationen, auch unter Kollegen,** immens wichtig.

Ebenso bedeutsam ist heute das Internet, Moneyhouse (für die Schweiz), Netzwerke etc. Nehmen Sie sich die Zeit, sich dort nicht nur über die Personen, Hintergründe etc. zu informieren, sondern auch um herauszufinden, ob Sie mit der richtigen Person am Tisch sitzen. Vielen Teilnehmern – und auch mir selbst – ist es schon passiert, dass sie mit einer Entscheidung nach Hause gehen wollten. Jedoch stellte sich dann heraus, dass die verhandelnde Person gar keine Unterschriftsberechtigung hatte oder sich erst noch mit Vorgesetzten abstimmen musste. Erkundigen Sie sich deshalb genau, mit wem Sie es zu tun haben und wer die wichtigen Entscheidungsträger sind. Wenn's jedoch nicht anders geht, nehmen Sie diese Person genauso ernst und respektieren Sie sie genauso wie den Entscheidungsträger. Weshalb? Weil es die erste Person ist, die den Entscheidungsträger beeinflussen kann, positiv oder negativ!

Viele Verhandelnde bereiten sich bezüglich **interner Absicherung** viel zu wenig vor. Die meisten Verhandlungen beginnen mit einer internen Verhandlung! Wenn Sie beispielsweise ständig Rücksprache mit dem internen Entscheidungsträger halten müssen und sich die Verhandlung dadurch verzögert, signalisieren Sie, dass Sie wenig Macht besitzen. Rücksprache ist in Ordnung, die Kadenz spielt dabei die entscheidende Rolle.

Stellen Sie sicher, dass Sie die notwendige Unterstützung Ihres Vorgesetzten haben. Fragen Sie sich, ob es eine interne strategische Richtlinie bezüglich Verhandlungen gibt. Kennen Sie diese Aspekte alle und stärken diese Ihre Position und Ihre Entscheidungskompetenzen? Wenn Sie diese Fragen mit »ja« beantworten können, werden Sie einen wesentlich stärkeren Auftritt hinlegen, authentischer und überzeugender wirken.

Eine **hierarchisch** höhergestellte **Position** im eigenen Unternehmen als die Position der Gegenseite kann in den Köpfen der Gegenpartei ebenfalls bereits eine Unterlegenheit bzw. einen Machtverlust bedeuten. Da heute jedoch oft keine starren Pyramiden in Organigrammen zu finden sind, sondern flachere Hierarchien oder Matrixorganisationen und -strukturen gelebt werden, kann dieser Trumpf weniger ausgespielt werden. So ist es wichtig zu wissen, bei wem die meisten Fäden zusammenlaufen, wo Ressourcen gebündelt auftreten und wer auch die inoffiziellen Entscheidungsträger sind.

Auch **Seniorität** hat einen großen Einfluss darauf, ob Macht ab- bzw. zugesprochen wird. Zum Teil habe ich auch junge Verhandler in den Trainings. Zu Beginn werden sie von Seniors des Unternehmens zu Verhandlungen mitgenommen, später begleitet, und irgendwann müssen sie selbst laufen lernen. Die Unsicherheiten sind auch dann noch groß, wenn schon viele Verhandlungen mit Erfolg geführt werden konnten. Die Tatsache, einem älteren Herrn, angegraut und im Maßanzug, gegenüberzusitzen, reicht da schon aus, um sich machtlos zu fühlen. Aber es gibt Hoffnung für diese jungen Menschen. Wissen Sie, wie viele ältere Verhandler nämlich Bedenken haben, dass sie der Dynamik und den gut ausgebildeten jüngeren Leuten nicht mehr standhalten können? Macht wird also bereits im Vorfeld oder aufgrund einer ersten visuellen Begegnung verteilt.

Treten Sie eine Verhandlung an, bei der Sie die meisten Trümpfe in der Hand halten, sind Sie legitimiert, machtvoll zu verhandeln.

Auch bei einer machtvollen Ausgangslage werden nicht alle Punkte ausreichen, um eine Verhandlung erfolgreich zu führen. Wie erwähnt, ist eine Verhandlung ein Prozess mit vielen Aufs und Abs. Nur diejenigen, die diese volatilen Dynamiken auch aus- und durchhalten, werden auf Dauer erfolgreich sein.

Macht hat noch weitere Komponenten, auch ganz offensichtliche:
> Geld, Beziehungen, Gewalt,
> Recht oder Regeln (Rechtsmittel- und Rechtsinstanzen) und
> **Interessen.**

Verhandeln Sie immer über die jeweiligen Interessen, bevor Sie sich mit Anwälten auseinandersetzen müssen. Und wägen Sie immer ab, was Sie das Ganze kosten wird. Bei einem Urteil, das gegen Sie gefällt würde, verlören sie nicht nur Geld und Zeit, sondern auch häufig Ihr Gesicht.

Der Wert der Macht verbirgt sich meist unbewusst hinter der Wahrnehmung. Wenn Sie Macht besitzen, werden Sie alles tun, um diese einzusetzen. Es kann aber auch sein, dass die andere

Partei Ihnen Macht zuschreibt, die Sie gar nicht in diesem Umfang besitzen. Es wird Ihnen also ein Image zugeschrieben, oder Sie generieren es selbst.

Überlegen Sie sich gut, welches Bild Sie abgeben oder sich zulegen wollen und welche Konsequenzen dieses für Sie, Ihr Unternehmen, Ihre Verhandlungspartner, deren Situation und die gemeinsame Zielerreichung haben wird.

Machtaspekt Drohung oder Warnung

Eine **Drohung** ist eine Formulierung, die mit einer negativen Konsequenz auf persönlicher Ebene gegen den Verhandlungspartner verwendet wird:

> ein persönlicher Schaden entsteht
> lässt keine Wahl zu
> ist eine Entweder-oder-Formulierung
> übt Druck aus
> ist offensiv destruktiv
> wertet ab und nimmt Macht
> lässt keine Kompromisse zu
> ist immer subjektiv

Drohungen werden von Verhandlungspartnern ausgesprochen, die ihre Grenzen nicht kennen, sich in die Ecke getrieben fühlen, kein Interesse an einem gemeinsamen guten Ergebnis haben oder ganz einfach Unverschämtheit als taktisches Mittel einsetzen oder einen Abbruch provozieren wollen.

Achten Sie jeweils auch auf die entsprechende Körpersprache, Mimik, Gestik und vor allem die Tonalität, in der eine Drohung ausgesprochen wird.

Eine **Warnung** hingegen lässt Sie sich auf die Seite Ihres Verhandlungspartners stellen und hilft ihm, seine Entscheidungen aus unterschiedlichen Perspektiven und unter Berücksichtigung der entsprechenden Konsequenzen zu betrachten. Dabei sollten Sie **mindestens drei Szenarien** oder mehr aufbauen und die jeweiligen objektiven Konsequenzen davon ableiten. Natürlich auch solche, die ein Scheitern oder eine weitere gute Zusammenarbeit beinhalten.

Achten Sie dabei auf reale, objektive Inhalte, die die Welt Ihres Verhandlungspartners widerspiegeln, denn nur dann kann er sich darin wiederfinden. Die Methode nennt sich auch »Future Pace« – Zukunftstest attraktiver und unattraktiver Ziele – und lässt alternative Szenarien realer erscheinen und damit einfacher entscheiden.

Die unterschiedlichen Warnungen sollten Sie unbedingt in einem neutralen Ton und in wohlwollender Haltung kommunizieren:

> mehrere Wahlmöglichkeiten
> Respekt für den Verhandlungspartner, auf Augenhöhe
> gemeinsames Betrachten anstatt voreiliges Entscheiden
> Sache steht im Vordergrund
> lässt Kompromisse zu
> ist objektiv

Beispiel: Nachverhandlung

Ausgangslage: Unternehmen X der Maschinenindustrie erteilt seit vielen Jahren ein großes Volumen an Aufträgen an ein Konkurrenzunternehmen Y zur Feinbearbeitung und zum Schleifen der Einzelteile ihrer Produkte.

Als langjähriger Kunde war X mit der Qualität sehr zufrieden. Da das Auftragsvolumen jedoch sehr hoch war, überlegte X, die ganze Abteilung von Y ins eigene Unternehmen zu integrieren.

Y erhielt ein attraktives Angebot, nicht nur finanziell, sondern auch in Bezug auf das soziale Engagement der Firma.

Im Paket inbegriffen waren folgende Leistungen:
> alle noch vorhandenen Produkte zu kaufen
> sämtliche Werkzeuge zu übernehmen
> Fertigungspläne auf Jahre zurück
> Übernahme aller Mitarbeiter dieser Abteilung, die über langjähriges, hoch spezialisiertes Wissen und Erfahrung verfügen

Die Verhandlungspartner waren die CEOs der Unternehmen (beide wurden als win-win-orientiert und vernünftig bezeichnet). Bei den Preisverhandlungen wurde man sich rasch einig, zur Zufriedenheit beider Seiten. Wunderbar – so könnte man meinen.

Was Y nicht wusste – und was Y letztlich auch nicht zu interessieren hatte –, war, dass X diese Verarbeitungsfertigung nicht nur für die eigenen Produkte beabsichtigte. Rasch erkannte man bei X, dass sie ihr Angebot an eigene Kunden und Lieferanten ausweiten konnten, und so witterten sie Aufträge für einen neuen Geschäftszweig.

Leider passierte Folgendes: Die erworbenen Maschinen und Werkzeuge passten hervorragend zum eigenen Produkt. Fremdaufträge, die andere Anforderungen enthielten, konnten jedoch nicht in der erforderten Qualität weiterverarbeitet werden. So gingen in kurzer Zeit die Fremdgeschäfte zurück, und die Auslastung der Spezialisten war nicht mehr sichergestellt.

In der Zwischenzeit wechselte der CEO von X. In einem Zeitraum von wenigen Monaten entschied »der Neue« kurzerhand, eine Nachverhandlung mit Y zu führen. Es ging um eine massive Rückforderung der bereits geleisteten Zahlung. Doch damit nicht genug: X drohte damit, die Spezialisten zu entlassen, wenn Y der Forderung nicht nachkäme. Und immer noch nicht genug: Zugeständnisse wollten auf der Stelle erzwungen werden.

Die Typologien wechselten nun von win-win-orientiert und vernünftig zu einerseits provokativ und andererseits autoritär.

Ihr Auftritt – Kleider machen Leute

Zu einem machtvollen Auftritt gehört, dass Sie auf Ihr Äußeres achten. Wenn ich am Flughafen unterwegs bin, erkenne ich häufig meine Business-Landsleute sehr rasch. Natürlich nicht alle, ich will hier niemanden vor den Kopf stoßen! Wissen Sie, woran? Mehrheitlich an den Schuhen, der Aktentasche und den Haaren. Auch dann, wenn sie nur noch wenige haben. Viele sind sich nicht bewusst, wie viel sie mit ihrem nicht adäquaten Auftritt an Macht einbüßen. Immer noch geht die Mär um, »der andere soll mich nur unterschätzen …« Damit tun Sie sich keinen Gefallen, das gehört in die Kategorie »Spielchen spielen« und ist oft nicht authentisch. Sie machen damit Ihren Verhandlungspartner klein. Außerdem kostet es Sie viel mehr Energie und Zeit, sich Ihre Macht zurückzuerobern, falls Sie tatsächlich unterschätzt werden.

Was hindert Sie daran, sich mal teurere schicke Schuhe – auch die können bequem sein –, eine schöne Aktentasche, einen tollen Anzug, ein neues Hemd zu kaufen und sich einen Friseur zu leisten, der ihre Haare nicht nur schneidet, sondern Ihnen eine richtige Frisur verpasst? Eine, die Ihre Persönlichkeit unterstreicht. Das hebt Ihren Selbstwert und lässt Sie sich auch anders bewegen.

Auch Düfte werden unterschätzt. Damit meine ich nicht, dass Sie sich aufdringlich parfümieren sollen, sondern sich bewusst sein sollten, welche Gerüche andere zu Sympathien oder Antipathien verleiten. Wer gerade den Raucherbereich verlassen hat oder verschwitzt von einem zum anderen Termin rennt, beeinflusst auf ganz anderer Ebene. Und sagen Sie jetzt nicht, dass das nicht wichtig sei! Gepflegtheit beginnt nicht damit, sich noch im Flugzeug die Nägel mit dem Zahnstocher zu reinigen. Auch dies ist Teil Ihrer Vorbereitung, um stressfreier die nächste Verhandlung anzutreten.

Zusammenfassung

> Die Grundhaltung verrät die Machtverhältnisse.
> Wie kommt Ihr Verhalten an (Stimme, Körpersprache, Äußeres etc.)?
> Die richtige Einstellung entscheidet über die anzustrebende gleiche Augenhöhe. Diese wiederum bringt nachhaltige Verhandlungserfolge.
> Überprüfen Sie die Machtverhältnisse zur Sicherstellung der eigenen Authentizität, um das Kräfteverhältnis auszugleichen.
> Machtfaktoren sind auch Struktur, kommunikative Kompetenz, Fachkompetenz und bessere Vorbereitung.
> Macht wird nicht genommen, sondern unbewusst abgegeben.
> Macht wird im Vorfeld bzw. aus der ersten Begegnung heraus verteilt.
> Formulieren Sie den Machtaspekt Drohung zu einer Warnung um.
> Achten Sie auf Ihr Äußeres.

KÖRPERSPRACHE - STATUS

Der Körper spricht lauter als die Stimme

Wenn eine Fußballmannschaft das Spielfeld betritt, ist jedem Spieler das Ziel klar: gewinnen! Und trotzdem: Sie können die Mannschaft schon beim Betreten des Feldes beurteilen, ob sie antritt, um zu gewinnen oder um nicht zu verlieren. Keiner sagt's, und doch ist es spürbar. Es verhält sich ganz ähnlich, wenn ein Spieler einen Elfmeter schießen soll.

Vieles, was wir glauben, intuitiv zu erkennen, hat viel mehr mit unserer unbewussten Wahrnehmung zu tun.

Wahrnehmung ist der Prozess und das Ergebnis davon, wie wir Informationen gewinnen und entsprechend verarbeiten. Wahrnehmen heißt, über unsere Umwelt Informationen aufzunehmen, und zwar mit all unseren fünf Sinnen. Diese Informationen werden an unser Gehirn weitergeleitet und mit unterschiedlichsten »historischen« Momenten/Situationen verglichen – und werden dabei emotional verknüpft. Hier stellt sich die Frage, wie diese Momente emotional abgelegt wurden, denn jede Wahrnehmung, ob bewusst oder unbewusst, ist immer mit einem entsprechenden Gefühl verknüpft. Folglich reagieren wir immer wieder ähnlich emotional auf ähnliche Reize. Sehr, sehr vereinfacht gesagt. Dieser Prozess wird durch unbewusstes und manchmal bewusstes Filtern und Zusammenführen von Teilinformationen unterstützt, die zu einem subjektiv sinnvollen Gesamteindruck führen. Dieser Eindruck wird laufend mit abgespeicherten Vorstellungen, Erfahrungen und Erwartungen abgeglichen.

Weshalb sind diese Informationen wichtig? Weil wir hochsensible Wesen sind, die in erster Linie viel mehr von ihren Emotionen als von ihrer Ratio gesteuert werden. Und dies zeigt Wirkung.

Quantitäten, Qualitäten und Inhalte einer Wahrnehmung können manchmal (aber nicht immer) durch gezielte Steuerung der Aufmerksamkeit und durch Wahrnehmungsstrategien verändert werden. Damit verändern sich auch Ihre Emotionen und Gefühle.

Da wir jedoch nicht nur ein sinnesspezifisches, aufnehmendes System sind, sondern auch ein passiv aussendendes, passiert vieles auf der unbewussten Ebene. Unser System wäre übrigens völlig überfordert, die Tausenden von momentanen Vorgängen bewusst zu machen. Wir wissen deshalb auch häufig nicht, welche Signale wir über welche Sinneskanäle in uns aufnehmen und/oder aussenden. So wundern wir uns, weshalb andere Menschen »komisch« oder nicht wie erwartet auf uns reagieren. Sehr typisch dafür ist die Aussage: »Weshalb ist der jetzt so aggressiv?«

Unsere Emotionen steuern somit immer unser Verhalten, das wir anderen zur Reaktion anbieten – und umgekehrt. Aber welchen Zugang haben wir in wichtigen Momenten der Verhandlung zur Steuerung unserer Emotionen und dem Aussenden unserer Verhaltensmuster? Wie Sie ja bereits wissen, besitzen wir fünf Sinne. So lassen Sie uns untersuchen, wie wir diese benutzen und vor allem, mit welcher Wirkung wir sie einsetzen wollen. Eine wichtige Frage, denn wie abhängig wollen Sie davon sein, wie sehr Ihr Körper, Ihre Stimme oder Berührungen automatisch etwas senden, was Sie vielleicht gar nicht beabsichtigen?

Verhandlung mit dem Körper steuern?

Wir drücken uns über unseren Körper, unsere Stimme, unseren Geruch und Berührungen aus. So weit, so gut.

Nun möchte ich Sie auf einen ganz wichtigen Aspekt in der Verhandlung aufmerksam machen. Und der ist, wie Sie mit diesen physischen Elementen ein Gespräch steuern und gleichzeitig Ihren Status manifestieren.

Status ist die unbewusste, verinnerlichte Überzeugung von Gleichwertigkeit, Unterwertigkeit oder Überwertigkeit in unterschiedlichsten Ausprägungen.

Natürlich können Sie Ihren Status auch kompensieren. Zum Beispiel mit einer teuren Uhr, Ihrem Titel, mit dem Auto, mit dem Sie vorfahren, einer Label-Handtasche, Schmuck etc. Dies zeigt jedoch nicht Ihren wahren Status. Der verinnerlichte Status ist unsere »Mit-Gift«. All die verinnerlichten Botschaften über unser Genügen oder Nichtgenügen, die wir von klein auf mitbekommen haben. Botschaften, ob wir uns in bestimmten Kontexten groß oder klein fühlen bzw. gut oder schlecht. Weswegen wir uns zu schämen haben oder über wen wir uns erheben können.

Es werden zwei Arten von Status differenziert: ein hoher und ein tiefer Status. Status zeigt sich innerhalb von Sekunden, wenn Sie sich in einer belebten Fußgängerzone bewegen. Wer weicht wem aus? Das einfachste Signal, um sofort den Status zu klären. Derjenige mit dem tieferen Status weicht demjenigen mit dem höheren Status immer aus. Manchmal gibt es ein kurzes »Statusgerangel«, das in der Regel ganz schnell geklärt ist. Weniger als eine Sekunde reicht dafür aus. Kein Gespräch, keine Diskussion braucht es dazu. Ein unbewusster, ultrakurzer Moment der Klärung.

Mit »tief« und »hoch« ist keinerlei Bewertung verbunden, im Gegenteil, sowohl im Hoch- als auch im Tiefstatus liegen Chancen und Risiken! Denn es braucht beide, auch in der Verhandlung. Weshalb sollten wir uns auch noch mit dieser Thematik auseinandersetzen? Erinnern wir uns an Watzlawicks zweites Axiom: Die Beziehung bestimmt die Sache und nicht die Sache die Beziehung.

Beziehungen und deren Qualität entstehen jedoch immer erst nach dem momentanen, situationsbezogenen Abtasten der ersten Begegnung.

Unterscheiden wir dazu die Qualität dieser beiden Status.

Status beschreibt das situative und relative Machtverhältnis, und dieses kann sich jederzeit ändern. In Stresssituationen wird uns jedoch unser mitgegebener (anerzogener/unreflektierter) Status wählen und nicht wir ihn.

Der Unterschied (sei er groß oder auch relativ klein) wird meist unbewusst erlebt. Bei der Begegnung auf der Straße, auf dem Gang oder in der Kantine – immer findet auf eine subtile Art und Weise Kommunikation statt, bei der Fragen geklärt werden wie: Wer lässt wem den Vortritt? Wer hält welchen Abstand zu wem ein? Wer schaut wen an? Wer geht auf wen zu?

Es herrscht also immer eine Form von Interaktion, ohne dass wir uns darüber bewusst sind, in der geklärt wird, wer gerade »die Oberhand« innehat.

Kampf um Status

Wenn beide Partner um den Hochstatus kämpfen bzw. den gleichen Status innehaben, stecken Gespräche, Verhandlungen oder Beratungen fest.

Jeder spielt diesen unbewusst und scheinbar unausweichlich,

immer wieder. Solange wir dies nicht auf eine bewusste Ebene bringen, sind wir schicksalhaft mit diesem Typus verbunden, ja an ihn gekettet. Er funktioniert wie ein Autopilot, der in sozial schwierigen Situationen oder sachlich herausforderndem Geschehen automatisch die Führung übernimmt.

Wirkung von Status
> Im Hochstatus werden Sie respektiert, ernst genommen, geachtet, als kompetent und professionell wahrgenommen, verehrt. Sie werden je nach Ausprägung aber auch als arrogant oder angsteinflößend betrachtet, vielleicht auch gefürchtet, als überheblich, gebieterisch bis diktatorisch wahrgenommen. Und Sie werden nicht unbedingt geliebt, vielleicht sogar gehasst. Solche Personen neigen in der Verhandlung dazu, eine Position einzunehmen, verhandeln hart in der Sache und verhalten sich tendenziell hart zur Person, bis zu groben persönlichen Abwertungen, Verletzungen und Demütigungen.

Nach dem Motto von Konrad Adenauer: »Machen Sie sich erst einmal unbeliebt, dann werden Sie auch ernst genommen.«
> Im Tiefstatus finden die anderen Sie sympathisch, nett, empfinden andere freundschaftliche Gefühle für Sie, möchten Sie beschützen und umsorgen. Sie werden geliebt und gemocht, aber nicht unbedingt ernst genommen und respektiert, bis dahin, bemitleidet oder geringschätzig behandelt zu werden. Diese Personen geben in der Verhandlung eher nach und stellen die gute Beziehung in den Fokus.

Nach einer Aussage von Franz Josef Strauß: »Everybody's darling is everybody's Depp.«

Eine These von Tom Schmitt besagt, dass Charismatiker-Status-Spieler jene sind, die es schaffen, ihren Status je nach Situation blitzschnell zu ändern.

> Auf der Sachebene fest und unangreifbar im Hochstatus.
> Auf der Beziehungsebene weich, mit dem Status spielend, für den Moment auch Tiefstatus zulassend.

Damit werden Sie respektiert, geachtet, aber auch gemocht und geliebt.

Verhandeln mit dem Körper

Lassen Sie uns diese Aussage, dass wir mit dem Körper verhandeln, etwas genauer ansehen: Wozu brauchen Sie auch hier noch einen Ratschlag? Haben Sie schon überlegt, in welcher Phase der Verhandlung Sie welchen Status wählen (damit er nicht Sie wählt)? In welchem physiologischen und stimmlichen Status Sie Ihre Anliegen und Ziele durchsetzen? Und welche Wirkung Sie bei Ihrem Gegenüber erzielen? Dies sollten Sie nicht dem Zufall überlassen!

Da Sie, die These von Tom Schmitt berücksichtigend, Ihren Status immer wieder anpassen sollten, heißt das für unsere Verhandlungen: »Wann benutzen wir den tiefen und wann den hohen Status?« Auch hier können Sie sich in der Vorbereitung schon Gedanken machen, um Ihre Taktik bewusst mit Status zu würzen – oder noch lieber, damit zu spielen.

Meine Empfehlung – kein Rezept!

Sie können mit dem tiefen Status bei der Begrüßung beispielsweise einsteigen und damit Sympathien gewinnen.

Viele Verhandler glauben, gleich zu Beginn signalisieren zu müssen, wer das Sagen hat, und steigen mit einem hohen Status bereits bei der Begrüßung ein. Kein Lächeln, kein Small Talk, kurze Sequenzen von starren Blicken, Händedruck »zum Jaulen«. Ein typischer Trick ist das Stehenbleiben, damit sich der Gesprächspartner zur Begrüßung hinbemühen muss. Wenn wir jedoch wissen, dass wir leichter einen kooperativen Verhandlungspartner »produzieren«, wenn wir gemocht werden, wäre das die falsche Taktik. Spielen Sie hier das Spiel der Sympathie.

Mit Garantie sollten Sie jedoch den Hochstatus einnehmen, wenn Sie Ihre Forderungen an die Gegenpartei verbalisieren, denn Sie wollen ernst genommen werden. Hier wäre es fatal, mit einem tiefen Status zu spielen. Jedes Verhalten erzeugt eine Reaktion!

Wie wird ein Status nun produziert?

Körpersprache Hochstatus versus Tiefstatus
Kennen Sie die provokativ witzige, aber wahre Unterscheidung von Howard Spring: »Jeder Mensch hat eine Wirbelsäule, nicht jeder ein Rückgrat«? Wenn Sie sich das folgende Bild ansehen, erkennen Sie die Unterschiede:

Hochstatus	Tiefstatus
Körpersprache: Die Winkel, gemessen an der Wirbelsäule von Kinn, Schultern, Halsseite und Hüfte, zeigen einen 90 °-Winkel.	Körpersprache: Die Winkel, gemessen an der Wirbelsäule von Kinn, Schultern, Halsseite und Hüfte, zeigen einen 90 °-Winkel von plus oder minus 90 °.
Stimme: tief, gehaltvoll	Stimme: hoch, leise
Inhalt: klar und eindeutig	Inhalt: unklar und unsicher
Auftritt: gepflegt, angemessen	Auftritt: ungepflegt, bescheiden, unangemessen

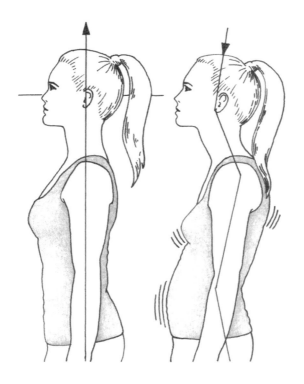

Jeder Status kann überzeichnet werden: Nicht umsonst heißt es, die Nase oben haben oder von oben herab zu jemandem sprechen. Auch ein Hochstatus kann überzeichnet werden, indem Sie das Kinn nach oben richten oder sehr laut sprechen. Damit ist die Wirkung arrogant.

Im überzeichneten Tiefstatus werden Sie nicht nur den Kopf auf die Seite legen, mit dem Kinn nach unten zeigen und damit die Augen automatisch von unten nach oben richten. Wenn Sie dann noch die Hüfte abknicken, ist die Wirkung unterwürfig/bedürftig.

Beide Status können also in unterschiedlichsten Nuancen variiert werden, mit den entsprechenden Wirkungen, die sie erzielen.

Doch nicht nur die Hauptausrichtung der Wirbelsäule spricht. Ob Ihr Blick gesenkt ist oder Sie mutig direkt in die Augen Ihres Verhandlungspartners schauen, ist ausschlaggebend in der Wirkung. Ich rate Ihnen deshalb nochmals: Sie dürfen alles vergessen, aber richten Sie Ihre Forderungen in der Verhandlung mit klarem, direktem Blickkontakt an Ihr Gegenüber. Dasselbe gilt für die Begrüßung. Gehen Sie mit bestimmtem Schritt direkt auf Ihren Verhandlungspartner zu, sehen Sie ihm in die Augen und zerquetschen ihm nicht seine Hand, aber üben Sie einen angemessen festen Händedruck. Lächeln Sie. Vielleicht denken Sie, dass das alles selbstverständlich ist. Ist es nicht. Denn Verhandeln ist Stress, und somit verhalten wir uns nicht mehr rational.

Lächeln? Vermeiden Sie jegliches Siegerlächeln während der Verhandlung! Damit verderben Sie sich die vielleicht bereits gewonnene Sympathie, werten den Verhandlungspartner ab und schaffen unter Umständen neue Konflikte.

Übrigens ein Tipp für Frauen: Frauen benutzen wesentlich mehr Mimik, sprich: aktivieren mehr Muskeln im Gesichtsbereich als Männer. Frauen lächeln auch wesentlich mehr. Je nach Gremium, mit dem Sie verhandeln, sollten Sie darauf achten. Untersuchungen zufolge sind Männer oft rasch irritiert, wenn Frauen sehr häufig lächeln, vor allem im Kontext Verhandeln. Schränken Sie dieses bewusst ein, denn es löst auf der anderen Seite oft Misstrauen aus, da es nicht gedeutet werden kann. Und – gleichen Sie die Körpersprache jeweils etwas an.

Angleichen der Körpersprache = Angleichen des Status
Jedes Ähnlichsein, sei dies in der Körpersprache, der Stimme oder dem sprachlichen Ausdruck, löst unbewusst bei Ihrem Gegenüber mehr Vertrauen aus, als wenn wir jemandem gegenübersitzen, der als komplett anders wahrgenommen wird. Dies geht aus Studien hervor, die Menschen beobachteten, die speziell gute bzw. schlechte Gespräche geführt haben. Je besser die Kom-

munikation war, desto öfter ließ sich feststellen, dass die gleiche Körpersprache, die gleiche Stimmlage oder eine gleiche Sprache verwendet wurde.

Im umgekehrten Fall konnte man beobachten, dass im Konfliktverhalten die Gesprächspartner genau das Gegenteil davon zeigen. Die Physiologien waren diametral anders, der eine laut, der andere leise, der eine plusterte sich auf, der andere zog sich zurück usw. So wurde aus dieser Beobachtung eines natürlichen Verhaltens der Schluss gezogen, dass man über eine Anpassung bewusst mehr Vertrauen etablieren kann. Vertrauen schaffen vereinfacht die Verhandlung – ganz einfach!

Zur Körpersprache gehört auch die Kleidung, Gepflegtheit, der Geruch, das Tempo und die Art von Gestik und Gang oder die Mimik. Übrigens machen sich Männer eher breit, Frauen zeigen sich schmal. Passen Sie sich also der jeweiligen Situation an, um Unterschiede zu verringern und damit Vertrauen zu fördern.

Achten Sie ebenfalls auf die Atmung. Mit einer guten Bauchatmung senken Sie nicht nur Ihre Stimme, die dadurch angenehmer wirkt, Sie reduzieren so automatisch auch Ihren eigenen Stresslevel. Das lohnt sich.

Die Stimme variiert zwischen laut und leise, rasch oder langsam gesprochen, hoch oder tief, rhythmisch oder unrhythmisch, melodisch (moduliert) oder (meist) monoton, fließend oder – musikalisch ausgedrückt – in staccato usw. Ich weise hier nochmals darauf hin, Ihre **wichtigen Aussagen durchaus gezielt zu emotionalisieren!**

Der Gebrauch von Sprache hat viel mit sozialer Herkunft, Bildungshintergrund und Kontext zu tun. Je ausgeprägter auch hier die Unterschiede sind, desto distanzierter der Kontakt. Lassen Sie sich davon nicht abhalten und versuchen Sie dennoch, sich der Sprache Ihres Gegenübers anzupassen. Das heißt nicht, dass Sie auf inhaltlicher Ebene dieselben Fluchworte benutzen müssen wie Ihr Visàvis, aber auch nicht, den Unterschied derart aufzuzeigen, indem Sie gerade dann in eine akademische Verbalattacke fallen, um dem anderen auf sprachlicher Ebene »seinen Platz« zuzuweisen.

Den besseren Weg und eine gute Verhandlungsatmosphäre wählen Sie für sich, wenn Sie sich in angemessener Art und Weise Ihrem Gesprächspartner anpassen. Spricht er eher langsam, tun Sie dies auch, sitzt er aufgerichtet da, tun Sie dies auch. Nicht als Spiegel, jedoch als Anlehnung an das physiologische Verhalten des Gesprächspartners.

Um sich hier selbst näherzukommen und die eigene Wahrnehmung kritisch zu hinterfragen, welche Angewohnheiten und Muster gelebt werden, sollten Sie sich von einem Kollegen Feedback holen.

Zusammenfassung

> Der Körper spricht lauter als die Stimme!
> Unsere Emotionen steuern unser Verhalten, das zu anderen Reaktionen führt.
> Wir drücken uns über unseren Körper, die Stimme, den Geruch und Berührungen aus.
> Status ist die unbewusste, verinnerlichte Überzeugung von der eigenen Wertigkeit. Und der Körper (bzw. die Körperhaltung) bringt dies zum Ausdruck.
> Unter Stress kann sich diese Wertigkeit verändern – je nach anerzogenem bzw. unreflektiertem Status – und wird über den Körper subtil kommuniziert.
> Spielen Sie mit Status in unterschiedlichen Kontexten und Verhandlungsphasen.
> Ein Angleichen in Körpersprache, Stimme und sprachlichem Ausdruck schafft Vertrauen.
> Wichtige Aussagen sollten Sie bewusst emotionalisieren.

WAHR-?-NEHMUNG, GLAUBENSSÄTZE UND EMOTIONALE INTELLIGENZ

Eingeschränkte Wahrnehmung – Glaubenssätze und Co.

Interessanterweise kenne ich keinen Gegensatz zum Wort »Wahrnehmung« oder »wahrnehmen«. Oder kennen Sie einen? Falschnehmung oder Unwahrnehmung? Manchmal sagen Personen auch: »Das nehmen Sie falsch wahr!« Geht das überhaupt, dass ich eine Information falsch wahrnehme?

Eine Wahrnehmung ist eben wahr in dem Moment, in dem ich sie »wahr nehme«.

Das Problem ist nicht die »Wahr-nehmung«, sondern das, was ich mit meiner Wahrnehmung anstelle. Sie können davon ausgehen, dass alles, was Sie wahrnehmen (sehen, hören, fühlen, riechen oder schmecken) in diesem Moment, genauso für Sie **ist**, und damit sind die Grundsteine für Ihre Überzeugungen und Ihre Glaubenssätze gelegt. Sie glauben das, was für Sie wahr ist. Logisch?

Damit vereinfachen wir unser Leben ganz kolossal. Es verkompliziert es aber auch, denn nicht alle Ihrer Mitmenschen nehmen genau das Gleiche im genau gleichen Moment wahr wie Sie – und wer hat nun recht? War da einer falsch und hat nur etwas anderes wahrgenommen?

Wenn wir nicht lernen, unsere Wahrnehmung zu erweitern und zu hinterfragen, werden wir beträchtlich gefestigte Meinungen über uns, die Welt oder die anderen zementieren. Ob das in einer Verhandlung sinnvoll ist, wage ich zu bezweifeln.

Glaubenssätze und Überzeugungen
Glaubenssätze und Überzeugungen sind nicht nur in persönlichen Rollen zu finden (wir verhalten uns danach), sondern auch bezüglich Ideen, Produkten, Interessen, Meinungen, der anderen Firma, der Welt, der anderen.

Beispiel:
Einer meiner ersten Aufträge war, mit Verkäufern von Faxgeräten und Kopierern zu arbeiten. Der Geschäftsführer war mit den Umsätzen seiner Außendienstmitarbeiter nicht zufrieden, weshalb er ihnen eine Schulung zur Verfügung stellte.
Wenn ich kritische Fragen zu Resultaten stellte, erhielt ich immer dieselben Argumente: »Wenn wir mit Xerox-Geräten zum Kunden gehen könnten, wäre der Umsatz kein Problem …«
Das war der Haupttenor der Verkäufer. Seither nenne ich das den »Xerox-Effekt«.
Kennen Sie das auch? Nur, dass es bei Ihnen nicht Xerox heißt? Diese Meinung verfestigte sich bei den Verkäufern dermaßen, dass alle im Kanon dasselbe Lied sangen. Sie sangen es so lange, bis sie der festen Überzeugung waren, die eigenen Produkte seien Schrott, nur der Name Xerox tauge als Verkaufsargument. Damit mussten sie auch keine Verantwortung für die eigene Leistung übernehmen.

Es ist legitim, in diese Falle zu tappen, es ist jedoch nicht legitim, sie nicht zu hinterfragen. Die eigene Wahrnehmung infrage zu stellen bzw. zu erweitern bringt wesentliche Vorteile. Es gibt immer, immer, immer etwas an einem Produkt, einer Idee, einer

Dienstleistung etc., das wertvoll, richtig, interessant oder spannend weiterzuverfolgen ist. Erweitern Sie also Ihre Wahrnehmung und suchen Sie nach Ausnahmen in Ihren bereits vorgefertigten Meinungen, Vorstellungen und Überzeugungen. Seien Sie selbstkritischer, wenn es darum geht, die eigene Wahrnehmung und deren Konsequenzen zu hinterfragen.

Die eigene Überzeugung wirkt sich unmittelbar auf Ihren Auftritt und Ihre Glaubwürdigkeit in der Verhandlung aus.

Auflösen von Glaubenssätzen

Glaubenssätze zu hinterfragen, zu ergänzen oder gar aufzulösen verändert immer auch Ihr Gefühl. Ein gutes Gefühl in der Verhandlung zu haben ist wortwörtlich Gold wert. Folgende Lösungsansätze und Möglichkeiten bieten sich hier:

Perspektive wenden

Sie befassen sich mit **Vorteilen** Ihrer Produkte, Ideen, Dienstleistungen etc., ohne laufend in die Konkurrenzfalle zu treten (auch wenn Sie die Vorteile der Konkurrenz kennen). Analysieren Sie, was Sie daran gut, wertvoll, nutzbringend, anders … finden. Und sprechen Sie über diese Dinge. Authentisch sind Sie dann, wenn Sie die Punkte finden, von denen Sie persönlich am meisten überzeugt sind und – sprechen Sie auch darüber! Wenn wir über Fairness in der Verhandlung sprechen, heißt das natürlich nicht, dass Sie Risikothemen unter den Tisch kehren sollten, aber wägen Sie sie intelligent ab.

Beispiel:

Sie wissen, dass Ihr Service von Kunden geschätzt wird. Sie haben einen hohen Standard an Zuverlässigkeit und qualitativer Ausführung. Ihre Mitarbeiter sind freundlich. Jedoch immer, wenn Sie einen neuen Servicevertrag verhandeln, macht sich ein beklemmendes Gefühl bei Ihnen bemerkbar, denn Sie wissen, dass, wenn etwas schiefläuft, Ihre Kunden lange auf einen Termin warten müssen, da Sie zu wenig qualifiziertes Personal finden.

Wie ehrlich werden Sie jetzt sein? Welchen Film sehen Sie sich in Ihrem Kopfkino an? Die Kundenreklamationen der letzten Zeit? Oder die vielen Komplimente, die Sie schon erhalten haben, die gute Auswertung Ihrer Kundenumfrage? Und die Akzeptanz und Kundentreue trotz langer Wartezeiten? Oder schauen Sie sich den Film der Reklamationen an? Und wie wirkt sich dieses Kopfkino auf Ihren Verhandlungsstil aus?

Sinneswahrnehmung erweitern

Erweitern Sie Ihren **Wahrnehmungsrahmen**. Unsere Wahrnehmung (sehen, hören, spüren, riechen, schmecken) ist menschbedingt einseitig ausgeprägt. Vor allem, wenn wir unter Stress stehen, sind unsere Sinne oft erheblich eingeschränkt, und dies schwächt unsere Entscheidungsfähigkeit. Machen Sie sich Gedanken, auf welchem »Kanal« Sie gerade empfangen, und wechseln Sie diesen.

Beispiel:

Ist Ihr Fokus mehrheitlich auf die Tonalität Ihres Gesprächspartners ausgerichtet, werden Sie das Gras wachsen hören und unter Umständen sehr empfindlich auf jede veränderte Ton-Nuance reagieren. Wenn Sie jedoch beginnen, Ihrem Verhandlungspartner in die Augen zu schauen, werden Sie erkennen, dass es da noch ganz andere Signale und Informationen zu lesen gibt. Von einem auf zwei oder gar auf alle Wahrnehmungskanäle zu schalten bietet Ihnen ein wesentlich größeres Spektrum an Informationen. Gehen Sie somit auf die Jagd und sammeln Sie so viele, wie Sie nur können.

Dies beschleunigt Ihre innere Sicherheit und steuert Ihren persönlichen inneren Zustand. Außerdem erhalten Sie viele weitere Informationen, die Ihnen sonst entgehen.

In vielen Workshops treffe ich auf die Erwartung von Teilnehmern, ihre Verhandlungspartner »besser lesen« zu können. Erstaunlich ist jedoch, dass während der Verhandlung oft kaum Blickkontakt etabliert wird. Meist sind die Augen der Verhandler in die Papiere vor ihnen auf dem Tisch gerichtet. Darauf angesprochen, wollen viele diese Tatsache nicht wahrhaben. Richten Sie all Ihre Sinne auf den Verhandlungspartner, danach wieder auf sich selbst. Außerdem fühlt sich der Verhandlungspartner über das Anschauen wertgeschätzt.

Die Wahrheit überprüfen

Sie befassen sich damit, eigene **Glaubenssätze** über Produkte, Verhandlungspartner und sich selbst **infrage** zu **stellen**. Einige hilfreiche Fragen sind folgende: »Ist das so? Weiß ich das mit absoluter Sicherheit, was ich zu glauben scheine? Könnte es auch anders sein? Wie wäre es, wenn es sogar umgekehrt wäre?« Seien Sie ehrlich mit sich selbst! Überlegen Sie sich die Konsequenzen Ihres Denkens und die Erfolgsaussichten damit!

Beispiel:
Ich hatte in einem Vertrag eine zehntägige Zahlungsfrist vereinbart. Mein Engagement wurde »konsumiert«, mit großer Zufriedenheit, jedoch nicht bezahlt. Nach einigen Tagen des Zahlungsverzugs bat ich um die fällige Überweisung. Zurück kam folgende Antwort: »Unser Zahlungsziel Lieferanten gegenüber beträgt 60 Tage ab Rechnungsdatum.«

Gehören Sie auch manchmal zu den Menschen, die glauben, dass andere Ihnen absichtlich schaden und Sie über den Tisch ziehen wollen? Wie wahr ist das? Sind Sie sich da absolut sicher? Könnte es auch sein, dass der andere einfach einen Fehler gemacht hat, etwas übersehen hat? Sind Sie gewillt, die eigene Überzeugung zu hinterfragen? Merken Sie überhaupt, dass Sie der eigenen inneren Überzeugung folgen, automatisch, weil es Ihrem Weltbild entspricht, dass man sowieso niemandem trauen kann?

Wenn Sie diese Frage mit »ja« beantworten, rate ich Ihnen, sich mehr zuzutrauen, als sich Fantasien über Ihr Gegenüber zu machen. Trauen Sie sich vielmehr, wenn Sie zum Beispiel davon ausgehen, absichtlich mit falschen Angaben getäuscht worden zu sein, diese tatsächlich zu ergründen und zu konfrontieren. Und – lassen Sie auch zu, dass Sie sich getäuscht haben. Das ist kein Fall von Schwäche, sondern ein Fall von eigener Stärke.

Eine Entschuldigung ist übrigens der erste Konfliktverhinderer!

Projektionen

Eine sehr hilfreiche Methode ist, die eigenen Glaubenssysteme unter der Lupe von **Projektionen** zu hinterfragen: Jedes Mal, wenn Sie zum Beispiel ein Gefühl von Ärger über ein spezifisches Verhalten Ihres Gesprächspartners empfinden, gibt es verschiedene Fragesets, die Sie von Ihren Überzeugungen, die Sie über die andere Person haben, befreien können:

> Wo und wann verhalte ich mich genauso?
> Um was beneide ich den anderen? Was hat er, was ich nicht habe? (Frechheit, Durchsetzungsvermögen, Geradlinigkeit etc.)
> Was kann ich von ihm lernen? (Ich sollte frecher werden ...)
> Würde ich mich an seiner Stelle auch so verhalten? Sagen Sie mal Ja und stellen sich die Frage »wozu«?
> Wurde ich für »solches Verhalten« früher bestraft? Glaube ich deshalb immer noch, dass dieses Verhalten bestrafungs-

wert ist (aus Loyalität denen gegenüber, die mir diese Mitgift mitgegeben haben)?

Wenn Sie bereit sind, sich ehrlich mit sich und diesen Fragen auseinanderzusetzen, werden Sie neue Antworten bzw. neue Informationen erhalten. Immer wenn so etwas geschieht, werden andere Gefühle bei Ihnen ausgelöst. Dieses Vorgehen hilft Ihnen, besser bei sich selbst zu bleiben, sich Ihrer eigenen Verantwortung wieder bewusst zu werden, und führt damit zu neuen Lösungsansätzen. Außerdem werden Sie Ihrem Verhandlungspartner gegenüber »sanfter« und stärken damit den Beziehungsaspekt in einer Verhandlung.

»Andere sind für mein Glück verantwortlich«
Ich vermute, dass die meisten von Ihnen diesen Satz sofort verneinen werden. Andere tun das sehr wohl, aber ich nicht, denn ich weiß ja, dass ich meines Glückes Schmied bin.

Ganz so einfach ist es nicht. Reflektieren Sie die folgenden Aussagen.
> »**Der** macht mich wahnsinnig!«
> »Ich ärgere mich über **Ihr** unverschämtes Angebot!«
> »**Sie** ist für diese miese Stimmung verantwortlich!«
> »**Er** macht mich ganz aggressiv!«
> »**Sie** machen mich mit dieser Zusage sehr glücklich!«

Interessant! Der, Ihr, sie, er, Sie – welche Macht Sie wem erteilen! Aber wessen Hirn produziert denn diese Gedanken? Und welche Gefühle werden durch diese Gedanken hervorgerufen? Ich werde wahnsinnig, ich ärgere mich … Ich erlaube diese Stimmung. Ich bin aggressiv. Ich bin glücklich.

So, wie werden Sie ruhiger? Wie können Sie vom Hirnbesitzer zum Hirnbenutzer werden und dabei erst noch Ihre Emotionen besser unter Kontrolle bekommen? Ich erwähne diesen

Punkt hier, da wirklich immer, in jedem Seminar, dieser Wunsch von mindestens einem Teilnehmer ausgesprochen wird: »Ich möchte ruhiger bleiben.« Sie können nur ruhiger bleiben, wenn Sie wissen, welche Überzeugungen und Glaubenssätze *Sie* beherrschen und welche Emotionen und Gefühle dabei ausgelöst werden. Erst danach erhalten Sie die Wahl!

Daniel Goleman, als Referenz und Übervater von »Emotionaler Intelligenz«, hat uns Mitte der 1990er-Jahre aufgezeigt, wie wichtig das Einsetzen dieser Fähigkeit (Erkennen von Emotionen und Gefühlen) in uns ist. Emotionale Intelligenz ist somit nicht Gegenspieler, sondern Ergänzung zu Ihrem IQ. Aber was heißt emotionale Intelligenz eigentlich?

Emotionale Intelligenz ist ein Vermögen und nicht ein passives Erleben. Wesentlich ist, mit eigenen und fremden Gefühlen umzugehen, das heißt, eigene und fremde Gefühle und Emotionen wahrzunehmen und angemessen an- und auszusprechen.

Bevor wir andere steuern können, sollten wir lernen, erst uns selbst besser zu managen!

Welche Auswirkungen Ihre Glaubenssätzen und Überzeugungen haben können? Die folgende Tabelle wird Ihnen die Augen öffnen.

Rollenverständnis, Glaubenssätze und Einstellungen anderen gegenüber

Unser Verhalten wird oft von unbewussten, aber sehr starken Glaubenssätzen wahrgenommen, die von unseren Lebenseinstellungen geprägt sind. Auf Ihre Rolle bezogen, beeinflussen diese natürlich Ihr kommunikatives Verhalten. Überprüfen Sie hier Ihre Einstellungen, Überzeugungen und deren Konsequenzen.

Glaubenssatz	Ja/Nein	+/+ ? +/− ? −/+ ? −/− ?	Auswirkungen
Einem Lieferanten sage ich immer, dass ich mehrere Angebote einhole.			
Ich würde nie sofort auf die erste Forderung eingehen.			
In einer wichtigen Verhandlung darf man nie alle Karten auf den Tisch legen.			
Es ist meine Pflicht, den tiefsten Preis zu holen.			
Ein Verhandler will immer nur seinen Vorteil.			
Ich bin ehrlich.			
Lieferanten müssen um meinen Auftrag kämpfen.			
Ein Verhandler sagt nie die ganze Wahrheit.			
Ich bestimme letztendlich, was eingekauft wird.			
Ich brauche Notlügen und finde diese okay.			
Techniker sind zu weich im Verhandeln.			

Welche der genannten Aussagen bewirkt, dass einem guten Verhandlungsergebnis ein Steilpass zugespielt wird?

Worst-Case-Szenario

Aus langjähriger Erfahrung im Umgang mit Menschen, gerade in der jetzigen Zeit, weiß ich, wie sehr nicht nur Verhandler, sondern Menschen generell mit Ängsten kämpfen. In meinen Seminaren und Workshops thematisiere ich gerade deshalb dieses »Tabuthema« immer. Letztlich geht es auch in der Verhandlung nicht nur um die Freude des Erfolgs und das Schmeicheln unseres Egos. Nein, es geht viel häufiger darum, dass wir uns anstrengen, Schmerz zu vermeiden. Das heißt, den vielen Fantasien Herr zu werden, die uns suggerieren, den Job zu verlieren, wenn wir keine Erfolge vorweisen können, unsere Familie nicht mehr ernähren zu können, die Ausbildung der Kinder nicht mehr finanzieren zu können, unser Haus und unseren Fuhrpark nicht mehr halten zu können u.v.m.

Dabei wäre es so viel einfacher, die **Dinge zu Ende zu denken,** anstatt in der Angst stecken zu bleiben. Ängste sind häufig nicht zu Ende gedachte Gedanken. Fast immer werden Sie zu einem anderen Schluss kommen, wenn Sie sich alles vorstellen. Wählen Sie unterschiedliche Varianten von dem, was tatsächlich passieren kann? Wie genau weiß ich, dass Fall X tatsächlich eintreffen wird? So ist es sinnvoll, sich mit dem Thema Worst-Case-Szenario nicht nur inhaltlich, sondern generell auseinanderzusetzen und dabei zu unterscheiden, was ist und was nicht ist.

Eine weitere Frage, die Sie vielleicht beschäftigt, ist: Wie gehe ich persönlich mit der Situation und dem Verhandlungspartner um, wenn ich die Verhandlung an die Wand gefahren habe? Eine andere Form von Horrorszenario.

> Als schlechter Verlierer dastehen?
> Sich den Schädel rasieren?
> Sich in Schuldgefühle und Scham verstricken?
> Hasstiraden auf den Verhandlungspartner aussprechen?
> Den Job wechseln (das kriege ich nie hin!)?

Wie war das, als Sie noch ein Kind waren und ein Spiel verloren haben? Verhalten Sie sich immer noch gleich oder ähnlich? Zeigen Sie vielleicht Ihre Gefühle nicht mehr so offen, obgleich sie da sind?

Wissen Sie, was mir da immer, wirklich immer, hilft?

1. Schritt: Erst mal gut durchatmen. Akzeptieren, dass es diese schlechten Gefühle gibt, sie anerkennen, wertschätzen und zulassen – und Sie werden rasch bemerken, wie viel schneller Sie sie auf diese Art wieder loswerden.
2. Schritt: Grundsatz! Ich habe noch nie eine Verhandlung verloren, denn ich lerne und gewinne immer neue Erkenntnisse, die sich in der nächsten Verhandlung bezahlt machen. Stärken Sie Ihren Lernwillen!
3. Drücken Sie Ihre Wertschätzung bezüglich der Kompetenz und dem Können Ihres Verhandlungspartners aus. Er wird sich darüber freuen, und Sie schaffen sich eine gute Ausgangslage für die nächste Verhandlung. Welche Strategien benutzen Sie, um mit einer schwierigen Situation besser umzugehen? Lassen Sie es mich wissen!

Zusammenfassung
> Gehen Sie kritisch mit der Wahrnehmung um.
> Hinterfragen Sie Glaubenssätze und lösen Sie diese allenfalls auf.
> Mögliche Auflösungen:
    – sich mit den eigenen Vorteilen (Produkten, Leistungen) befassen
    – verschiedene Wahrnehmungskanäle nutzen
    – die eigene Wahrheit überprüfen (Ehrlichkeit mit sich selbst)
    – sich von den Überzeugungen befreien, die man über sich bzw. die andere Person hat
    – »manage yourself before you manage others«
> Worst-Case-Szenario
    – Drei Schritte:
        • Atmen
        • Akzeptieren
        • Aus jeder Situation lernen, Wertschätzung ausdrücken

SCHWIERIGE SITUATIONEN

Es gibt kaum Verhandler, die behaupten, zu verhandeln sei einfach. Aber was verbietet uns, dass Verhandlungen zumindest einfacher sein könnten?

Oder ist es einfach schick, darüber Anerkennung zu erhalten, einen »harten Brocken« zu bezwingen? Mit Schweißperlen auf der Stirn einen faulen Kompromiss zu rechtfertigen?

Oft sind es nicht die Verhandlungen, die schwierig sind, sondern die Verhandler, mit denen wir es zu tun haben – glauben wir! Es ist jedoch die Betrachtungsweise, die eine Situation schwierig oder einfach erscheinen lässt!

Nebenbei bemerkt: Es gibt auch einfache Verhandlungen.

Beispiel:
Vor vielen Jahren lernte ich einen Mitarbeiter eines Unternehmens in einer Schulung kennen. Ganz begeistert wollte er mich unbedingt mit seinem Chef bekannt machen, um diverse Schulungen des Unternehmens intern durchzuführen. Meine Vorstellungen der tatsächlichen Bedürfnisse waren sehr unklar. So nahm ich den Termin erst mal wahr. Der Geschäftsführer machte keine Anstalten, zum Thema zu kommen,

schaute mich kaum an, begann jedoch, mir sein neuestes Blackberry zu erklären, dies in größter Ausführlichkeit und unerklärlichem Enthusiasmus. Nach etwa 40 Minuten fragte ich ihn, ob wir noch die Themen klären könnten, deretwegen ich hier war. Seine Antwort: »Wann fangen Sie an?« Keine Frage nach Umfang, keine Frage nach dem Honorar.

Verhandeln: Weshalb tun Sie denn etwas, was Ihnen gar keinen Spaß macht und so unendlich anstrengend zu sein scheint? Oder hat es eben doch seinen Reiz, Grenzen zu testen – eigene und andere?

Aber was macht es denn schwierig?
1. zu hohe Komplexität
2. negative Beziehungsaspekte
3. schlechte Vorbereitung
4. bereits wissen, dass …
5. Erwartungshaltung
6. das Verschmelzen des Verhandlungsgegenstands mit der Person (vielleicht sind die Umstände tatsächlich schwierig, was aber nichts mit der Person zu tun hat; der Verhandlungspartner wird jedoch als schwierig bezeichnet)
7. ungenügende Alternativen und Optionen
8. »unpassende« Verhandlungspartner
9. unklare Zielsetzungen
10. usw.

Unabhängig aller aufgelisteten Punkte sollten Sie sich im Klaren sein, dass vielleicht nicht nur Sie selbst, sondern auch Ihr Verhandlungspartner in gewissen Situationen einfach überfordert ist. Natürlich geben wir solches nicht gerne offen zu, aber reflektieren Sie einmal kurz: Zu was führt Ihr Denken, wenn Sie diese »Nebengeräusche« als schwierig bezeichnen? In welchen per-

sönlichen Gefühlszustand bringen Sie sich selbst? Wie beeinflusst dieses Denken Ihre Handlungen und Vorgehensweisen?
Blockiert es Sie und bringt es Sie aus der inneren Balance?

Nehmen Sie als Beispiel eine reale zeitnahe Verhandlungssituation. Was macht/machte die Verhandlung so schwierig?

....

....

....

....

Versuchen Sie deshalb, sich auf die Seite Ihres Verhandlungspartners zu stellen und ihn als Lösungspartner zu stimulieren,
anstatt die Person und/oder die Sache als schwierig darzustellen.
Sobald Sie nämlich Ihren Verhandlungspartner als »unmöglich,
anstrengend oder gar Feind« betrachten, beeinflussen Sie mögliche gute Resultate negativ.

Die Basis legen Sie, indem Sie auch hier zuerst grundlegend nach
positiven Aspekten fahnden.
1. Legen Sie den Grundstein für Gemeinsamkeit! Animieren
   Sie Ihren Gesprächspartner, die Herausforderung gemeinsam anzupacken.
2. Gehen Sie in kleinen Schritten vor, damit beide die Übersicht behalten können.
3. Tun Sie dies, indem Sie zuerst die Beziehung, eventuelle
   schlechte Erfahrungen in der Vergangenheit thematisieren
   und »aufräumen« (Störungen haben Vorrang).
4. Nehmen Sie sich mehr Zeit für eine Vorbereitung und verschieben Sie einen Verhandlungstermin auch mal.

5. Machen Sie sich Ihre Vorurteile, Mutmaßungen und Ahnungen bewusst und überprüfen Sie diese. Ziehen Sie auch hier Ihre erweiterte Wahrnehmung zurate.
6. Dasselbe gilt für Ihre Erwartungen. Machen Sie sich so viele bewusst, wie es geht, und kommunizieren Sie diese Ihrem Verhandlungspartner.

»Schwierig« ist nur ein Wort. Untersuchen Sie, was Sie tatsächlich damit ausdrücken wollen. Meist sind es Bedenken, die sich in einem diffusen Gefühl bemerkbar machen und schlecht zugeordnet werden können. Je besser Sie auch im Gefühlsbereich Zugang zu sich selbst finden und Ihre Emotionen und Gefühle benennen können, desto rascher finden Sie Zugang zur anderen Person. Weshalb? Weil Sie sich präziser und authentischer ausdrücken können. Wenn Sie jedoch der Ansicht sind, dass solches in der Verhandlung keinen Platz hat, wird es tatsächlich schwierig.

Oft höre ich übrigens folgenden Satz: »Ich bin in der Verhandlung oder im Business ganz anders als zu Hause.« Ach ja, ich wusste gar nicht, dass Sie Ihr Ich zu Hause lassen können. Vielleicht schreiben mir Menschen mit dieser Einstellung, wie sie dies anstellen.

Weshalb werden Verhandlungen als schwierig erlebt? Sie belasten uns emotional. Aber haben Sie nicht auch zu Hause Situationen, die Sie emotional als »schwierig« erleben? Was ist also der Unterschied?

> Meist sprechen Sie »emotionale Störungen« zu Hause rascher an.
> Sie lassen Ihren Gefühlen freien Lauf.
> Sie sind weniger überlegt und vorsichtig, wie das ankommt, was Sie sagen (viele Familien würden es übrigens schätzen, wenn man mit Ihnen so umgeht wie mit einem Geschäftspartner).

> Sie verstecken die eigenen Gefühle (Pokerface).

> Und Sie haben größere Bedenken, dass Sie damit erkannt
und damit einfacher zu »handhaben« sind.

Die persönlichen Empfindlichkeiten, Mechanismen und Verhaltensmuster sind jedoch die gleichen – nur zeitlich verzögert oder sie tauchen verdeckter auf.

Wie anstrengend! Stellen Sie sich vor, wie viel Energie Sie auf das Verdecken und Verstecken aufwenden müssen. Diese steht Ihnen für Wichtigeres nicht mehr zur Verfügung. Sie verstellt Ihnen häufig Ihren Fokus, Ihre Konzentration und Ihre Zielklarheit.

Lösung

Zeigen Sie so viel wie möglich von sich in angemessener Art und Weise, und Sie werden erstaunt sein, wie Sie damit Ihren Verhandlungspartner animieren, dasselbe zu tun.

Trotzdem sollten Sie überlegen, welche Teile Sie an- und aussprechen.

Zusammenfassung

Schwierige Situationen

> Zeigen Sie sich in angemessener Weise: So stimulieren Sie
den Verhandlungspartner zum Lösungspartner.

> Eigene und fremde Gefühle und Emotionen sollten Sie
wahrnehmen und angemessen an- und aussprechen.

TYPOLOGIE

Gottes Geschöpfe sind ganz unterschiedlich, was wir meist als interessant empfinden. In Verhandlungen, wie in vielen anderen ungewohnten und herausfordernden Situationen auch, würden wir uns jedoch wünschen, dass die anderen gleich wären – eben so wie wir. Wie einfach wäre dann alles.

Ohne Anspruch auf Vollständigkeit möchte ich Ihnen ein paar typische Zeitgenossen vorstellen. Sie erhalten eine Übersicht der unterschiedlichen Charaktere und deren Vor- und Nachteile. Von unterschiedlichen Modellen erhalten Sie Vorschläge, wie Sie mit diesen unterschiedlich umzugehen lernen. Sie werden feststellen: Je mehr sich eine Typologie von der Ihren unterscheidet, desto weniger möchten Sie sich mit einer solchen Person in einer Verhandlung auseinandersetzen.

Den Fokus setze ich hier ausschließlich auf Ihren Verhandlungspartner und überlasse es Ihnen, sich selbst bei der einen oder anderen oder einer Mischform der unterschiedlichen Facetten zu erkennen. Außerdem versuche ich, die Typologien überzeichnet darzustellen, da es Ihnen einfacher fallen wird, diese entsprechend zu identifizieren.

1. Da bin ich!
2. Hör mir mal zu!
3. Ich bin nett!
4. Alle sind gefragt! – Dreiklang: Kopf, Herz und Hand
5. Lass mich in Ruhe!
6. Ich krieg dich schon!
7. Wenn ich, du auch!
8. Ich verwirre dich (und mich)!
9. Ich schaue erst mal zu!

1. Da bin ich!

Charakteristik: Er betritt die Arena, um im Kampf zu siegen und den Pokal nach Hause zu bringen. Angriff auf seinen Rang, sein Revier oder seinen Status kann zu einer sehr emotionalen Reaktion führen. Erst recht mit Publikum, das heißt mit mehreren Verhandlungspartnern am Tisch. Rasche Entscheidungen werden bevorzugt.

Verhalten: Rücksichtslos, durchgreifend, rigoros, rüde, angriffslustig, energisch, entschieden, dynamisch, zielorientiert, zeigt wenig Geduld, nimmt viel Platz ein, kein Interesse an Beziehungen, kann Angst auslösen. Mangel an Kooperationsbereitschaft, setzt seine Macht ein.

Schwächen: Muss sich in jeder Lage als stark beweisen, steht häufig selbst unter Druck und kann diesen schlecht managen. Emotionen und Gefühle werden verdrängt, als unangebracht und unerwünscht betrachtet. Der unbewusste Drang, die Sache zu kontrollieren, steht im Vordergrund.

Stärken: Diese Person zeigt sich, ist messbar und lädt dadurch weniger zu Fantasien ein. Durchhalte- und Durchsetzungsvermögen sind Qualitäten, von denen Sie lernen können.

Begegnen: Nicht einschüchtern lassen! Respektieren Sie seinen Rang und seinen Status und begeben Sie sich auf Augenhöhe mit ihm. Eine kleine Anerkennung kann Wunder wirken, denn diese Menschen machen sich extrem unbeliebt und erhalten wenig Zuneigung und Akzeptanz. Geben Sie ihm recht, wo er recht hat. Bleiben Sie in der Verhandlung sachlich und zielorientiert. Bitten Sie um sachliche Begründungen: »Warum sind Sie dieser Auffassung?« Machen Sie keine Umwege, sondern begegnen Sie ihm mit der gleichen Direktheit, die auch Ihnen »angeboten« wird, und behalten Sie Ziel und Zeit im Auge.

2. Hör mir mal zu!

Charakteristik: Mit langen Beiträgen und Erklärungen versucht er, seine Kompetenz und sein Fachwissen in Szene zu setzen. Er ist der typische Vielredner und sucht Beachtung und Anerkennung. Gehört, beachtet und respektiert zu werden ist ihm wichtiger, als rasche Lösungen hinzubekommen.

Verhalten: Manchmal Maulheld oder die ruhigere stoische Variante, die sich immer wieder mit demselben Thema zu Wort meldet, aufgebläht, setzt nur auf Beziehung, um Beachtung zu erhalten, ausbreitend, sehr empfindlich, nach Aufmerksamkeit heischend, lässt anderen wenig Raum, kritisch, setzt seine Intelligenz ein.

Schwächen: Derjenige ist überzeugt, dass Sache, Bildung und Wissen die einzigen Parameter für Erfolg darstellen. Dahinter versteckt sich eine Person, die auf zwischenmenschlicher Ebene zumeist unsicher ist. Auch sie findet häufig wenig Akzeptanz durch ihr Verhalten, weshalb sie sich noch mehr hinter Intellektualität, Wissen und Halbwissen versteckt. Detailverliebt. Wenig Sozialkompetenz.

Stärken: Dieser Typ wird kaum unvorbereitet in eine Verhandlung kommen, deshalb sollten Sie sich in Acht nehmen. Häufig sind diese Personen hoch spezialisierte Fachleute. Vertiefte Kenntnisse und vernetztes Denken sind ihr Potenzial.

Begegnen: Falls Sie solche Verhandlungspartner bereits kennen, ist es wichtig, dass Sie gleich zu Beginn der Verhandlung Sprechzeiten und Regeln etablieren. Worthelden sollte man nur zu Beginn reden lassen. Geben Sie ihnen, soweit es geht, eine Plattform. Meine Erfahrung ist: Wenn sie diese einmal ganz offiziell erhalten haben, werden sie sich eher wieder zurücknehmen. Diese Gattung ist äußerst offen für Komplimente an ihre Kompetenz oder ihre tollen vergangenen Leistungen. Bereiten Sie sich sehr gut vor, sammeln Sie stichhaltige Argumente, wenden Sie sich der Person physisch zu, das beruhigt ihr Ego.

3. Ich bin nett!

Charakteristik: Schließt sich der Meinung von anderen an, vermeidet Positionierung und Rechthaberei, spricht häufig die gute Beziehung an, geht auf das Spielfeld, um nicht zu verlieren, und macht alles dafür, dass ihm nicht wehgetan wird. Zeigt große Kooperationsbereitschaft, jedoch nicht, um die beste Lösung zu erreichen, sondern um Konflikte zu vermeiden. Er will gemocht und geliebt werden und erhofft sich dadurch unbewusst ein Entgegenkommen der anderen Partei. In der Verhandlung eher introvertiert und passiv oder sorgt für gute Stimmung. Menschliche Werte sind die einzigen, die zählen. Gibt den eigenen Erfolg bereits zu Beginn »an der Garderobe ab«. Profillos.

Schwächen: Dieser Verhandler hat Mühe, sich selbst zu behaupten und sich durchzusetzen, deshalb bevorzugt er Verhaltensstrategien, die vor allem die gute Beziehung in den Vordergrund rücken. Angst vor Konfrontation. Wird eher über den Tisch gezogen. Wenig Bewusstsein für die eigenen Bedürfnisse und Interessen, weniger gut vorbereitet. Verwechselt Höflichkeit mit professionellem Auftreten. Macht im Nachhinein die Faust in der Tasche. Gefahr, übervorteilt zu werden.

Stärken: Den Dampfwalzeneffekt kennt er nicht. Gott sei Dank gibt es noch Verhandler, die nebst Leistung und Erfolg auch noch eine menschliche und empathische Seite kennen. Diese Menschen können auch in Verhandlungen sehr gut zuhören und Bezug zu Dingen nehmen, die zwischen den Zeilen stehen. Sie sind die Geduldigen.

Begegnen: Lassen Sie diesen Verhandlungspartner auch mal zu Wort kommen und laden Sie ihn ein, seine Sicht der Dinge darzulegen, ohne ihn zu unterbrechen. Stellen Sie ihm offene Fragen, damit Sie ihn besser kennen- und einschätzen lernen. Erkennen Sie auch den menschlichen Faktor an, ohne Ihre Ziele aus den Augen zu verlieren. Hören Sie gut zu und bieten Sie Lösungen an, die auch für die andere Seite akzeptabel sind. Ermuntern Sie diese Person dazu, sich auch kritisch zu äußern. Operieren Sie mit Worten aus dem Gefühlsbereich; fragen Sie zum Beispiel: »Wie fühlen Sie sich mit dieser Lösung?« Erkennen Sie die Bereitschaft zu einer diplomatischen Lösung an und versuchen Sie, gemeinsame Interessen zusammenzuführen. Bei einer Verhandlung, die diese spezielle Art mit berücksichtigt, werden Sie loyale Verhandlungspartner auf lange Zeit »produzieren«.

4. Alle sind gefragt! – Dreiklang: Kopf, Herz und Hand

Charakteristik: Alles ist vorbereitet. Nicht nur die inhaltlichen Punkte, sondern auch das Setting folgt genauen Regeln. Sich selbst bewusst zu sein und gegenseitige Interessen in hohem Maße zu erfüllen ist sein Anliegen; dazu scheut er sich nicht, Zeitressourcen in Anspruch zu nehmen, um in seinem Sinne die besten und nachhaltigsten Lösungen zu erarbeiten. Schnellschüsse auf der Sachebene sind ihm genauso ein Gräuel wie ein schlechter Umgang miteinander. Er legt Wert auf das Einhalten von Fairness, guter Kommunikation und Respekt. Demokratisch erreichte Ergebnisse sind ihm suspekt, und er gibt sich nur mit einer im Konsens entstandenen Lösung zufrieden. Lösungsalternativen werden in der Tiefe erforscht, Kreativität ist gefragt. Jegliche Zweifel und Unklarheiten wollen beseitigt werden.

Schwächen: Eigentlich gibt es an dieser Typologie kaum etwas zu nörgeln. Außer, dass sie sehr zeitaufwendig und nicht jedermanns Angelegenheit ist. Für viele andere Typologien stellt diese Art eine Geduldsprobe dar. Auch Nebensächlichkeiten werden mit gleicher Aufmerksamkeit behandelt und haben das gleiche Gewicht wie die Hauptthemen in der Verhandlung. Diese Personen können andere überfordern.

Stärken: Diese Menschen haben einen hohen Anspruch an den menschlich respektvollen Umgang sowie ein hohes Bewusstsein für beste Ergebnisse. Nachhaltigkeit ist ihr höchstes Ziel, und damit vermeiden Sie Nachverhandlungen. Häufig sind sie beliebte Verhandlungspartner, da sie sehr gut vorbereitet sind und alle Facetten einer Verhandlung ausleuchten; außerdem zollen sie anderen große Wertschätzung. Ergebnisse sind sinnvoll, werden von allen Verhandlungspartnern anerkannt.

Begegnen: Nebst der Empfehlung, diesem Stil zu folgen, brauchen Sie eine gute Vorbereitung mit möglichst flexiblem Denken und die Bereitschaft, allen ihren Raum einzugestehen und etwas mehr Zeit einzuräumen, als Ihnen vielleicht lieb ist. Um den Prozess in einem zeitlich begrenzten Rahmen zu halten, sollten Sie sich eine gute Fragetechnik aneignen und den Verhandlungsprozess mit knackigen Zusammenfassungen immer wieder nach vorn treiben. Setzen Sie nebst klaren Zielen auch einen klaren und realistischen Zeitrahmen, in dem diese erreicht werden sollten. Tragen Sie mit konstruktiven Vorschlägen, Alternativen und Optionen dazu bei, den Prozess zu beschleunigen. Nehmen Sie eher eine fragende als eine behauptende Haltung ein.

5. Lass mich in Ruhe!

Charakteristik: Diesen Menschen fehlt häufig der Spaß an Verhandlungen. Für sie ist vieles klar, nicht der Rede wert, unnötig, sie meiden sowohl menschliche Herausforderungen als auch vertiefte sachliche Diskussionen. Emotionalität und Eindringlichkeit sind unerwünscht. Diese Person versucht, sich diplomatisch zu verhalten, mit wenig Engagement und Ideen für gute Lösungen. Häufig kann sie auch den Sinn nicht erkennen, verschiebt lieber, als zu entscheiden, zieht sich zurück, wenn konfrontiert wird. Je nach Typenkombination kann er bei Bedrängnis auch zu aggressivem Verhalten neigen. Sein Mangel an Inspiration führt ihn selbst zu Nüchternheit und zur Unterdrückung von eigenen Gefühlen.

Schwächen: Er will nicht mit Dingen belastet werden, die unangenehm werden können, und ist unsicher im Umgang mit Konflikten oder hat Angst vor diesen. Diesem Typ fehlt häufig ein geschärftes Ohr, um Tonalitäten zwischen den Zeilen hören oder lesen zu können. Er hat Mühe, ad hoc zu reagieren und eigene Interessen und Bedürfnisse zu äußern, kann diese auch schlecht wahrnehmen. Ein eher introvertierter Verhandlungspartner.

Stärken: Reagiert nicht auf jedes Nebengeräusch und lässt auch mal alle fünfe gerade sein. Macht aus einer Mücke keinen Elefanten, könnte man auch sagen. Diese Menschen sagen häufig nichts. Aber: Wer nichts sagt, hat nicht nichts zu sagen! Wie angenehm, mal keinen Profilierungsneurotiker vor sich zu haben. Verdecktes Potenzial, was erst entdeckt werden sollte.

Begegnen: Ganz wichtig! Offerieren Sie bei Verhandlungen erst mal eine Terminauswahl und wundern Sie sich nicht, wenn er den zuletzt genannten bevorzugt. Geben Sie diesem Typen etwas mehr Informationen als anderen, damit er sich besser vorbereiten kann, um sich dann sicher ins Gespräch zu integrieren. Fassen Sie immer wieder gut und knapp zusammen. Zu viele Fragen

liegen diesen Menschen nicht. Formulieren Sie Statements mit
»Weichspüler« ohne den Anspruch, recht zu haben. Falls Sie mit
Ihren Argumenten danebenliegen, wird sich Ihr Verhandlungspartner schon melden. Aber dann eben freiwillig. Stellen Sie Fragen wie »Wie sehen Sie das?« oder »Was halten Sie davon?«.
Auch geschlossene Fragen wie »Sind Sie damit einverstanden?«
helfen, das Gespräch zu vereinfachen; vergessen Sie den Anspruch, dem anderen »die Würmer aus der Nase ziehen« zu wollen. Lassen Sie sich aber auch von guten Ideen und Lösungsansätzen überraschen!

6. Ich krieg dich schon!

Charakteristik: Oft ein alter Hase, kennt die Regeln, versucht,
Ihre Schwächen auszunutzen – eigene stehen gar nicht zur Diskussion –, stellt verdeckte und Suggestivfragen, zweifelt Ihre Fähigkeiten und Kompetenzen an, provoziert; kurzum: ein unan-
genehmer Zeitgenosse. Auch hier ist wenig Interesse an einer
guten Verhandlungsbeziehung gefragt, das Ergebnis ist wichtig,
jedoch täuscht er gerne, um Resultate zu erreichen. Persönlich
wenig angreifbar, lässt alles an sich abprallen. Von oben herab,
zweifelt Sie offen an, was zu Gesichtsverlust führen kann.
Schwächen: Wenig Respekt für zwischenmenschliche Themen,
verlässt sich auf seinen Instinkt und seine Erfahrung, wenig flexibel, misstraut dem Verhandlungspartner und führt ihn vor, was
zu einer destruktiven Verhandlungsatmosphäre führt, in der sich
niemand wohlfühlt, süffisant in seinen Bemerkungen, abwertend.
Stärken: Zeigt sich nur offen für sehr gute Argumente, kennt
das Spiel, weiß genau, was er erwartet, und sucht die Herausforderung. Gibt sich nicht mit halben Resultaten zufrieden. Hat am
liebsten einen ebenbürtigen Verhandlungspartner.
Begegnen: Bleiben Sie sachlich und lassen Sie sich nicht zu einem
Streit hinreißen. Fragen Sie gezielt nach: »Wie genau meinen Sie

das … was wollen Sie damit sagen?« Oder beantworten Sie die Fragen knapp, um Grenzen aufzuzeigen. Achten Sie diesem Verhandlungspartner gegenüber auf Ihre Haltung, damit Sie einen Streit verhindern können. Stellen Sie Ziele und Konstruktivität in den Vordergrund. Sie dürfen konfrontieren, ohne anzuklagen.

7. Wenn ich, du auch!

Charakteristik: Geht proaktiv Verhandlungen an und zeigt rasch den Willen, eine akzeptable Lösung für beide Seiten anzustreben; seine Kompromissbereitschaft ist hoch, und er bietet einen solchen häufig auch vorzeitig an, erwartet jedoch genau dasselbe von der Gegenpartei. Dinge werden direkt angesprochen, er taucht aber weniger in die Tiefe eines Themas ein, macht Druck, ein Resultat zu erreichen, zuungunsten von nachhaltigen Resultaten, hat die Tendenz, Dinge zu »halbieren«, ist zeitorientiert und wirkt manchmal etwas gehetzt. Die persönliche Selbstbehauptung sowie das Interesse an einem guten Resultat sind mittelmäßig ausgeprägt und hängen stark vom zweiten Stil seiner Typologie ab.

Schwächen: Ein Schnellschuss verhindert nachhaltige Ergebnisse, Nachverhandlungen stehen an, plötzlich wird es zeitintensiv! Das nur teilweise Befriedigen von Interessen und Kontakten löst Unzufriedenheit aus. Das Vertrauen kann durch zu schnelle Lösungen sinken.

Stärken: Wille zu Lösung, positives, dynamisches Verhalten wird geschätzt, Handeln steht im Vordergrund, optimistische Haltung, dass Schwierigkeiten gelöst werden können.

Begegnen: Versuchen Sie, Einfluss auf die Verhandlungszeiten zu nehmen. Mit der Frage »Wollen wir ein rasches oder ein gutes Ergebnis erreichen?« können Sie ein Commitment für eine nachhaltige Lösung erreichen. Kommen Sie mit einer klar umrissenen Agenda; das beruhigt ihn. Erkennen Sie die Kompromissbereitschaft an und zeigen Sie diese auch. Bleiben Sie achtsam im Vorgehen und lassen Sie auch Ihren Bauch zu Wort kommen, ob die Lösungen Ihnen tatsächlich entsprechen.

8. Ich verwirre dich (und mich)!

Charakteristik: Er hat Spaß am Spiel. Nimmt eine Verhandlung als Herausforderung, um mit List, manchmal mit Humor oder einfacher »Tollpatscherei« zu punkten. Dabei kann er seinen Verhandlungspartner in den Wahnsinn treiben. Vielleicht ist er sogar nicht mal berechnend, sondern einfach etwas pathologisch und extrem unstrukturiert. Er wechselt dauernd das Thema, hüpft auf der Zeitachse hin und her, steht auf und geht im Raum herum, spricht in größeren Runden dauernd unterschiedliche Ansprechpartner an. Dabei wirkt er unter Umständen sogar unbedarft.

Schwächen: Diese Person will alles auf einmal und hat keine Übersicht auf sachlicher Ebene. Persönlich weist ihre Sprunghaftigkeit auf schlechte Vorbereitung oder eine tatsächliche Verwirrung hin. (Wir haben es durchaus auch mit unterschiedlichen Psychopathologien zu tun.) Mit ihm kommt man nicht zum Punkt, oder der Endpunkt wird plötzlich und abrupt angestrebt. Ihm zu folgen ist, als würden Sie sich dauernd eine neue Brille mit unterschiedlichen Dioptrien aufsetzen und sich wundern, dass Sie nicht lesen können, was geschrieben steht.

Stärken: Wenn Sie nicht gerade eine psychiatrische Ausbildung haben, ist es schwierig, diese Menschen einzuschätzen, um zu analysieren, was gespielt und was beabsichtigte »Verwirrtaktik« ist. Kreativität und Zusammenhänge zu erkennen, auch dann, wenn sie weit hergeholt sind, sind seine Stärke.

Begegnen: Aufpassen, wach sein, Geduld haben! Wenn nicht Sie, wer bietet dann Struktur? Bereiten Sie harte Fakten vor, bieten Sie freundlich Struktur an und verfolgen Sie diese. Stellen Sie ruhig die folgenden Fragen: »Gehört das zum Thema? Ist das jetzt wichtig? Wie erreichen wir heute unsere Ziele? Ist es Ihnen wichtig, dass wir uns auf das Wesentliche konzentrieren?« – Stellen Sie Regeln auf, auf die Sie sich wieder beziehen können. Planen Sie am Abend nichts mehr, denn solche Verhandlungspartner laugen Sie aus!

9. Ich schaue erst mal zu!

Charakteristik: Lehnt sich zurück, hört gut zu, will sich erst mal ein Bild machen. Prüft Vorschläge auf Machbarkeit und Sinn und zeigt sich neuen oder unorthodoxen Ideen gegenüber kritisch, ist nüchtern strategisch ausgerichtet, fordert also erfolgreich bewiesene Methoden, Konzepte und Vorgehensweisen, um entscheiden zu können.

Schwächen: Wird durch uninspiriertes Verhalten als Miesepeter und Spaßkiller angesehen. Dadurch verhindert er, dass seine eigenen guten Ideen Akzeptanz finden. Oft ist er auch still, um im Verborgenen die kritischen Punkte zu sammeln. Sozial eher schwach. Gibt kaum Anerkennung und Lob.

Stärken: Ist der Kritiker in der Runde, eine Rolle, die notwendig, jedoch unangenehm erscheint. Er achtet auf Lecks und Risiken, was ein wertvoller und wichtiger Beitrag sein kann, um weitere Kosten, Imageverlust und Unannehmlichkeiten zu verhindern. Und – er hält es aus, keine Liebe und Anerkennung zu erhalten.

Begegnen: Erkennen Sie seine Kompetenzen und die Bereitschaft, alle Facetten zu betrachten, an. Wehren Sie nicht gleich jede Kritik ab und hören Sie ihm zu. Fordern Sie diese Person jedoch auch dazu auf, ihre eigenen positiven Aspekte zu betrachten, und argumentieren Sie mit logischen positiven Konsequenzen (wenn's denn welche gibt). Schaffen Sie einen Verhandlungsrahmen, in dem alles Platz hat.

Natürlich sind weder Sie noch Ihre Gesprächspartner Typen, die sich nur in einem einzigen Stil wiederfinden, sondern Sie alle sind immer eine Mischung aus mehreren. Jedoch sind einzelne Aspekte zum Teil sehr stark und andere nur wenig ausgeprägt.

Zusammenfassung
> 1. Da bin ich!
>   2. Hör mir mal zu!
>   3. Ich bin nett!
>   4. Alle sind gefragt! – Dreiklang: Kopf, Herz und Hand
>   5. Lass mich in Ruhe!
>   6. Ich krieg dich schon!
>   7. Wenn ich, du auch!
>   8. Ich verwirre dich (und mich)!
>   9. Ich schaue erst mal zu!
> Seien Sie sich darüber im Klaren, dass alle Individuen eine Mischung unterschiedlicher Typen sind. Einige sind sehr »eindeutige«, andere ein guter Mix aus vielen.
> Typologie ist nicht kontextbezogen.

RHETORIK

Es gibt mehrere rhetorische Gestaltungsmittel, das sind Sprache und Körpersprache (siehe hierzu eigenes Kapitel Seite 208ff.), Sprechtechnik und verschiedene praktische Hilfsmittel.

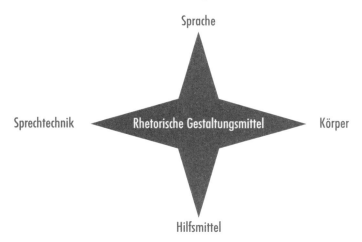

Über Rhetorik ein Kapitel zu schreiben kann nie allen Ansprüchen genügen. Dazu gibt es umfangreiche Werke. Trotzdem – ein Blick in die Schmuckschatulle der Sprache lohnt sich. **Rhetorik** ist die Redekunst oder die Kunst der Beredsamkeit. Schon in der griechischen Antike galt sie als Disziplin und spielte eine besondere Rolle in meinungsbildenden Prozessen.

Monolog und Dialog
(Monolog: One-Way-Ticket – Dialog: mit Rückfahrkarte)

Da bei einer Verhandlung grundsätzlich das Dialogisieren im Vordergrund steht, möchte ich trotzdem eine klare Unterscheidung zum Thema Monolog formulieren.

In der Theorie nutzt der **Monolog** verschiedene rhetorische Figuren, Thesen, Prämissen oder Argumente. Argumente steigern beispielsweise eine Prämisse oder eine These durch eine gezielte Konklusion, wobei der Sprecher versucht, seine Zuhörer zu überzeugen.

Damit erhalten Sie als Redner oder Sprecher nicht nur Aufmerksamkeit, sondern erzeugen auch Spannung und erhöhen somit die Bereitschaft, dass Ihren Ausführungen und Argumenten zugehört wird.

Im **Dialog** gewinnt die flexible Interaktion eine andere Bedeutung, denn nicht nur inhaltliche, sondern auch verbale, paraverbale und nonverbale Aspekte erzeugen eine Reaktion. Gerade die emotionale Verfassung eines Verhandlers zeigt sich hier auf allen Ebenen der Interaktion. Diese versuchen die Verhandler häufig zu vertuschen und werden dadurch inkongruent.

So gehören zu den rhetorischen Stilmitteln nicht nur die Sprache, sondern auch Ihr Sprechwerkzeug (Stimme), Hilfsmittel, die Sie einsetzen (zum Beispiel Visualisieren), und natürlich Ihre Körpersprache.

Hilfsmittel

In den meisten Besprechungsräumen stehen heute mehrere Hilfsmittel zur Visualisierung bereit. Nur wer benutzt sie? Ich erlebe immer wieder viele Missverständnisse, die darauf beruhen, dass nicht vom Gleichen gesprochen wird. Als hilfreich würde sich das Greifen zum Stift anbieten, um kurz zu skizzieren, was Sie meinen.

Inhalte wie zum Beispiel
> geografische/Standortdarstellungen,
> hierarchisches Verständnis,
> Ablaufprozesse oder
> Lösungsansätze

würden von allen Beteiligten aus der gleichen Perspektive und zeitgleich wahrgenommen: eine banale und äußerst effektive Weise, Verständnis sicherzustellen. Außerdem steht es Ihnen als Inhaber eines Stifts frei, das darzustellen, worauf **Sie** besonderen Wert legen.

Nutzen Sie deshalb:
> Flipchart
> PowerPoint
> Whiteboards
> Moderationsmaterial

Stimme/Sprechwerkzeug

Sie wollen überzeugen? Mit Inhalten? Die besten Ideen, Vorschläge, Lösungen und Erfolgsaussichten sind uninteressant, wenn Sie sich nicht bemühen, diese mit stimmlichem Nachdruck, gekonnten Pausen, Stimmmodulation, Verständlichkeit, unterschiedlichen Tempi, Rhythmuswechsel und Lautstärken zu gestalten. Gerade in einer ernsten Situation wie einer Verhandlung gerät die Mehrzahl der Verhandler in einen monotonen, gleichbleibenden und einschläfernden Gebrauch der Stimme.

Sie benutzen unbewusst das Werkzeug eines Hypnotiseurs und wundern sich, weshalb die Gegenpartei so wenig Interesse und Aufmerksamkeit für Ihre Argumente gezeigt hat. Monotonie und gleichbleibender Rhythmus in der Sprache schläfern ein und führen zu Unaufmerksamkeit.

Ein gutes Training dazu kann Spaß bereiten. Lassen Sie sich ein Feedback geben, Sie können ein Stimmtraining oder einen Kurs in Rhetorik besuchen. Das lohnt sich auch für Gespräche in anderen Kontexten als einer Verhandlung.

Nutzen Sie Ihre Stimme, um zu emotionalisieren! Denn: Stimme macht Stimmung!

Viele meiner Teilnehmer würden lieber von einer Staumauer oder einer Brücke einen Bungeesprung riskieren, als mit ihrer Stimme zu spielen.

Weshalb ist das so? Da gibt es tief verwurzelte Hemmungen und persönliche Überzeugungen, die diese eigenen, einschränkenden Grenzen bewahren. »Eine Verhandlung ist eine ernste Angelegenheit«, sagen viele und verfallen sofort in Monotonie, sprich: in die Beerdigung von Lebendigkeit. Als ob eine Verhandlung nichts Lebendiges wäre! Wer jedoch auch in dieser Hinsicht seine Komfortzone nicht verlässt, ist ein »Selbstverhinderer der Überzeugung«. Der paraverbale Anteil, um Argumente zu unterstützen, ist der zweitgrößte Beeinflusser einer Botschaft.

Mit einem sorgfältigen Umgang Ihrer Sprechweise und Ihrer Sprache argumentieren Sie nicht nur, Sie gewinnen, erfreuen, berühren und bewegen Ihr Gegenüber. »Das ist unwichtig!«, sagen Sie vielleicht. Dann frage ich Sie: Glauben Sie, dass rein sachliche Argumente überzeugen können? Kaum! So lassen Sie uns untersuchen, welche Möglichkeiten Sie nutzen sollten, um Ihrer Sprache mehr Bildhaftigkeit, Sinnhaftigkeit und Gehör zu verschaffen. Viele Verhandler vernachlässigen diese Aspekte unter dem Vorwand, dass auf einem gewissen Verhandlungslevel ausschließlich Argumente zählen. Den achtsamen Umgang mit Sprache zu negieren käme der Behauptung gleich, dass es keine Rolle spiele, ob Sie in einer Badehose zu einer Verhandlung erschienen.

Sprache

Bildsprache

Menschen denken in Bildern. Mit Bildern werden Emotionen verbunden. Deshalb kann das Gehirn mit reinen Zahlen nichts anfangen. Das Gehirn reagiert darauf kaum, da reine Zahlen keine Emotionen auslösen. Aber das Gehirn reagiert sehr wohl auf eine Zahl, wenn diese mit einem Bild verknüpft wird, das bei Ihrem Verhandlungspartner ein (gutes) Gefühl vermittelt.

Beispiel:
Probieren Sie doch gleich selbst aus, was Sie mehr anspricht!

Hier entwickeln Sie buchstäblich einen Paradigmenwechsel, denn der Wunsch, diese tolle Villa zu besitzen, reizt wesentlich mehr als eine nackte Zahl. Seit Jahrzehnten nutzt das Marketing diese Instrumente, um Kunden zu animieren, in Dinge zu investieren, die als Bedürfnis noch gar nicht bewusst vorhanden sind.

Das Zahlenbeispiel sollten Sie genauer unter die Lupe nehmen. Wenn ich daran denke, wie viele Einkäufer für ein Volumen von mehreren Millionen Euro verantwortlich zeichnen, jedoch absolut keinen Bezug mehr zu solchen Zahlen haben, können Sie gerade hier mit Bildern kreativ arbeiten. Genauso agieren Sie, wenn es sich um völlig abstrakte Inhalte handelt. Oder können Sie sich etwas unter »Stromeinkauf« vorstellen?

Beispiel:
Ein Industrieunternehmen kauft 4,8 Gigabyte Strom ein. Was ist das? Können Sie Strom sehen? Mit dem Satz »Um drei Hochöfen zu beheizen, damit bester Stahl hergestellt werden kann ...«, können die meisten als Beispiel schon mehr anfangen, obwohl wir auch dann den Strom noch nicht sehen können.

Produzieren Sie Bilder in den Köpfen Ihrer Verhandlungspartner. Aber Vorsicht: Nicht jedes Bild taugt, um zu überzeugen. Interessieren Sie sich deshalb für Ihren Verhandlungspartner, um herauszufinden, welche Bedürfnisse für ihn wichtig sind, was ihn reizt, wie er zu motivieren ist. Nur weil für Sie eine Villa ein erstrebenswertes Objekt Ihrer Begierde darstellt, eignet sich dieses Bild noch lange nicht für Ihren Gesprächspartner. Interesse ist echte Neugier, etwas über Ihren Partner herauszufinden. Dieses Vorgehen kann natürlich auch umgekehrt benutzt werden: Wenn Ihnen daran liegt, eine Entscheidung zu verhindern, zeichnen Sie Bilder mit einem Worst-Case-Szenario.

Vergleiche
Unterschiedlichste Formen von Vergleichen helfen Ihnen, vor allem bei sehr komplexen, komplizierten oder abstrakten Umständen etwas einfach zu erklären. Denn oft stammen die Verhandlungspartner nicht zwingend aus derselben Branche und benutzen daher nicht die gleiche Terminologie, um sich zu verständigen.

Beispiel:

Sie erhalten einen Auftrag, alle Mitarbeitenden in einem neuen ausgeklügelten IT-System zu schulen. Das Bildungsniveau der Mitarbeiter ist sehr unterschiedlich. Der Verantwortliche will jedoch, dass jeder alles beherrschen kann. Folgender Vergleich bringt Klarheit in die Voraussetzungen, die die Individuen mitbringen: »Man kann aus einem Ackergaul kein Rennpferd züchten.« Damit ist keine Abwertung gemeint, stattdessen wird die logische Konsequenz einer Voraussetzung geklärt.

Ich persönlich liebe Vergleiche, da sie ohne langes Reden und Erklären eine Sachlage rasch verdeutlichen. Sie sichern sich damit Verständnis und Zeit. Meist wird ein Vergleich mit dem Wie eingeleitet.

Wiederholungen

Wiederholen Sie vor allem Ihre Schlüsselargumente auf unterschiedlichste Art mindestens dreimal. Hatten Sie auch schon den Eindruck, dass Ihnen nicht zugehört wurde und Ihre wichtigsten Argumente untergegangen sind, obwohl Sie doch den Vorteil für Ihren Gesprächspartner erwähnten? Auch unsere eigene Wahrnehmung filtert vieles. Dasselbe gilt für Ihre Gesprächspartner. Ihre sogenannten Schlüsselpunkte müssen deshalb repetiert werden.

Beispiel:

»Und obwohl wir auf Zinsen verzichtet und obwohl wir keine weiteren Forderungen gestellt haben und obwohl wir einen Nachlass der Zahlungsfristen gestatteten, wollen wir heute klaren Tisch machen.«

Steigerungen

Damit heben Sie unter anderem die Deutlichkeit oder die Wichtigkeit hervor. Dieser rhetorische Ausdruck erzeugt Spannung und Aufmerksamkeit. Ein sehr beliebtes und oft verwendetes Mittel in Reden von Barack Obama.

Beispiel:

»Jeden Tag, jede Woche, jeden Monat verlieren wir durch den Eurodruck an Margen.«

»Nicht nur Umsatz, nicht nur Einnahmen, sondern hohe Gewinne sind garantiert.«

»Überall finden Sie gute und noch bessere Anbieter, aber wir sind die besten!«

»In Dörfern, in Städten, weltweit ...«

»Nicht nur ich oder Sie, sondern alle hier ...«

Dimensionen und Perspektiven werden vergrößert und laden damit zu übergeordnetem Denken und Reflektieren ein.

Gegenüberstellung/Gegensätze

Oftmals sind Gegenüberstellungen und Gegensätze hilfreich, denn vor allem in der Lernforschung fand man heraus, dass krasse Gegensätze ein Thema besser verdeutlichen können als genaues Erklären.

Beispiel:

»Das wird Schaden, nicht Nutzen bringen.«

»Solche Argumente werden vordergründig heiß geliebt, im Nachhinein jedoch kalt abgeschmettert.«

»Das bringt viel Umsatz, jedoch keinen Gewinn.«

Variable der Gegenüberstellung eines höheren Wertes mit einem niedrigen:

»Die ungesicherten Daten wurden alle gehackt, meine privaten Adressen blieben erhalten.«

Metaphern
Diese bringen Dramatik in Ihre Argumente, unterstreichen Ernsthaftigkeit.

Beispiel:
»In stillen, ruhigen Wassern haben wir bis jetzt unsere Geschäfte getätigt, nun tauchen Wolken auf und Stürme kündigen sich an. Was heißt das? Als Marktführer hatten wir bis dato ein bequemes Sofadasein, mussten wir uns kaum vor der Konkurrenz fürchten. Nun kommen neue Produkte auf den Markt, die unsere Stellung im Markt nicht nur angreifen, sondern auch den Mast unseres Schiffes brechen könnten.«

Timeline
Liefern Sie Orientierung und Sicherheit aus zeitlicher Perspektive! Wer seinem Verhandlungspartner immer wieder die Abgrenzungen auf der Zeitachse vor Augen führt, hilft, Objekte zu sortieren, nämlich in der Form, dass alle Beteiligten zu jedem Zeitpunkt wissen, wo sie sich im Thema auf der Zeitachse befinden. Das kann konstruktives und konkretes zielorientiertes Denken und Handeln fördern.

Beispiel:
»Vor Jahren gestalteten wir Verträge ohne eine Klausel mit Penaltys. Heute fordert unsere Rechtsabteilung klare Sanktionen bei Nichterfüllung des Vertrags.«

255

»Letzten Monat noch führte ich ein Gespräch mit Ihrem CEO; heute erfahre ich, dass die Geschichte erst noch vom Vorstand genehmigt werden muss, und morgen muss ich eine Entscheidung treffen.«

»Vor drei Jahren konnten wir mit Rabatten großzügig umgehen, heute brauchen wir erst eine Bankgarantie, um überhaupt darüber zu diskutieren. Nächstes Jahr werden sämtliche Verträge dazu neu ausgehandelt. Lassen Sie uns also die künftigen Rahmenbedingungen besprechen.«

Kurze Sätze

Bandwurmsätze sind verwirrend, irreführend und unklar. Manch ein Sender solcher Botschaften weiß selbst nicht mehr, worüber er spricht, geschweige denn sein Gegenüber. Viele grammatikalische Konstruktionen mit überlangen und oft verschachtelten Sätzen zeichnen sich dadurch aus. Meist sind sie unverständlich und für den Zuhörer intransparent. Fassen Sie sich kurz!

Beispiel:
In AGBs, staatlichen Formularen und Abstimmungsformulierungen finden Sie besonders viele dieser Bandwurmsätze. Und gerade diese gilt es zu verstehen, um sich in erster Linie rechtlich abzusichern. Verhandler geben immer mehr zu (natürlich nicht offiziell), dass sie Verträge mit solchen Formulierungen unterschreiben, ohne diese genau gelesen und verstanden zu haben. Aber, wer hat schon Lust, diese genau zu lesen?

Erlösen Sie Ihr Gegenüber mit verständlichen, knappen Sätzen und fördern Sie damit Kooperation. Keiner gibt zu, dass er nichts verstanden hat, wird sich jedoch mit verdecktem Widerstand rächen.

Pausen

Wollen Sie Wirkung erzielen? Ja, wirklich, dann halten Sie, vor allem nach einem starken Statement, den Mund! Und halten Sie die Wirkung dieser Stille aus. »Retten« Sie Ihren Verhandlungspartner nicht aus der Peinlichkeit der Stille!

Nomen versus Verb

Die Nominalisierung der Sprache hat durchaus zugenommen, ohne dass uns die Wirkung davon bewusst ist. Nominalisierung bedeutet häufig, etwas in Stein zu meißeln. Nomen sind statisch, manchmal leblos, aber auch machtvoll. Es gibt schwache und sehr starke Nomen, negative und positiv besetzte.

Beispiel starke Nomen:
»Ihre Großzügigkeit, Ihr Wille zu Kooperation und Ihr Sinn für Wohlstand, für beide Unternehmen, setzt Vision in Taten um.«
»Kriege am Schreibtisch und Gewalt in der Sprache führen zum Abbruch der Verhandlungen und gegenseitigem Hass.«

Beide Beispiele stehen für starke Nomen, einmal positiv, einmal negativ besetzt.

Beispiel schwache Nomen:
»Die Ungereimtheiten der Parteien lassen keine Bewegung in der Verhandlung zu.«
»Das Finden von Ansätzen erleichtert unser Vorgehen.«

Ein Verb hingegen besitzt eher den Charakter zu bewegen, ist aktiv, bringt etwas von A nach B. Verben unterstützen einen dynamischen Prozess. Auch hier finden Sie starke, schwache, negativ und positiv besetzte Worte.

Überdenken Sie gut, was Ihre Ziele sind und wo Sie auf der

Zeitachse gerade im Verhandlungsprozess stehen. Verwenden Sie in einer Rückschau eher Nomen, wenn Sie daran interessiert sind, die Vergangenheit in der Vergangenheit zu lassen. Wollen Sie aus der gegenwärtigen Situation den Prozess dynamisch gestalten, achten Sie darauf, in erster Linie Verben zu verwenden. Sprechen Sie über Ihre Ziele und/oder haben Sie diese erreicht, nominalisieren Sie wieder, um Ihre Argumente zu festigen.

Beispiel:
Ein rhetorischer Trick, den viele Politiker anwenden, ist folgender:
Sind sie auf Reisen, um Wählerstimmen zu gewinnen, sind Ihre Reden stark von Verben geprägt, da sie Zuhörende bewegen und für ihre Ideen gewinnen wollen. Ist der Wahlkampf gewonnen, wird ihre Siegesrede eine von Nominalisierungen gespickte Versprechungshymne sein.

Nutzen auch Sie all dieses Wissen, um positiv zu beeinflussen!

Sie werden vielleicht sagen, »verhandeln – hart, aber fair, wo bleibt da die Fairness?« Alles nur Manipulation. Ja, das stimmt. Da wir jedoch laufend manipulieren, ob Sie wollen oder nicht, und beeinflussen, tun Sie es wenigstens mit guter Absicht, denn das ist, was zählt.

Der bewusste und achtsame Gebrauch von Sprache ist nur eines davon. Sie können mit Ihrem Auto in den Urlaub fahren, aber auch einen Unfall mit Folgen damit produzieren. Sie können ein Messer zum Schneiden von Brot verwenden, jedoch auch jemanden damit töten. Auch Worte können töten. Sie können jedes noch so gefährliche Instrument auch zu guten Zwecken und achtsam einsetzen.

Worte sind Stellschrauben in der Verhandlung

Wenn Menschen keinen Respekt erhalten, leiden sie. Wenn Menschen keine Reaktion erhalten, ziehen sie sich zurück oder werden aggressiv. Wenn Menschen etwas unterstellt wird, löst dies Verletzungen aus. Jede Aktion bringt eine Reaktion hervor. »Das sehen Sie falsch!« versus »Das sehe ich anders« – alles hat Wirkung. Die meisten Verhandler schätzen sich selbst als kompromissfreudig ein. Anhand der gewählten Sprache, die die inneren Prozesse in Worte fasst, erkennen wir jedoch sehr rasch, ob dies tatsächlich so ist.

Ich behaupte auch heute noch, dass **ich** verantwortlich dafür bin, ob ich es mit Idioten oder herausfordernden Verhandlern zu tun habe. Es liegt in meiner Sprache, ob ich gewaltvoll oder gewaltlos kommuniziere. Viele Menschen sind jedoch davon überzeugt, dass, wenn sie keine »gewaltvolle Sprache« einsetzen, der andere sie nicht ernst nimmt oder nicht versteht.

Sehen wir uns an, mit welchen Mitteln diese Verletzungen provoziert werden und was mit Worten als gewalttätig empfunden wird.

> Schuld zuweisen
> bagatellisieren
> Glaubwürdigkeit infrage stellen
> Würde angreifen, vorführen
> die Person mit anderen vergleichen
> Anspruch auf Perfektion (schafft Aggression)
> Widersprüche aufdecken – ohne eine Begründung oder Erklärung
> aber auch kleine Worte wie »so«, »noch«, »eigentlich« oder »doch« färben einen Satz

Als Sender solch sprachlicher Verfehlungen stimmt die folgende Aussage:

»Die rascheste Intervention, einen Konflikt zu lösen (Konflikt ist immer Verletzung), ist eine ehrlich gemeinte Entschuldigung!« Dies erfordert jedoch Ihre Offenheit, die Reaktion des anderen lesen zu wollen und eigene erkannte Fauxpas anzuerkennen.

Ich habe großes Verständnis dafür, dass einem schon mal die Pferde durchgehen können. Deshalb braucht es eine Lösung.

Achtsamkeit in der Sprache kann viele Blockaden, Konflikte, Widerstände und Abbrüche in Verhandlungen entscheidend beeinflussen.

Beobachten	… was genau geschieht gerade? Ohne zu interpretieren, sachlich bleiben.
Erkennen	… der eigenen Emotionen und Gefühle, diese genau benennen. Emotionen und Gefühle auf die Beobachtung beziehen.
Reagieren	… Hintergrund erforschen. Welches unerfüllte Bedürfnis/welche unerkannten Werte stecken hinter meinen Gefühlen?
Gewissheit	… was möchte ich stattdessen?

»Wer sich noch für grün hält, kann noch wachsen,
wer sich schon reif denkt, beginnt schon zu faulen.«

Nomen nescio

Zusammenfassung

> Eine Verhandlung ist ein Dialog, kein Monolog!
> Der Einsatz rhetorischer Gestaltungsmittel wie Körpersprache, der Einsatz der Stimme (Modulation, Pausen, Tempi, Lautstärke u.v.m.) und überlegter Wortwahl sollten zwingend in einer Verhandlung genutzt werden.
> Emotionalisieren Sie mithilfe Ihrer Stimme.

SPRACHE

Das Metamodell der Sprache

Sprache besitzt eine Oberflächen- und eine Tiefenstruktur. Deshalb sollten wir uns genau anschauen, wie Gedanken in Worte übertragen und übersetzt werden. Denn Sprache kann niemals der Geschwindigkeit, Vielfalt und Sensibilität des Denkens und Fühlens gerecht werden.

Auch für einen Verhandler ist es wichtig, sich exakt so auszudrücken, wie er verstanden werden möchte. Das nennen Linguisten die Tiefenstruktur. Diese ist jedoch nicht bewusst, denn sie ist auf einer sehr tiefen Ebene neurologisch verankert. Das, was wir dann tatsächlich sagen, nennt man die Oberflächenstruktur. Um uns von der unbewussten Tiefenstruktur lösen zu können, verallgemeinern wir, verändern wir und lassen Teile unserer Gedanken und Gefühle ganz weg, wenn wir mit anderen sprechen. Würde die Tiefenstruktur nicht verkürzt, wären Dialoge unglaublich langatmig, pedantisch und nicht mehr zielgerichtet.

> Um die Fülle von Gedanken und Gefühlen an die Oberfläche zu bringen, **lassen** wir vieles an Informationen **weg** (Tilgung).
> Wir geben eine vereinfachte Version wieder, die unvermeidlich und unabsichtlich die **Bedeutung verzerrt**.

> Wir **verallgemeinern.** Würden wir jegliche Ausnahmen und Bedingungen in der Sprache berücksichtigen, würden Unterhaltungen endlos und langweilig.

Das Axiom des Metamodells von Sprache bietet uns viele Möglichkeiten von Fragen an, um Tilgungen, Verzerrungen und Verallgemeinerungen zu entwirren. Ich glaube, dies ist die beste Voraussetzung, um eine Verhandlung wieder in Fluss zu bringen, wo wir in einem »Stuck State« stehen bleiben. Denn nicht das Beharren darauf, dass der andere nicht oder falsch versteht, kann zu guten Kompromissen und Lösungen führen, sondern das Verstehen, was der andere genau meint.

Dazu eine Tabelle zur Orientierung:

BEZEICHNUNG	BESCHREIBUNG	LÖSUNGSSATZ
Tilgungen	> Nominalisierungen > unbestimmte Verben, Subjekt, Substantiv, Inhaltsbezug	> Informationen sammeln
Verzerrungen	> Ursache – Wirkung > Gedanken lesen, Vorannahmen treffen > verlorene Zitate, Glaubenssätze	> Verzerrungen auflösen
Generalisierungen	> Verallgemeinerungen, Universalbezeichnungen > Möglichkeiten, Notwendigkeiten	> genau unterscheiden, spezifizieren

Entfernung von Kommunikationsschranken durch gezielte Frage

1. Tilgungen
Nominalisierungen in Verben wandeln

Beispiel:
»In unserer Abteilung ist großes Wissen vorhanden.«
Fragen: »Was genau wissen Sie? Wer in Ihrer Abteilung weiß was?«

Unbestimmte Verben hinterlassen Unklarheit

Beispiel:
»Dies verändert die Situation.«
Frage: »Wie genau verändert sie sich?«

Unbestimmtes Subjekt, unbestimmtes Substantiv, unbestimmter Inhaltsbezug

Beispiel:
»Man kann sich damit entspannen, und die Leute freuen sich.«
Fragen: »Mit was kann man entspannen? Wer genau kann entspannen? Wer freut sich?«

Vergleiche, Bewertungen, fehlender Bezug

Beispiel:
»Das ist besser für uns.«
Frage: »Verglichen womit – besser als was?«

2. Verzerrungen

Ursache – Wirkung: Damit werden Sie zum Opfer, zum Kinder-
mädchen für andere gemacht

Beispiel:

»Ihr Spielen mit dem Stift lenkt mich ab.«
Frage: »Wie genau verursacht das eine das andere?«

Gedanken lesen, Vorannahmen treffen, Mutmaßungen, Projektionen

Beispiel:

»Sie sollten doch wissen, dass ich das nicht befürworte.«
Frage: »Woher soll ich das wissen?«

Verlorene Zitate, Glaubenssätze

Beispiel:

»Das ist die richtige Art und Weise, das Thema anzugehen.«
Frage: »Welche Art und Weise?«

3. Generalisierungen

Verallgemeinerungen,   Universalbezeichnungen,   universelle
Quantifizierung

Beispiel:

Alle, jeder, immer, nie, keiner, niemand, jederzeit
»Ich scheine nie das Richtige zu tun.«
Frage: »Nie?«

Alle diese Aussagen können in der Frageform des verallgemei-
nernden Wortes rückgefragt werden.

Beispiel:
Ich kann nicht, ich soll, ich muss
»Ich bin außerstande, dieses Papier zu unterschreiben.«
Frage: »Was hält Sie davon ab/was würde passieren, wenn Sie es täten?«

Vorbereitung zur Einwandbehandlung: Modell »Sleight of Mouth«

Einwände in Verhandlungsgesprächen sind keine Störungen, sondern immer Möglichkeiten, den Dialog wiederaufzunehmen, Dinge zu klären, in Kontakt zu bleiben, anstatt sprachlos zu werden. Größtenteils bereiten sich Verhandler auf die zwei bis drei wahrscheinlichsten Gegenargumente vor, von denen sie überzeugt sind, dass diese vorgebracht werden. In wichtigen Verhandlungen genügt dies nicht.

Vor vielen Jahren wurde ich von einer politischen Partei eingeladen, einen Vortrag zu einem äußerst heiklen Thema zu halten. Zu Beginn war ich damals sehr gebauchpinselt, dass ausgerechnet *ich* eingeladen wurde. Nach zwei Tagen begannen sich meine Gedanken zu verdunkeln. Ich hatte große Bedenken, für meine klaren Worte kritisiert und angeschossen zu werden.

Folgende Vorbereitung half mir:
Ich notierte die zehn schlimmsten Angriffe und Gegenargumente, die ich zu erwarten hatte. Diesen wollte ich unter allen Umständen standhalten und gegebenenfalls professionell und kompetent kontern. Angriffe und Gegenargumente formulierte ich einzeln schriftlich und bereitete mich nach dem Schema von

»Sleight of Mouth«, »10x16« vor, um bestens gewappnet zu sein. Das kostete mich viel Zeit, sehr viel Zeit.

Aber, es hat sich gelohnt! Zugegeben, wahrscheinlich hätte ich mich an höchstens 10% des vorbereiteten Materials erinnert. Jedoch wurde kein einziger Angriff, kein kritisches Argument geäußert. Vielleicht war es meine »Aura«, die durch diese akribische Vorbereitung so viel Selbstvertrauen ausstrahlte.

Die Zeiten haben sich geändert, der Zeitdruck hat zugenommen, und so empfehle ich Ihnen diese Vorbereitung dann, wenn es wirklich ums Eingemachte geht. Wie oft im Jahr sich diese Anstrengung lohnt, entscheiden Sie!

Die folgenden Einwandbeispiele geben Ihnen die Chance, sich nicht nur gut, sondern perfekt vorzubereiten.

Beispiel:
Atomwaffen geben Stärke/Schutz/Sicherheit.

1. Rahmenbezug
Das sagen Sie, um die Tatsache zu verdecken, dass Sie selbst zu wenig Möglichkeiten haben, sich zu schützen.

2. Umkehr auf sich selbst
Der Fallout, den diese Überzeugung als Nebenprodukt haben kann, könnte so verheerend sein wie der atomare Niederschlag bei einer Atombombe.

3. Veränderte Rahmengröße
Wie viele Waffen? Für wen? Für was? ...

4. Realitätsbezug
Wie genau wissen Sie das? Was wäre, wenn Sie erkennen würden, dass das nicht wahr ist?

5. Weltanschauung
Sie mögen es Schutz/Stärke nennen, ich nenne es Angst.

6. Absicht
Gerade weil es Ihre Absicht ist, Sicherheit und Schutz zu gewährleisten, bin ich sicher, dass Sie mit mir noch viele andere Möglichkeiten finden werden.

7. Gegenbeispiel
Ist es denn möglich, Atomwaffen zu haben und trotzdem nicht sicher zu sein?
Sicherheit ohne Atomwaffen zu schaffen?

8. Umdefinieren (Ursache oder Anschein)
Es ist nicht die Atomwaffe, die Menschen schützt, es ist die Tatsache, dass sie die Menschen daran hindert, aggressive Aktionen zu unternehmen. Gibt es andere Mittel, Menschen daran zu hindern, aggressiv zu sein?

9. Generalisieren
Da Atomwaffen Sicherheit vermitteln, wäre es sicher gut, wenn alle Menschen auf der Welt Gewehre und Atomwaffen bekommen, damit sich wirklich alle sicher fühlen.

10. Spezifizieren
Wie genau machen sie uns sicher und schützen uns? Welche Atomwaffen tun dies genau?

11. Analogie/Metapher
Atomwaffen sind wie Krebs, das Immunsystem bemerkt sie vielleicht nicht, bis es zu spät ist.

12. Umdefinieren (Effekt oder Kriterium)
Atomwaffen bringen keine Sicherheit, sie bringen den Tod …
und das wiederum erzeugt Angst in den Menschen, die keine
Atomwaffen haben.

13. Anderes Ergebnis
Der eigentliche Punkt ist nicht, ob uns Atomwaffen sicher machen, sondern was der Schutz überhaupt wert ist. Es gibt eine
bessere Wahl. Fangen wir an, wertvoll und logisch zu handeln
und nicht aus Angst heraus.

14. Folge
Der Glaube, dass Atomwaffen der einzige Weg sind, um sicher
zu sein, kann zu Schwäche führen, weil wir keine anderen kraft-
vollen Möglichkeiten mehr erkennen können. Dieser Glaube
führt zu Verfolgungswahn, der die Leute irrational handeln
lässt.

15. Kriterien Hierarchie
Glauben Sie nicht, dass es inhuman, unfair und unwürdig ist,
Menschen mit exzessiver Gewalt zu bedrängen, wenn diese un-
vorbereitet und unbewaffnet sind?

16. Umkehr auf sich selbst
Sind Sie sicher, dass dies eine überzeugende Einstellung ist, um
daran festzuhalten?

Zusammenfassung
> Das Metamodell der Sprache besitzt eine Oberflächen- und
  eine Tiefenstruktur.
> Die drei Aspekte **Tilgung**, **Verzerrung** und **Generalisierung**
  sollten achtsam hinterfragt werden.

> Herausfordernde und schwierige Verhandlungen können mit dem Modell »Sleight of Mouth« effektiv vorbereitet und Einwänden kann professionell begegnet werden.

TIPPS UND TRICKS

Grundstruktur des Verhandlungsgesprächs in 6 Schritten

Schritt 1   Guter Kontakt und gutes Klima
» Wer das erste Knopfloch verfehlt, kommt mit dem Zuknöpfen nicht zurecht!«

Versuchen Sie, wann immer möglich, Ihr Gegenüber vor dem Verhandlungsbeginn kennenzulernen oder die Bekanntschaft zu vertiefen. Sorgen Sie für ein angenehmes Klima, damit die Verhandlung in entspannter und freundlicher Atmosphäre beginnen kann.

Schritt 2   Konstruktive Zielvereinbarung
» Wer nicht weiß, wohin er will, muss sich nicht wundern, wenn er da ankommt, wo er nicht sein will!«

Definieren Sie Ihre Wunsch- und Zielvorstellung, ohne Detaillierungsgrad! Sprechen Sie gleichzeitig die Erwartung aus, dass Sie auch etwas über deren Wünsche und Ziele erfahren wollen. Wenn möglich, sollte die Atmosphäre in diesem Stadium vom

Willen der Zusammenarbeit und von gegenseitigem Vertrauen geprägt sein. Dabei sollten Sie auch zum Ausdruck bringen und verbalisieren. Zu oft nehmen wir Gegebenheiten als selbstverständlich oder logisch gegeben an.

Schritt 3   Erforschung und Reihenfolge, Themenpunkte
» Wer nichts auslegt, hat keine Übersicht!«

Um zur Sache zu kommen, sollten Sie alle Facetten der zu verhandelnden Aspekte kennen. Stellen Sie spezifische Fragen. Nehmen Sie sich vor, sich mit den einzelnen Fragen vor Verhandlungsbeginn sorgfältig auseinanderzusetzen, um festzustellen, ob sich durch Trennen oder Kombinieren einzelner Bereiche Vor- oder Nachteile ergeben würden. Wenn Sie sich darüber einmal im Klaren sind, können die einzelnen Themenpunkte der Reihe nach behandelt werden.

Schritt 4   Konflikte (Meinungsverschiedenheiten) ansprechen und lösen
»Störungen haben Vorrang!«

Wenn sich Meinungsverschiedenheiten zeigen, ist es wichtig, diese zu artikulieren und Konflikte anzusprechen. Üben Sie sich in mutigem Ansprechen von Unklarheiten und Ungereimtheiten bis zu einem Timeout bei Streit. Nur wenn das geschieht, ist es möglich, die Differenzen in einer für beide Seiten akzeptablen Art und Weise zu lösen. Tun Sie dies nicht, werden auch beste Vorschläge boykottiert.

Schritt 5   Geben und Nehmen
»Es heißt geben und nehmen und nicht nehmen und gehen!

Das Gold im Erfolg einer Verhandlung liegt darin, dass beide Parteien eine Neubewertung ihrer Position vornehmen und sich darüber klar werden, inwieweit ein Kompromiss für sie akzeptabel ist. Es gilt, dieses Prinzip während des ganzen Verhandlungsprozesses gut zu überwachen und darauf zu achten, dass Geben und Nehmen zum Tragen kommen.

Schritt 6   Protokoll, Vertrag und Kontrolle
»Je planmäßiger der Mensch vorgeht, umso wirkungsvoller trifft ihn der Zufall.«   *Friedrich Dürrenmatt*

Der letzte Schritt besteht darin, dass beide Parteien die von ihnen getroffenen Vereinbarungen bekräftigen, indem Sie diese schriftlich festhalten (protokollieren) und sie mit Ihrem Gegenüber besprechen. Dadurch sorgen Sie vor, dass es später zu keinen Missverständnissen kommt. Jeder zustande kommende Vertrag stützt sich auf diese schriftlichen Vereinbarungen und muss zwingend kontrolliert werden.

Die 15 häufigsten Fehler

1. Zu wenig Zeit für die Vorbereitung – Vorbereitung ist mehr als die halbe Miete!
2. Zu voreilige Angebote für einen Kompromiss. Prüfen Sie zuerst die Ernsthaftigkeit von Angeboten und Sanktionen.
3. Person, Verhalten und Inhalt werden nicht getrennt. Legen Sie Strukturen fest, wie Sie die einzelnen Themen ansprechen wollen, und vermischen Sie diese nicht!
4. Sprechzwang: Verhandeln ist kein Schnell- und Vielsprechcontest. Souveränität liegt in den Pausen und in der Stille.
5. Behalten Sie Ihre Strategie im Auge und agieren Sie taktisch flexibel.
6. Das Festhalten an der Position und fehlender Perspektivwechsel. Empfehlung: vom Platz auf die Bühne wechseln und umgekehrt.
7. Frieden um des lieben Friedens willen. Setzen Sie Ihre Anliegen durch und berücksichtigen Sie auch die Anliegen der Gegenpartei. Verhandeln heißt, Kompromisse einzugehen, aber nicht um jeden Preis.
8. Viel sagen statt fragen. Nicht zuhören.
9. Ziele sind unklar oder werden nicht verfolgt, sich dem Flow hingeben.
10. Bei einer Lose-lose-Verhandlung den Mut haben, abzubrechen.
11. Zu wenig auf die Überprüfbarkeit von klaren und messbaren Resultaten achten.
12. Verhandeln ohne eine zeitgleiche Gegenleistung – Reziprozität!
13. Abwerten der Gegenpartei. Einzelne Gesprächspartner aufwerten. Sympathie und Antipathie bekunden.
14. Eigene Schmerzgrenzen überschreiten.
15. Kein Feedback.

Tipps, wenn es schwierig wird

1. Wiederholen Sie »Unworte« mit den Worten des Gegenübers mit der Frage, ob Sie diesen richtig verstanden haben. Bleiben Sie auch dabei ruhig, und vor allem: Lassen Sie diese wirken, ohne Stellung dazu zu nehmen. Beispiel: »Ich verstehe Sie also richtig, wenn Sie alle unsere Produkte für ›Schrott‹ halten?«

2. Schalten Sie einen »neutralen Moderator« ein, bevor die Verhandlung an die Wand gefahren wird.

3. Vermeiden Sie Chaos. Geben Sie Struktur. Unterscheiden Sie immer wieder, was bereits erreicht wurde und was es noch zu tun gilt.

4. Reagieren Sie nicht auf jeden Angriff. Wenden Sie Aikido an, weichen Sie dem Angriff aus und lassen Sie ihn elegant an sich vorbeiziehen. Das löst viel mehr Irritation aus als ein Gegenangriff.

5. Richten Sie den Fokus immer wieder auf das Gemeinsame und die gemeinsamen Ergebnisse und welche Bedeutung diese für alle Beteiligten haben.

6. Erfragen Sie auch bei unfairen Angriffen immer wieder die Interessen hinter den Positionen und sprechen Sie diese an. Zeigen Sie Ihren Goodwill, die Sache zu klären.

7. Schlagen Sie eine Pause vor.

8. Zeigen Sie die Konsequenzen auf, falls eine Verhandlung scheitern sollte (ohne zu drohen!).

9. Machen Sie ein ehrliches Kompliment. Jede Person hat irgendetwas, das lobenswert ist.

10. Vertagen Sie die Verhandlung, anstatt mit Abbruch zu drohen.

11. Beginnen Sie nicht zu argumentieren und sich zu rechtfertigen. Kein Mensch trinkt Cola wegen der Inhaltsstoffe, sondern weil ihm die Cola schmeckt.

12. Lassen Sie den anderen zuerst sprechen und zeigen Sie ihm rasch seinen individuellen Nutzen auf!
13. Achten Sie darauf, dass Sie Ihrem Verhandlungspartner keinen Gesichtsverlust zufügen.
14. Kontrollieren Sie die abgeschlossenen Vereinbarungen!
15. Bleiben Sie freundlich, aber klar, auch wenn sich das Klima arktisch verändert. Und bleiben Sie ruhig. Wer emotional reagiert, verliert! Höflichkeit senkt den Level von Resistenz!

Letzter Gratistipp:
Fokussieren Sie auf die Stärken Ihres Gegenübers und nicht auf das, was Sie an ihm nicht mögen! Und – je unverschämter sich ein Verhandlungspartner benimmt, desto mehr braucht er Empathie. Stellen Sie sich den Druck vor, dem eine solche Person ausgesetzt ist. Mit der Person gehen, anstatt auf die dargebotene Aggressivität zu reagieren, nimmt die explosive Stimmung aus der Verhandlung.

DANKSAGUNG

Danke sagen will ich in erster Linie meinen unzähligen Teilnehmern an Workshops und meinen Kunden, denn sie sind es, die mich immer wieder ein Stück weitergebracht, die mich zu neuen Denkansätzen und kritischen Überlegungen angeregt haben. Sie waren und sind meine größten Motivatoren, immer noch neugierig auf immer neue Fälle und Möglichkeiten zu bleiben. Sie zeigen mir immer wieder auf, was es noch gibt – auch das Unmögliche, das Undenkbare.

Das ist der Reichtum meiner Reise in dieser Thematik. Verhandeln folgt meist keinem geraden Weg. Er präsentiert Blockaden und Hindernisse, die überwunden und gemeistert werden wollen, bringt uns mit Menschen zusammen, die gute Freude werden können, aber auch mit solchen, die wir niemals in unseren Freundeskreis aufnehmen möchten. Verhandeln lässt unsere Emotionen hochkochen oder hinterlässt uns sprachlos, manchmal sogar verletzt. So ist Verhandeln eine nie endende Herausforderung, immer wieder anders, immer wieder spannend, mit immer anderen Menschen und Themen, die es wert sind, sich mit ihnen zu befassen.

Ich danke auch allen Menschen, die mich mit Begeisterung mental unterstützt und mich ermutigt haben, meine Gedanken und Erfahrungen zu Papier zu bringen. All denjenigen, die an mich geglaubt haben, denn positive Gedanken sind unglaublich wichtige Energien.

Literatur

Besser-Siegmund, Cora: Killerphrasen souverän knacken.
Walhalla und Praetoria, Regensburg 2007

Fengler, Jörg: Feedback geben. Beltz, Weinheim 2009

Fisher, Roger / Ury, William / Patton Bruce: Das Harvard-Konzept. Campus Verlag, Frankfurt 2015

Goleman, Daniel: Emotionale Intelligenz. dtv Verlagsgesellschaft, München 1997

Harris, Thomas: Ich bin o. k. – Du bist o. k. Rowohlt, Reinbek 1994

Hartig, Wilfried: Modernes Verhandeln. Sauer Verlag, Mannheim 1995

Heeper, Astrid / Schmidt, Michael: Verhandlungstechniken. Bibliografisches Institut, Berlin 2010

Lewicki, Roy J. / Hiam, Alexander / Olander, Aare: Verhandeln mit Strategie. Midas Management Verlag, Zürich 1998

Melchior, Hans Werner: Verhandlungstechniken im Vergleich. Grin Verlag, München 2013

Mnookin, Robert H.: Verhandeln mit dem Teufel. Campus Verlag, Frankfurt 2012

O'Connor, Joseph / Seymour, John: Neurolinguistisches Programmieren. VAK, Kirchzarten 2015

Prior, Manfred: MiniMax-Interventionen. Carl-Auer Verlag, Heidelberg 2015

Rosenberg, Marshall: Gewaltfreie Kommunikation. Junfermann, Paderborn 2012

Saner, Raymond: Verhandlungstechnik. Haupt Verlag, Bern 2008

Schmitt, Tom / Esser, Michael: Status-Spiele. Fischer, Frankfurt 2010

Schnappauf, Rudolf A.: Verkaufspraxis. Verlag moderne
  Industrie, Landsberg 2000
Schranner, Matthias: Teure Fehler. Econ, Berlin 2009
Schranner, Matthias: Verhandeln im Grenzbereich. Econ,
  Berlin 2001
Schulz von Thun, Friedemann: Miteinander reden. Rowohlt,
  Reinbek 2014
Stewart, Ian / Joines, Vann: Die Transaktionsanalyse. Herder,
  Freiburg 2000
Stowasser, Franz / Thumm, Hans-Georg: Body & Mind
  Geographing. A & O des Wissens, Basel 2001
Toelstede, Bodo G.: Das Verhandlungskonzept. Beltz,
  Weinheim 1997
Ury, William: Nein sagen und trotzdem erfolgreich verhandeln.
  Campus Verlag, Frankfurt 2008
Watzlawick, Paul: Menschliche Kommunikation. Hogrefe,
  Göttingen 2001

Öffentliche Seminare, Inhouse Workshops und Coachings
können Sie gern unter folgender Adresse buchen:

GK CONSULTING
Gabriele Kaspar
Alderstrasse 41
CH - 8008 Zürich

E-Mail: info@gkconsulting.ch
Internet: www.gkconsulting.ch
Telefon: +41 44 383 91 11